H. 15462. A.

1546. Abr. in f°
H

ARMORIAL
BRETON,
CONTENANT PAR ORDRE

ALPHABETIQVE ET METHODI-
que les Noms, Qualitez, Armes & Blasons
des Nobles, Annoblis, & tenans Terres & Fiefs
nobles eZ Eueschez de Treguier, & de Leon,
auec plusieurs autres Familles externes tant à raison de leurs Parentez & Alliances, que pour les
Terres & Seigneuries qu'elles y possedent, ensemble
de plusieurs grandes & illustres Maisons de cette
Prouince mesme du Royaume,& autres Pays estrangers, au Frontispice de chaque Lettre, & de plus
vn Abregé de la Science du Blason.

Le tout nouuellement dressé & mis en lumiere par GVY LE BORGNE,
Ecuyer Sieur du Treuzcoët Conseiller du Roy, Alloüé & Baillif
en la Iurisdiction Royalle de Lanmeur.

Dedié à Monseigneur le Premier President
du Parlement de Bretagne.

*Ex Bibliothecâ Conventûs et Nosocomii
Regalis Sancti Joannis Baptistæ
Religiosorum Parisiensium a'humilite
nuncupatorum ordinis Sancti Joannis D
Sub Regulâ Sancti Augustini. 1757.*

A RENNES,
Chez IVLIEN FERRE' Marchand Libraire,
ruë Saint François, à l'Esperance.

M.DC.LXVII.

A MONSEIGNEVR

MONSEIGNEVR
DARGOVGES
CHEVALIER SEIGNEVR
DV PLESSIX-PATTE,
BONDOVFFLE, CHERCOIS,
MONTPIPEAV, DE FONTAINES &c.

Conseiller du Roy en tous ses Conseils, & Premier President au Parlement de Bretagne.

ONSEIGNEVR,

Permettez que ie me detâche du Stile ordinaire de la pluspart de ceux qui écriuent, qui par vne flateuse humilité méprisent leurs Trauaux, & s'accusent de presomption dans la recherche d'vn Protecteur de leurs Ouurages, pour moy ie commenceray par l'Eloge du mien, & ie ne craindray pas d'auancer que ie puis Vous l'offrir sans temerité, il n'est point de la nature de tous les autres, il est d'vn Carractere tout particulier, ceux-là doiuent presque toûjours à leurs Autheurs toute leur force & toute leur beauté, c'est de l'adresse, & du tour de l'esprit, dont ils empruntent leur valeur, & quelque riche que soit le sujet qui les compose, ils sont souuent redeuables à l'Art, du merite qu'ils ont dans le monde : Mais dans celuy-cy l'Autheur, son genie, & son adresse n'y ont presque point de part, l'Art n'y contribue d'aucunes de ses graces, & tout y cede à la grandeur de la Matiere.

Je ne pretens donc pas, MONSEIGNEUR, Vous rendre cét Ouurage recommendable par moy-méme, ce seroit vne audace punissable, & quand ie prens la hardiesse de Vous dire qu'il merite d'aller jusqu'à Vous, & de trouuer place dans vostre Cabinet, c'est parce que la gloire, & la vertu m'en ont fourny la matiere ; Comme vous estes vn de leurs Ouurages le plus acheué, il est iuste de ne vous rien donner qui ne vienne de leurs mains, ce seroit vous faire injure de vous presenter quelque chose qui ne portast pas le Carractere de ces diuines Filles du Ciel, & c'est pour répondre en quelque sorte à cette haute idée qu'on a conceuë de Vous en ces lieux, que ie viens mettre sous vostre Protection les Marques les plus ecclatantes d'honneur que la vertu & la gloire ont imprimées dans quelques vnes des plus illustres Familles de cette Prouince. Vous y verrez vn meslange glorieux d'Exploicts Militaires, de la splendeur de la Pourpre, des coups de la Politique, des Capitaines, & des Magistrats; & à ces marques precieuses vous connoistrez le genie de vostre Maison agreablement partagée, & par l'vne & par l'autre de ces fonctions.

En Vous dediant, MONSEIGNEVR, cét ARMORIAL BRETON, ie n'agis pas tant de mon Chef, que par le mouuement de ces nobles Familles dont il enferme les Ecussons; Elles m'ont fait connoistre qu'elles ne vouloient point d'autre Protecteur de leur Noblesse que celuy qui par l'Eminence & la Pureté de la sienne ne peut auoir que des sentimens releuez pour vn rang si sublime : Quelque eclat qui brille dans les Couleurs de leurs Armoiries, quelque grandeur d'Ame qui ayt accompagnée les actions de ceux qui les ont meritées, & qui les leur ont transmises par la suite de tant de Siecles, elles s'assurent neantmoins que vostre Nom accroistra leur lustre, & que ce lustre releué par les nouueaux Rayons que vous luy donnerez, les maintiendra dans les Siecles à venir.

C'est dans cette pensée, MONSEIGNEVR, que ces anciennes Maisons vous demandent la grace de souffrir qu'on arbore l'Ecusson de vos Armes à la Teste des leurs, afin que dans ce noble Ecu tout le Monde remarque que vos Armes parlent fidellement : L'Ecartelé d'Or & d'aZur qui en composé le Champ fournira de sujet à de riches observations ; L'Or, par son poids, & sa solidité est le Hyerogliphe de vostre fidelité inuiolable au seruice de nostre inuincible Monarque ; L'Azur, le symbole de la pureté de vos Sentimens ; la Puissance de ce Roy des Metaux à qui peu de chose resiste, nous represente encore que rien n'échappe à la force de vos Connoissances, que dans quelques détours que l'injustice se cache, vous sçaueZ l'aller prendre pour la confondre ; La beauté de ce Bleu celeste est la figure de cette netteté d'Esprit, dont les ClarteZ penetrent les plus grandes obscuriteZ & mettent l'Ordre dans les affaires les plus confuses ; & enfin ces trois Quintefeilles de gueulle qu'on void sur le tout de vos Armes sont les Marques de ce beau feu qui anime vostre Zele dans les Fonctions de tous les Employs importans qui vous sont commis, & font vn presage infaillible que tous ces grands attributs que vous possedeZ si eminament sont hereditaires à vôtre illustre Famille.

Aussi, MONSEIGNEVR, vous considere-on icy comme vn Astre que le Roy a tiré du premier Ciel de son Estat, & de ce glorieux Firmament, d'où il donne le Branle à tous ses Globes inferieurs pour vous attacher à nostre Sphere ; Vous nous deuez donc toutes vos Lumieres, & vous ne pouuez justement refuser que les Estoilles qui brillent dans cette Prouince depuis plusieurs Siecles (ie veux dire ces Familles recommendables qui Vous presentent leurs Ecussons) joignent leurs brillans à vos ClarteZ pour former auec Vous vne constellation fauorable à leur Patrie, & par cette liaison faire vne Aliance qui vous engage à la continuation de vos veilles & de vos soins obligeans au bien public & du particulier; Ces nobles Familles s'y sont déja jointes par avance, par le respect & la veneration qu'elles ont tant pour vostre merite, que pour le rang que vous tenez à la Teste du plus Auguste Corps de la Prouince, & qui est le Centre de sa veritable Noblesse; Et vous MONSEIGNEUR, vous vous y estes genereusement vny en donnant vostre Estime & vostre Protection à tous les Gentilshommes qui ont eu le bonheur de vous approcher, du nombre desquels ayant l'honneur d'estre vous trouuerez bon que ie m'ose glisser dans la foulle, & à l'abry de tant d'Illustres Personnes qui font gloire de voir vostre Nom à la Teste de ceux de leurs Maisons, vous demander la grace de publier que ie suis auec vn tres profond Respect, & vne Soûmission toute entiere.

MONSEIGNEUR,

Vostre tres-humble & tres
obeïssant Seruiteur
GUY LE BORGNE.

AVERTISSEMENT AV LECTEVR:

LE Prouerbe qui dit (*qu'autant de Testes, autant d'Opinions*) est très veritable, & ie ne doute point qu'il n'occupe l'Esprit de ceux qui dans leurs heures de loysir s'appliqueront à la lecture de ce Liure, car estant peut-être rebuté des vns, & en quelque façon approuué des autres, j'auray sujet de dire qu'autant de Lecteurs, autant d'hommes semblables à ces inuitez au Banquet d'Horace, tellement contraires dans leurs gouts, que l'vn prenoit à contrecœur ce que l'autre souhaitoit auec auidité; Ceux qui inclineront à ce premier sentiment sont coniuiez de suspendre leur jugement & de ne me condamner pas d'abord sans au prealable m'entendre sur l'œconomie de ce trauail, que j'auois fait au commencement par vne simple recreation d'Esprit, & que ie pretendois cacher dans le fond d'vn Cabinet, si la priere de quelques-vns de mes amys bien versez en cette Science Heraldique ne l'auoit emporté sur l'indifference que j'auois à luy faire voir le jour : Mais cette conduite est de soy si claire, que le seul titre du Liure vous peut seruir d'Instruction, & presque faire conceuoir tout mon dessein ; Il me suffira donc de vous dire que ie vous donne ce petit Arsenal des Armes, qualifié L'ARMORIAL BRETON d'vne Methode assez facile & populaire, ébauché par feu mon pere il y a déja quelques années, ie l'ay rendu au poinct que vous le voyez, esperant que mal-gré la rigueur du temps, & la suitte des Siecles, il conseruera dans ses feilles le lustre des Familles, & de leurs Armes & Blasons, que j'ay en partie recueilly auec exactitude de plufieurs Genealogies compilées par mon feu pere fur les anciens Titres & fur ce qu'il y a de rare dans quantité de Maifons particulieres du pays, mefme fur quelques memoires tirez de la Chambre des Comtes de cette Prouince; Il vous pourra apprendre par forme de diuertiffement plufieurs Deuifes de Maifons qui font d'vne recherche affez curieufe, comme auffi en quelles Paroiffes & endroits elles font fituées, & par qui maintenant poffedées; & vous defignera encore quelque partie des Employs confiderables, Charges & Faits memorables de quelques Seigneurs de ces Maifons, qui en diuerfes manieres fe font fignalez tant fous nos Ducs, que fous les Regnes de nos Roys; Vous aurez auffi le contentement d'y trouver les Erections & Inueftitures de la plufpart des Terres principalles, comme Duchez & Païries, Principautez, Marquifats, Comtez, Baronies, & autres, au regard defquelles ie n'obferue aucunes proportions ny mefures, confondant quelquefois parmy elles quelques Royaumes, Villes, Eftats Principautez, & autres grandes Seigneuries, qui furpaffent à la verité les limites de mon Project : Mais ie ne le fais que pour foulager la memoire de ceux qui auront la curiofité de s'en vouloir feruir au befoin, & les exempter de la peine qu'ils auroient de feilleter quantité de Liures pour trouver ce qu'en vn moment, ils pouront rencontrer en celuy-cy, où j'ay tâché à mon poffible de garder toute la fidelité que demande vne entreprife de cette nature, eftant d'humeur autant que perfonne du monde à croire que la fauffeté n'eft pas vn moindre crime dans vn Liure, que dans vn Contract; Vous y trouuerez enfin vn Traicté general des Termes vfitez au Blafon des Armoiries affez fuccinct & curieux, recueilly de plufieurs dignes Autheurs en faueur des Gentils-hommes de Treguier & de Leon, où les perfonnes de tout Sexe defireufe de s'acquerir la connoiffance de cette Science heroïque, pouront jetter les yeux pendant leurs heures perduës & dérobées.

Ie ne fais aucun doute que quelques Esprits naturellement enclins à réprendre, ne m'objecteront qu'en quelques endroits, ie me sers presque des mesmes termes que ceux qui ont écrit en pareille matiere, à cela ie leur réponds auec le Comique qu'il ne se peut plus rien dire qui déja n'ayt esté dit, d'ailleurs ils ne doiuent pas ignorer que ceux qui composent les Bouquets, ne sont pas les Fleurs; c'est pourquoy ie leur puis dire auec raison, qu'il n'est pas moins difficile de sçauoir bien appliquer que d'inuenter.

Ie pretens aussi peu estre exempt de la censure de quelques autres, qui me condamneront d'auoir confondu quelques Familles annoblies, soit par Lettres du Prince, ou par les Charges, mesmes quelques-vnes de plus bas aloy, parmy les Gentils-hommes de race: Mais ie croy que la seule inscription de ce Liure doit estre suffisante pour les payer de raison, & de crainte qu'ils ne se contentent pas, ie me vois encore obligé de leur dire, qu'il y a peu de Familles en la Prouince, quelques illustres qu'elles soient, qui dans ce Siecle de corruption se puissent preualoir auec verité de n'auoir pas directement, ou indirectement quelque mélange peu glorieux auec des Familles obscures; partant ie n'ay pas creu deuoir exclure absolument de ce Ramas les plus considerables d'entre Elles (sauf au Lecteur prudent & sage d'en faire le discernement) & de ne condamner pas trop legerement quelques Gentils-hommes de Marque, qui ne laissent pas de porter mesmes Noms que plusieurs Roturiers.

Ce me seroit encore vne temerité & presomption de croire qu'vn recueil d'Armoiries de tant de differentes Maisons deût estre dés sa premiere Edition accomply au poinct qu'il ne se soit glissé quelques fautes, mesme par hazard quelques notables omissions de Maisons & Familles bien nobles auec leurs Armes & Blafons, notament de ces deux Evefchez *de Treguier*, *& de Leon*, qui meriteroient fans contredit d'eftre admifes, & de tenir Rang en ce Catalogue, mais ie les fupplie de croire, que ie ne merite point qu'on m'impute directement cette faute, mais au deffaut feul d'auoir efté mieux éclaircy fur ce fujet, eftant confiné dans vn lieu fterile, & trop ingrat pour le commerce, & la focieté des gens capables de m'inftruire. Soyez donc bien perfuadé, CHER LECTEVR, que fi j'auois peu en vous rendant juftice me fatisfaire moy-méme, j'aurois pris vn fingulier plaifir à les inferer en cette premiere Edition, fans les referuer à vne feconde que ie pretens (fi le Ciel me conferue la vie) vous donner encore dans quelques années mieux digerée, & peut-être d'vne plus longue entreprife, fi ie reconnois que ces premieres Productions d'vne plûme qui s'eft voulu diuertir par ce coup d'Effay, reçoiuent l'approbation des gens de merite, c'eft à quoy j'auray peut-être peine de reuffir : Mais quoy qu'il en foit, ie me flatte qu'il y en aura d'affez indulgens pour excufer les deffauts de ce petit Ouvrage, quand ils feront reflexion que c'eft par où j'ay commencé, & que l'intereft, ny la paffion ne m'ont donné aucun mouvement que de tâcher de plaire à tout le Monde, & de laiffer vn chacun comme il eft.

Extrait du Priuilege du Roy.

PAR Grace & Priuilege du ROY, il est permis à Iulien Ferré Marchand Libraire à Rennes, d'Imprimer ou faire Imprimer vn Liure intitulé *l'Armorial Breton*, pendant le temps & espace de six ans entiers, & deffences sont faites à tous Imprimeurs & Libraires, & toutes personnes de quelque qualité & condition qu'elles soient d'Imprimer ou faire Imprimer, vendre ny debiter ledit Liure sans le consentement de l'exposant, ou de ceux qui auront droit de luy, à peine de confiscation des exemplaires, & de l'amende portée dans le Priuilege. Donné le 10. Aoust l'an de Grace 1667. Signé par le Roy en son Conseil GREFFIER.

A

MBOISE, Maison aussi illustre & ancienne qu'il y en ait en France, & qui a produit vne infinité de Personnages de grand renom, comme vn Admiral de France, le Cardinal d'Amboise tres-grand Ministre d'Estat; vn Grand-Maistre de Malthe, vn Archeuesque de Roüen, & vn Euesque de Treguier, ils portent pour Armes Pallé d'Or & de gueulle de six pieces.

ANCENIS, A. B. de Gueulle à trois Quintefeilles d'Hermines.

ANIOV, Appanage ordinaire de l'vn des Enfans puisnez de France, anciennement Comté, depuis erigé en Duché & Pairie par le Roy Charles V. l'an 1350. portoit jadis de gueulle à l'Escarboucle pommettée & fleuronnée d'Or, contrescartelé d'Or à l'Aigle éployée de synople, maintenant de France à la bordure de gueulle.

AVAVGOVR, premiere & ancienne Baronnie de Bretagne, portoit d'Argent au Chef de gueulle, maintenant écartelé au premier & quatriéme de Bretagne, qui est d'argent semé d'Hermines de Sable, contrescartelé d'autres écartelez, dont le premier & dernier sont de France; au second & troisiéme de Milan, qui est d'argent à vne Guyure ondée d'azur jettant par la bouche vn enfant de gueulle, & sur le tout d'argent au Chef de gueulle, qui est Auaugour.

AVSTRICHE, Maison des plus Illustres de la Chrétienté, dont les premiers Seigneurs & Princes ont porté pour Armes d'azur à cinq Alloüettes d'Or posées en Sautoir, mais en l'an 1193. ces Armes furent changées par Leopolde II. Duc d'Austriche, qui s'estant trouué auec Federic son frere en vne bataille fort memorable contre les Sarasins, & ayans tous deux perdu leurs Banieres, il s'avisa de prendre à la main son Escharpe blanche, & la serrant par le milieu, la trempa dans le sang des corps morts, au moyen dequoy toute l'Escharpe, qu'ils appelloient Volet, fut entierement teinte de rouge fors l'endroit qu'il tenoit dans sa main, dont il fist vne espece de Baniere & commença à s'écrier *Austriche* seruiteur de IESVS-CHRIST, ses soldats là dessus ayans repris courage, il mist tous les Sarasins en déroute, apres auoir neantmoins receu si grande quantité de playes, que sa Cotte d'Armes de blanche qu'elle estoit, deuint pareillement rouge, à la reserue de ce qui estoit sous la ceinture de son épée, qui fist vne espece de fasce, aussi bien que le milieu de son Volet, & pour vne singuliere marque à la posterité d'vne victoire si glorieuse, de l'avis vnanime des principaux Officiers de cette Armée, ledit Leopolde II. prist l'Ecu de gueulle chargé d'vne fasce d'argent, lesquelles Armes ont esté continuées par les Successeurs Roys, Ducs & Archiducs, d'*Austriche*, nos deux Heroïnes Illustrissimes Reynes de France, Infantes & Princesses d'Espagnes, sont de cette Auguste Tige.

ABRAHAM, en la Maison de l'Hostellerie prés Dinan, la ville Angeuin en Pordic, Evesché de Saint Brieuc & autres au Diocese de Treguier, portent d'argent à trois jumelles de sable accompagnées de dix Estoilles de gueulle 4. 3. 2. & 1.

ADAM, jadis au Tourault prés Lantreguier & autres d'Or à vne Tour crenelée de sable, sommée d'vn Tourillon de méme.

ADAM Goazhamon, Kermalhuezan en Plestin Evesché de Treguier & autres, vairé d'argent & de gueulle à

BRETON.

la bordure de sable besantée d'argent.

AMAT, d'argent à trois testes arrachées de Cormoran becquées de gueulle & allumées d'argent, 2. & 1. vn Cheualier de ce Nom signala sa valeur en plusieurs rencontres, commandant le Chasteau de la Roche Derien au temps des Guerres de la Ligue, pendant le cours desquelles il s'habitua en l'Evesché de Treguier & épousa Alise Peillac Dame heritiere de Launay en Langoat.

AMSQVER jadis au Roudoumeur en Cornoüaille d'argent à cinq losanges de gueulle posées en sautoir, maintenant Kermabon en surnom.

D'ANAST, C. d'Or à la Croix engreslée de sable cantonnée de quatre Etoilles de méme l'an 1320. il y auoit vn Evesque de Cornoüaille de cette famille.

ANCREMEL en Plouygneau Evesché de Treguier pour Armes antiques, voyez le Rouge d'Ancremel, & pour modernes du Rufflay, Corniliere *idem*.

ANDELOT de sable à vn Aigle éployée d'argent couronnée de méme.

ANGER au Plessix-Anger C. Porte de vair à trois Croissans de gueulle, il y a eu vn Evesque de St. Brieuc de cette Maison là.

ANGER, Crapado B. de sable à trois Fleurs de Lys d'Or.

ANGOVLEVENT, C. de synople à la fasce d'Hermines, Coëtcouuran porte de méme.

ANODE *alias* au Chastellier en Brelidy Evesché de Treguier & autres de la méme Maison portent écartelé au premier & dernier de gueulle à vne Fleur de Lys d'argent au second & troisiéme d'Or.

ANTIGNY d'Or au Lion naissant de sable.

APCHER, d'Or à vne Tour crennelée de gueulle surmontée de deux Haches d'Armes ou Consulaires de méme.

APPIGNE' prés Rennes erigée en Chaftellenie & Vicomté par Lettres Patentes de l'vn de nos Roys, dattées de l'an 1575. en faueur de Meffire Iulien Botherel Seigneur dudit lieu, portent d'argent à dix Encolies d'azur fouftenuës de gueulle 3. 2. 3. 2.

APREMONT en Bretagne d'argent à trois Croiffans de gueulle.

APVRIL, Seigneur de Lourmoye & autres de la Maifon portent . . . .

ARADON, prés Vennes C. ancien de fable à fept Macles d'Argent 3. 3. & 1. Modernes voyez Lannion vieux Chaftel.

AREL, jadis à Kermarquer Lezardrieu en Plœmeur-Gautier, Evefché de Treguier, C. au Leurmen en Pleumiliau, depuis à Kermerchou en Garlay & autres *idem*, écartelé d'argent & d'azur, Robert Arel Seigneur de cette premiere Maifon fut l'vn des trente Cheualiers Bretons, qui combatirent à la bataille de trente entre Ploërmel & Ioffelin l'an 1350. & rendift des preuues glorieufes de fon zele au feruice de fon Prince naturel Charles de Bloyes, au Siege de la Roche Derien, & en plufieurs autres importantes occafions.

L'ARGENTAYE, C. ancien porte d'argét à vne bande viurée de gueulle accompagnée de fix Merlettes de méme pofée en Orle, Moderne Rofmadec, *idem*, cette Maifon eft incorporée, il y a quelques années à celle de Keralio Cliffon prés Lantreguier.

ARGENTON, jadis à Kermoufter en Plougafnou E. de Treguier & autres portent d'Or à trois tourteaux de gueulle 2. & 1. l'Ecu femé de Croix recoifettée d'azur.

ARGENTRE', en l'Evefché de Rennes, C. porte d'argent à la Croix pattée d'azur, cette Maifon a donné à la Prouince plufieurs Perfonnages d'vne finguliere vertu & erudition, comme vn Bertrand d'Argentré qui acom-

BRETON.

manté la Coustume de Bretagne & qui a dirigé & mis au iour l'Histoire de la mesme Prouince.

ARMENEC, en Leon d'Or à la fasce d'azur accompagnée de trois Merlettes de mesme.

L'ARMORIQVE, en Plouian prés Morlaix Evesché de Treguier pour Armes antiques, voyez Foucault, pour modernes, voyez Goësbriand *idem*.

ARVEZEC, ancien surnom de Pontguennec en Perros-Guirec portoit . . . . . .

ASSERAC, *alias* C. portoit en Armes gironné d'Or & d'azur de huit pieces, depuis erigée en titre & dignité de Marquisat par Lettres Patentes du Roy de l'an 1575. verifiée en Parlement l'année suiuante en faueur de Messire Iean de Rieux Seigneur d'Asserac, la Feillée, Lisle-Dieu, &c. pour les Armes voyez Rieux, les Seigneurs de cette Maison sont à present Chefs de Nom & d'Armes de cette Illustre Souche.

ASSIGNÉ, anciennement B. issu en iuueignerie des anciens Comtes de Rennes & Barons de Vitré, depuis erigée en Marquisat au mois de Iuillet 1609. verifiée en Parlement au mois de Iuin 1610. en faueur de Charles de Cossé Sire d'Assigné, Baron de Coëtmen, &c. second Fils de feu Monsieur le Comte de Brissac Mareschal de France, qui portoit ecartelé au premier & 4. de sables à trois fasces d'enchées d'Or par embas, autrement feilles de scies, qui est Cossé, Brissac au second & 3. de gueulle à 9. Annelets d'argent 3. 3. & 3. qui est Coëtmen sur le tout de Bretagne à la fasce de gueulle, chargée de trois Fleurs de Lys d'Or qui est Assigné, Monsieur le Comte de Grand-Bois, le Baron de la Touche-Carnaualet en l'Evesché de Treguier & autres leurs descendans ont puisé leur extraction de cette ancienne Maison & en portent le Nom & les Armes.

AVALEVC d'azur à la fasce d'Hermines.

L'ARMORIAL

L'Avalot, entaolé Eveſché de Leon pour Armes antiques voyez Marrec de Launay en Plougaſnou, à preſent Penchoadic en ſurnom.

Avbigné, B. de gueulle à cinq fuſées d'argent poſées en faſce.

Avbigny d'argent à la faſce de gueulle chargée de trois Bezans d'Or.

Avbin Sieur de Gaincru, d'azur à la faſce d'Or accompagnée de trois Croix, pattées de meſme.

Avbry, d'argent à trois Fleurs de Lys d'azur.

L'Avdren, à la Ville-neuve Brenhillieau en Plougaſtel Eveſché de Cornoüaille, d'argent à vn Cocq de ſable au naturel.

Avfret, en St. Brieuc d'argent à trois faſces de ſable au Lion d'Or brochant ſur le tout armé, lampaſſé & couronné de gueulle.

D'Avray Kermadiou prés Vennes, C. & autres echiqueté d'Or & d'azur de ſix traits.

Avssonviliers, Baron de Courcy, Cheualier, Conſeiller & Chambellan ordinaire du Roy Charles VIII. portoit d'azur au Sautoir d'Or accompagné de quatre Eſtoilles de meſme.

Avsprac, d'azur à trois Croiſſans d'Or 2. & 1. Villepirault prés Quintin porte les meſmes.

Avtret, Kerguiabo, Paroiſſe de Lazret en Bas-Leon, d'argent à quatre faſces ondées d'azur, le Sieur de Miſſirien prés Kempercorentin, *idem*.

Ayravlt Sieur de la Bouchetiere, d'azur à deux Chevrons d'Or ; il a eſté Conſeiller au Parlement de ce Pays.

BRETON.

BOVRBON, Maison Ducalle des plus Augustes de la Chrestienté, qui a donné origine à la Royalle Branche de nos Roys & Princes de ce Nom, porte de France, autrement d'Azur à trois Fleurs de Lys d'Or, 2. & 1. de toute antiquité cette Illustrissime Maison estoit erigée en Baronie, & portoit lors en Armes d'Or au Lion de gueulle à l'Orle de 10. Coquilles d'azur, mais depuis Elle a esté erigée en Duché & Païrie enuiron l'an 1327. par le Roy Philippes de Valois, dont le premier Duc fut Louys de Clermont.

BEARN Vicomté Soueraine, d'Or à deux Vaches passantes l'vne sur l'autre de gueulle accornées, accollées & clarinées d'azur.

BEAVFORT Comté, depuis erigé en Duché & Païrie par le Roy Henry IV. d'immortelle Memoire, l'an 1597. porte de France au Bâton de gueulle, pery en bande, chargé de trois Lyonceaux d'argent, Vandôme *idem*.

BERRY, erigé en Duché & Pairie par le Roy Iean I. l'an 1350. porte de France à la bordure engreslée de gueulle.

BLOYS, Comté & Appanage ordinaire de l'vn des Enfans de France, porte semé de France à la bordure de gueulle.

BLOYS Comté, autrement dit de Chastillon, portoit de gueulle à trois pals de vair.

BOIS-DAVPHIN, dont il y a eu vn Mareschal de France, pour les Armes, voyez de Laual, le dernier

Evesque de Leon & à présent de la Rochelle, l'vn de Insignes Prelats de nostre temps, est issu de cette Illustre Maison.

Boüillon, Duc & Prince de Sedan, pour les Armes voyez la Tour d'Auuergne.

Bovrgogne, Duché & Doyen des anciens Païrs de France, portoit pour Armes antiques, bandé d'Or & d'azur de six pieces à la bordure de gueulle, Modernes semé de France à la bordure componée d'argent & de gueulle auec la deuise, *Tout par Amour & rien par Force.*

Bovte-ville, Montmorency, pour les Armes, voyez Montmorency.

Brest, Ville & Citadelle en bas-Leon des plus renommée de la Prouince, tant pour sa situation & rare structure, que pour estre decorée d'vne des belles Chambres du Royaume pour receuoir des Armées Naualles de quelque port que fussent les Vaisseaux, porte my-party de France & de Bretagne.

Bretagne en sa premiere creation, erigée en Royaume, ayant produit, selon l'opinion commune des Historiens, seze Roys consecutifs tous Chrestiens, depuis erigée en Duché par le Roy Philippes le Bel enuiron l'an 1297. pour ses Armes antiques, les Annalistes ne se rapportent point, luy attribuans tantost des Macles pareilles à celles de Rohan, que l'on tient prendre origine de Maclianus qui dominoit en cette Prouince du temps du Roy Clouis, tantost des Gerbes, les plus modernes & recentes, sont d'argent semé d'Hermines de sable auec cette deuise, *à ma Vie.* Les anciennes Chroniques attribuent ce changement d'Armes à Artur le Preux Roy de la Grande-Bretagne, lequel ayant leué vne puissante Armée pour conquerir les Gaulles, du temps que Flolo, l'vn des Tribuns de Rome, en estoit Gouuerneur, sous le Regne de Leon I. Empereur des Romains, auroit mis le Siege deuant

uant Paris, où Flolo s'eſtoit refugié auec ſes Gens d'Armes, lequel ſe deffiant de ſes forces, & jugeant bien ne ſe voir en eſtat de pouuoir repouſſer ledit Artur, il luy fiſt faire vn deffy de combattre ſeul à ſeul l'vn contre l'autre, & celuy des deux qui demeureroit victorieux ſeroit proclamé Souuerain des Gaulles : Ce que Artur conſentit de faire à la veuë des deux Armées, neantmoins que Flolo fuſt d'vne ſtature toute gigantalle & bien d'vne autre force que luy, & s'eſtans donc tous deux rendus en l'Iſle de Noſtre-Dame de Paris, lieu deſtiné pour cet effet, LA SACRE'E VIERGE MARIE s'apparut au fort du Combat entre ces deux valleureux Champions, qui de l'enuers de ſon Manteau fourré d'Hermines couurit le Bouclier d'Artur, dont Flolo demeura tellement effrayé & interdit, qu'en l'inſtant il perdit la veuë, & au meſme temps Artur, quoyque griévement bleſſé, luy déchargea vn coup de ſon épée (appellée Caliburne) ſur la teſte, & le laiſſa tout roide-mort ſur la place : De laquelle viſion, Artur ayant eſté auerty de circonſtance en autre, fiſt baſtir vne Egliſe en l'honneur de la Bien-heureuſe Vierge Marie Mere de DIEV, au lieu où eſt à preſent l'Egliſe de NOSTRE-DAME de Paris, & delibera auec Hoël (ſurnommé le Grand) ſon neveu VI. Roy de cette Prouince, de prendre à l'avenir les Hermines pour leurs Armes, qui ont eſté depuis continuées par les Succeſſeurs Roys & Ducs de Bretagne, laquelle fut vnie & incorporée pour jamais à la Couronne de France au grand contentement des Bretons, ſous le Regne de François I. du conſentement des Eſtats de cette Prouince, en l'an 1532.

BRIE Comté, porte burellé d'argent & d'azur de 8. pieces, au Lion de gueulle brochant à dextre ſur le tout.

BRISSAC *aliàs* Comte & Mareſchal de France; depuis erigé en Duché & Païrie l'an 1618. par le Roy Louys XIII. de glorieuſe memoire, en conſideration des grands

B

& signalez feruices que les Seigneurs de cette Maifon ont rendus dans les principales Charges du Royaume, fous les Regnes de quatre Roys fans intermiffion, elle porte de fable à trois fafces dantelées d'Or par embas, ecartelé d'autres grandes & illuftres Alliances.

DE BROSSE dit de Bretagne, jadis Comte de Penthievre & Duc d'Eftampes, Vicomte de Broffe, &c. portoit d'azur à trois gerbes d'Or liées de gueulle 2. & 1. ecartelé de Bretagne.

DE BADAM, famille à prefent perie, dont vn Seigneur pour fon grand jugement en la conduite des affaires publiques, eut l'honneur d'eftre employé pour affoupir & terminer ce furieux different, tant mantionné dans nos Chroniques, d'entre les Nobles, tiers Eftat & le Clergé de ce pays, qui par forme pluftoft d'exaction, que de Iuftice, vouloit leuer certain tribut fur jceux à raifon des Communitez Matrimonialles, mefme jufqu'au Pact Nuptial, qui fut enfin reduit au droit de Neufme, apres que noftre Duc Artur fecond fils de Iean II. eut député fon fils aifné Iean Vicomte de Limoges vers Sa Sainčteté Clement V. originaire de Bordeaux, qui fiegeoit lors en Auignon, & regnant lors en France Louys X. dit Hutin, & fe transporterent vers fadite Sainčteté Meffieurs Pierre de Baillon & Guillaume de Badam, qui porterent leurs Pouuoirs Generaux & Speciaux pour le Duc, les Nobles & tiers Eftat, & fut donné par fon Pere pour Confeillers audit Prince Vicomte de Limoges, Meffieurs Guillaume de Raix, Guy de Chafteaubriand & Guillaume le Borgne, qualifiez des ce temps du titre de Barons (ainfi qu'il confte par l'Hiftoire du vieux du Bouchard & celle d'Argentré, Liure V. Chap. 35. & pour fes Affiftans audit voyage eftoient auffi Meffieurs Geffroy d'Anaft & Regnault de Montrelaix Cheualiers lors de la Maifon du Duc, lefquels deux Noms font à prefent per-

BRETON.

dus, comme auſſi celuy de Badam, qui portoit d'argent à deux Merlettes de gueulle, au franc canton de meſme.

BAGAZ en l'Eveſché de Rennes, C. de gueulle à vne faſce d'argent accompagnée de trois Hures de Saulmon, ou Carpes de meſme 2. en chef & 1. en pointe.

BAHALY jadis à Kerriuot en bas-Leon.

BAHVLOST *alias* à Kermatheman en Pedernec E. de Treguier d'azur à trois Ecus d'Or 2. 1. Kerillu en lad. Paroiſſe, *alias idem*.

BAHVNO en Landeuant, de ſable à vn Loup d'argent ſurmonté d'vn Croiſſant de meſme.

LE BAILLIF jadis à Kerſymon en bas-Leon, pour les Armes, voyez Kerſymon.

LA BALLÜE, d'argent à trois Channes de ſable.

LE BAILLIF *alias* au Tourault prés Lantreguier d'azur au Chevron d'Or, accompagné de quatre Bezans de meſme 3. en chef & 1. en pointe.

DE BAILLON, C. famille bien ancienne, dont il eſt cy-deuant parlé au commencement de cette Lettre, portoit . . . .

BALAVENNE, Kerlen en Camlez, Keruezec le Ballach en Treguier & autres, d'argent à trois fermaillets, ou Boucles rondes hardillonnées de ſable 2. 1. & vn Annelet de meſme en abîme, il y a eu vn Procureur du Roy de Morlaix de cette famille.

BALLINEVC en Treguier, d'argent à vne Fleur de Lys de gueulle en abîme, accompagnée de quatre Merlettes de ſable 2. en chef & 2. en pointe.

LE BAND en Leon, pour les Armes voyez Guerniſac.

BAOVEC, de gueulle à vne Croix annillée d'argent.

BAPTISTE de ſon viuant Sieur de Kermabian, habitué en cet Eveſché, natif du Royaume de Nauarre, Paroiſſe de St. Laurens, & juueigneur d'vne Maiſon noble

B 2

appellée la Chaſtaignaye, qui au mois de May l'an 1612. obtint Lettres de naturalité du Roy, pour eſtre permis de s'eſtablir en l'Eveſché de Leon, ou ailleurs en ce Royaume où bon luy ſembleroit, y poſſeder & tenir biens de quelque nature qu'ils fuſſent, auſquels ſes enfans, ſes ſucceſſeurs & cauſe-ayans ou autres, auſquels il pourroit auoir diſpoſé (pourueu qu'ils ſoient regnicoles) luy puiſſent ſucceder, ſans que le Roy, ſes Officiers, ny Receueurs y puiſſent pretendre aucune proprieté, poſſeſſion ny jouyſſance ſous pretexte d'aucun droit d'Aubeine, leſdites Lettres dattées à Paris & ſignées de par le Roy, de la Fon; Leſquelles ayans eſté preſentées à Monſieur le Chancelier, refuſa de les paſſer au Seau en la forme, par la raiſon que nos Roys ſont Souuerains Seigneurs des deux Royaumes de France & de Nauarre, & ordonna qu'on euſt à reformer leſdites Lettres & à les rediger en ſimple declaration d'eſtre originairement iſſu dudit Royaume & eſtre en intention de vouloir s'habituer en cette Prouince, & par ce moyen eſtre admis au nombre de l'vn de ſes fidels ſujets & ſeruiteurs, ce qui ſe trouua ſans tarder executé par l'obtention d'autres Lettres Patentes du Roy données à Paris le 4. Iuin en la meſme année, ſignées comme deuant de la Fon, & ſcellées du grand Seau de Cire-jaune: Leſquelles ſuiuant Arreſt de la Chambre des Comtes de cette Prouince furent enregiſtrées en icelle pour auoir leur effet, & en conſequence de l'information faite tant par actes que temoins deuant le Seneſchal lors de Leſneuen du 4. Ianuier 1613. de la naiſſance & extraction noble dudit Baptiſte luy auroit eſté permis & ſes ſucceſſeurs de prendre la qualité de Noble, conformément auſdites Lettres & de porter Armes Tymbrées qui eſtoient d'Or à trois Tours couuertes, crenelées d'azur jointes enſemble d'vne hauteur.

BARACH en Loüanec Eveſché de Treguier, C. porte écartelé d'Or & d'azur, comme Tournemine: L'aiſné

BRETON.

de cette Maison est Conseiller en la Cour de Parlement de ce pays, il est heritier des grands biens & vertus de cette Maison là.

BARACH Philippes en la mesme Paroisse, lors que le surnom de Barach y estoit, de gueulle à vne fasce d'argent accompagnée de six Annelets d'Or, 3. en chef & 3. en pointe 2. & 1. à Launay en Ploubezre *aliàs idem*, auant Mignot.

LE BARBIER Cheualier Seigneur de Kerjan, Tromelin, Kercœnt &c. en Leon, d'argent à deux fasces de sable, & pour deuise *sur ma Vie*. Kernaou prés Lesneuen, Lescoat & autres *idem*.

LE BARBV au Quiliou en Cornoüaille, C. & autres de mesme famille en l'Evesché de Leon, d'Or à vn Sautoir d'azur pery en Treffle. Cette Maison du Quiliou a donné vn Chancelier du Duc Iean le Conquerant, & vn Evesque de Vennes, & puis de Nantes.

BARELLIERE, C. d'Or à vne Croix de gueulle, cantonnée de quatre Lionceaux de mesme.

LA BARRE, de gueulle au Chevron d'argent, accompagné de trois Estoilles de mesme, 2. en Chef, & 1. en pointe.

BARILLIERE du Bot, d'argent à trois Merlettes de sable 2. & 1.

BARRIN Boisgeffroy Conseiller en la Cour de Parlement de ce pays, porte d'azur à trois Papillons d'Or 2. & 1. il y a aussi vn Conseiller d'Estat de cette mesme famille.

BARSCAOV ou Parscaou à Boteguiry en Leon, porte écart. au premier & quatre de sable à trois Quintefeilles d'argent, contrescartelé de sable à vn Cerf passant d'argent auec la deuise *Amsery*, c'est à dire temporiser.

BARTAIGE, Bronduzual au Menihy de Saint Paul de Leon, d'argent au Fretté d'azur de six pieces, brisé en Chef d'vn Croissant de gueulle.

Barvav en Treguier, de fable à deux branches de Palmes d'argent adocées en Pal.

Basovges en Treguier, d'azur à trois Ecuſſons d'argent 2. & 1.

Le Bas-Vezin prés Rennes, d'argent à vne Aigle de fable membrée de gueulle.

Bavallan en Vennes, d'argent à deux faſces de fable.

Bavdoüin, C. d'Or à la Croix pattée de gueulle.

Bavdoüin Sieur de Keraudrun en Ruis de gueule à dix-neuf Billettes d'argent au canton de meſme à vne Billette de gueule.

De Bavld à la Vigne le Houlle en Vennes, C. d'azur à dix Billettes d'Or, 4. 3. 2. & 1. Madame la Preſidente de Brie eſt heritiere des biens & vertus de cette Maiſon.

Bavlon, de vair au Sautoir de gueule.

Le Bavlt, d'argent à vne Quintefeille de gueulle.

Bayc au Meryonec prés Guerrande, de gueule à 3. Huchets d'argent liez en Sautoir de meſme, 2. & 1.

Beavboys à Monſieur le Baron de Neuet, C. portoit pour Armes antiques, de gueule à 9. fleurettes d'Or, autrement fleurs à 4. feilles en diſtinction des Quintefeilles 3. 3. & 3. plus modernes, voyez de Treal.

Beavce' en Meleſſe Eveſché de Rennes, d'argent à vne Aigle de fable, becquée & membrée de gueulle, au baſton d'Or brochant ſur le tout.

Beavfort, C. iſſuë en juueignerie de la Baronie de Chaſteaubriand, portoit de gueule à trois Ecus d'Hermines, 2. & 1. comme Coëtlogon.

Beavliev, C. d'azur à 9. Bezans d'Or, 3. 3. & 3. & vn Lion d'argent brochant ſur le tout.

Beavmanoir Bois de la Motte, B. dont l'Erection eſt du 21. Iuillet 1433. en faueur d'vn Seigneur de cette Maiſon par le Duc Iean Comte de Montfort, & de Richemont, portoit d'azur à dix Billettes d'argent, 4. 3. 2. & 1. cette Maison a produit plusieurs braues & vaillants Capitaines & Chambellans ordinaires de nos Ducs, recours à nos Chroniques.

BEAVMANOIR Vicomte du Besso, d'azur à vnze billettes d'argent 4. 3. & 4. il y a eu deux Mareschaux de Bretagne de cette famille, & feu Monsieur de Lauardin Mareschal de France, estoit issu d'vn puisné de cette Maison là.

BEAVMANOIR-EDER prés Quintin, C. pour les Armes, voyez Eder.

BEAVMONT de Guité, C. d'argent à trois pieds de Bîches de gueulle, 2. & 1. onglez d'Or.

BEAVREGARD Blondeau, d'argent à trois Pommes de Pin de synople.

BEAVREGARD en Dol, de gueulle à la bande d'Or acostée d'vne Estoille en Chef & d'vn Croissant à la pointe de mesme.

BEAVREPAIRE en Ploegat-Chastelaudren Evesché de Treguier, pour Armes antiques, voyez Treuegant, modernes du Bourblanc, *idem*.

BEAVVAIS, de gueulle à vne Croix vuidée, clechée d'Or, pommettée d'argent au franc canton de mesme chargé d'vn Lion de gueulle.

BEAVVAIS Sieur de Lecu, d'azur à six Billettes d'argent au Chef cousu d'azur, chargé de trois Targes d'argent, il est Conseiller en ce Parlement.

BEAVVIS, d'Or au Chevron de sable, accompagné de trois Chouettes de mesme becquées & membrées de gueulle, 2. & 1.

DV BEC, lozangé d'argent & de gueulle.

BEC-DE-LIEPVRE en son viuant Sieur du Boëxic Conseiller en la Cour de Parlement de ce pays, portoit de sable à deux Croix trefflées aux pieds fichez d'argent

& vne Coquille de mesme vers la pointe entre lesdites Croix.

Begaignon Sieur du Rumen en Plestin Evesché de Treguier, d'argent au Fretté de gueulle de six pieces. Cette Maison a fourny vn Evesque de ce Diocese Docteur en la Faculté de Theologie à Paris, qui pour son rare sçauoir, merita d'estre appellé en Cour de Rome par le Pape Vrbain V. duquel il fut premierement Pœnitencier, puis Auditeur de Rhotte, & ayant aussi suiuy le Pape Gregoire XI. son Successeur, fut par luy nommé & designé pour auoir le Chappeau de Cardinal, si la Parque ne luy eust prematurément rauy la vie enuiron l'an 1378. Le Sieur de Coëtgourheden, qui estoit Seneschal de Quintin & ses descendans sont issus de cette Maison là : A Kerhuidoné en ladite Paroisse de Plestin, *alias idem*.

Begasson Sieur de la Villeguehart & de Tremedern en Guymeac Evesché de Treguier, porte de gueulle à vn Heron d'argent.

Le Begassovx Sieur du Bois-Rolland en St. Malo, d'argent à vne Begasse de gueulle.

Le Bel Sieur de France prés Rhedon, porte d'argent à trois Fleur de Lys de gueulle 2. & 1. il y a eu vn Procureur du Roy au Siege Presidial de Rennes de cette Maison là.

Belair de Ploudiry en bas-Leon, pour les Armes Kerengar *idem*.

Belair lez Saint Paul de Leon, pour les Armes, voyez Kerguz Troffagan.

Belanger jadis au Rumen en Hengoat Evesché de Treguier, portoit . . . .

Belavdiere Baron de Roüet, d'azur à trois Roües d'Or 2. & 1. le Marquis de Lisle Roüet, le Vicomte de Lescoat en Leon Lieutenant Colonel du Roy au Regiment de Bretagne & autres *idem*.

LA BE-

LA BELIERE Vicomté, portoit pour Armes antiques celles de Dinan, comme eſtant iſſu d'vn puiſné de cette Maiſon : Modernes voyez Raguenel, Chaſteloger, & la Beliere. Le 22. May 1451. cette terre fut erigée en Banneret par le Duc Pierre en faueur de Meſſire Iean de Maleſtroit Seigneur de Largoët, Vicomte de la Beliere, Mareſchal de Bretagne.

BELINGANT Kerbabu en Lanilis Eveſché de Leon, de gueulle à trois Quintefeilles d'argent 2. & 1.

BELISAL en Saint Martin, Eveſché de Leon, Preuoſté de Morlaix, pour Armes antiques . . . . modernes voyez Brezal.

BELISLE en Vennes Marquiſat, porte comme de Gondy Duc de Raix.

BELISLE, prés Guimgamp Eveſché de Treguier, C. ancié de Laual *idem.* moderne voyez Kergomar, Kerguezay.

BELISLE ſurnom, ancien de la Maiſon de Tropont en Pedernec Eveſché de Treguier, C. de gueulle a vn Croiſſant d'argent en abîme, accompagné de cinq Coquilles de meſme 3. en chef & 2. en pointe, c'eſt à Monſieur de Perrien.

BELOSSAC, ou Bloſſac, B. de vair à vne faſce de gueulle.

BELOÜAN en St. Malo, de ſable à vne Aigle d'argent.

BENNERVEN, d'argent à vn Cheſne de ſynople glanté d'Or & vn Sanglier de gueulle paſſant au pied.

BERARD, anciennement à Kermartin Saint Yues prés Lantreguier portoit . . . . .

BERCLE' Cheualier de renom pendant les guerres de la Ligue, Anglois de Nation, habitué en l'Eveſché de Leon, portoit d'azur à trois Lions Leopardez d'Or, armez & lampaſſez de gueulle, poſez les vns ſur les autres.

BEREZAY en Treguier, famille noble jadis en Pluzunet & à preſent en Goudelin, porte . . .

BERGIS en Treguier, d'argent à deux Quintefeilles

C

de gueulle au frāc cāton de méme chargé d'vn Lion d'argēt.

Berien *alias* à Keraznou Evefché de Treguier & au Rafcoët en Garlan, d'argent à trois jumelles de gueulle au franc canton d'Or chargé d'vn Lion de fable.

Bernard, Kerbino, Kermagaro & autres en Vennes, d'azur à deux épées d'argent pofées en fautoir, les pointes fichées en haut.

Bernard, Kerouman, Cornangazel en Cleder Evefché de Treguier, & autres . . .

Bernard, d'argent à la Tour crenelée d'azur, fouftenuë de deux Ours rampans de fable.

Berthelot, Ville-Hellio en Saint Brieuc & autres de mefme famille en Treguier, d'argent à deux Lions de fable l'vn fur l'autre.

Berthov, Launay, Keruaudry, Keruerziou en Treguier & autres, d'Or à vn Oyfeau de fable en abîme, camponé d'argent, tenant vn Rameau de synople en main, accompagné de trois Eftoilles auffi de fable, 2. en chef & 1. en pointe. Il y a eu vn Iuge Criminel du Siege Prefidial de Rennes de cette famille.

Bertier, d'azur à vn Bœuf effarouché d'Or.

Bertrand, Launay Bertrand & autres, d'Or au Lion de synople.

Le Bervet, de gueulle à la Croix potencée d'argent.

Le Bescond en Treguier, d'azur à vn Pelican d'Or ayant fes petits en vn Airre de mefme.

La Benneraye en Plemeleuc, d'Or à trois glez de gueulle.

Du Besso prés Dinan, C. ancien d'Or à trois Chevrons de fable, moderne voyez Beaumanoir.

Betton prés Rennes, d'azur à fix Fleurs de Lys d'argent 3. 2. & 1.

Le Bevf, Goazfroment en Treguier & autres, de fable à vne tefte de Bœuf d'argent.

BRETON.

BEVVET, pour les Armes voyez Quiſtinit.

LE BEZIC, de gueulle à neuf Bezans d'Or au canton d'argent, chargé d'vne Hermine de ſable.

BEZIT-GOVRVINEC, C. vairé d'Or & de ſable.

LE BEZRE, famille noble jadis à Leingoüez en Guymeac, Eveſché de Treguier l'an 1518. portoit . . .

BIDEGAN en Treguier, d'Or à trois bandes de ſable.

BIENASSIS, C. d'argent à dix Hermines de ſable au chef de gueulle chargé de trois Fleurs de Lys d'Or, comme Quelennec, c'eſt à Monſieur de la Goublaye.

DE BIGNAN, C. de gueulle à trois macles d'Or 2. & 1.

LE BIGOT, Kerjegu prés Carhaix, C. & autres, d'argent à vn Ecurieul rampant de Pourpre couronné d'Or.

LE BIGOT en Treguier, Runbezre, Kerezoult en Ploumiliau & autres de meſme famille, porte d'argent à deux faſces de gueulle, accompagnées de ſix Quintefeilles de meſme, 3. 2. & 1.

LE BIGOT, Villeneant & autres, d'argent au Lion morné de gueulle.

LE BIHAN, Pennelé en St Martin prés Morlaix, le Roudour en ladite Paroiſſe Eveſché de Leon, Kerallou en Treguier & autres, d'Or à vn Chevron de gueulle, naiſſant de la pointe ondée d'azur, cette ſeconde Maiſon a donné vn Seneſchal de Morlaix.

LE BIHAN, Kerhelon en Guineuez Eveſché de Leon, porte comme le Vayer Treffalegan.

BIHANIC, au Kernech en Plouguerneau Eveſché de Leon & autres, porte . . . .

DE BINTIN, Baſouges prés Hedé, C. d'Or à vne Croix engreſlée de ſable.

BIZIEN en Treguier, Kerigomar, le Lezeard, Kerherué & autres, d'azur à vne Croix d'argent.

BLANCHARDAYE, de gueulle à vne Fleur de Lys d'argent

BLANCHELANDE, C. pour les Armes voyez Budes, c'eſtoit vn Seigneur qui de ſon viuant en toutes nos tenuës d'Eſtats a parû beaucoup zelé & paſſionné pour la Manutention des Droits & Priuileges de cette Prouince.

BLANCONNYER en Treguier jadis à Kerhoüelquet portoit . . . .

BLEHEBEIN, C. d'Or à la Croix de gueulle cantonnée de quatre Molettes de ſable.

LE BLEIZ, *aliàs* à Kermaluezan en Pleſtin Eveſché de Treguier, portoit . . . .

LE BLONZART, Kerſabiec Eveſché de Leon, Bois-de la Roche en Garlan, Kertanguy, Keruezec & autres en Treguier, d'argent à vne faſce échiquetée d'argent & de ſable à trois traits. Le dernier Seneſchal de Morlaix eſtoit iſſu de cette penultiéme Maiſon.

DV BOBERIL Sieur dudit lieu, habitué en l'Eveſché de Treguier depuis quelques années, porte d'argent à trois Ancolies d'azur, 2. & 1. les tiges fichées en haut, il eſt iſſu de la Maiſon du Molant prés Rennes.

BOCHIC, jadis à Kerplean en Plourin Eveſché de Leon portoit . . . .

DV BOD, Poulheriguin, C. d'argent à deux Haches d'Armes ou Conſulaires de gueulle adoſſez en Pal, dont il y a eu vn Capitaine de Fontenay le Comte, & Maiſtre d'Hoſtel du Mareſchal de Gyé.

DV BOT, *aliàs* audit lieu en Kermaria-Sular Runaudren en Cauan & autres, d'argent à vne faſce de ſable, accompagnée de trois Merlettes de meſme 2. & 1.

DV BOD, Kerbod, de l'Iſle, de Rhuys en Vennes, Kerhalué & autres, d'azur au Chevron d'Or, accompagné de trois Quintefeilles d'argent 2. & 1.

DV BOD, Keranfaro au Menihy de Saint Paul de Leon, d'argent à vne faſce de gueulle.

BODEGAT, de gueulle à trois Bezans d'Hermines, 2. & 1.

BRETON.

Bodenan en Treguier, d'argent à vn Ormeau de synople.

Du Bodervÿ Sieur de Lehenuen en son viuant Conseiller en la Cour de Parlement, portoit d'azur au Chevron d'argent accompagné de trois Billettes d'Or, 2. en chef & 1. en pointe.

Bodister & Plougaznou Evesché de Treguier, C. pour Armes antiques, voyez Montafilant, Modernes du Parc Locmaria *idem*. Ces deux terres sont premieres maneantes des Barres, de Morlaix & Lanmeur, & furent vnies & annexées au Marquisat de Locmaria & du Guerrand par Lettres Patentes du Roy au mois de May 1654. verifiées en la Cour de Parlement le 24. Decembre 1655.

Bodramiere, C. d'azur au Lion d'argent armé & lampassé d'Or.

Bodriec, C. de gueulle au chef d'argent.

Boessiere ou Boëxiere, ancien Chasteau prez Lanmeur, Dol és Enclaues de Treguier, que les Seigneurs de Boiseon avouënt auoir eu en partage des anciens Seigneurs dudit Lanmeur, maintenant si ruïné & démoly, qu'à peine peut-on remarquer les vestiges & en peut-on dire comme de la ville de Troye, *nunc seges est vbi Troja fuit*. Pour Armes antiques, voyez Lanmeur : modernes Boiseon *idem*.

Boessiere Kerouchant en Garlan Evesché de Treguier, C. écartelé au 1. & 4. de gueulle à 7. Annelets d'Or, 3. 3. & 1. contrescartelé de gueulle à vne fasce d'Or accompagnée de six Macles de mesme, 3. en chef & 3. en pointe, & pour deuise, *Tout en Paix*. La Fontaine-Platte prés Guingamp, le Restolles en Ploüegat, Chastelaudren, Kerguilly, & autres *idem*.

Boessiere, Pontancastel, Kermoruan prés Pensez Evesché de Leon, la Boëxiere en Plourin Evesché de Treguier & autres de mesme famille, d'argent à vn Bouix de synople, *aliàs* accosté d'vn Poisson de gueulle en Pal au quartier senestre.

Boessiere, Kerazroüant, Lannuic, Rosueguen, Evesché de Treguier, & autres de sable à vn sautoir d'Or, il y a eu vn Seneschal Ducal de Guingamp, qui estoit issu de cette seconde Maison.

La Boessiere en Saint Malo, d'argent à deux fasces noüées de gueulle.

Boessiere en Ploujan Evesché de Treguier, ancien surnom de cette Maison, d'argent à six Annelets d'azur, 3. 2. & 1. maintenant de Kersulguen. Vn Seigneur de cette Maison se rendit si agreable à la Duchesse Anne, en qualité de l'vn de ses Gentils-hommes ordinaires, qu'elle ne dédaigna de prendre son logement en ladite Maison faisant vne tournée par le pays.

Boessiere Perrien en Treguier, pour armes antiques ... Modernes Perrien *idem*.

Boessiere en Ploüegat-Guerrand Evesché de Treguier, des dépendances de Treleuer, Treleuer *idem*.

Boessiere Cleuz, pour Armes antiques, voyez Cleuz.

Boessiere en Garlan Evesché de Treguier, Kerprigent prés Lannion *idem*.

Boessiere de Pleiben en Cornoüaille, portoit de gueulle à trois bandes d'Or, maintenant fonduë en la Maison de Coëtcaric le Sparler en Treguier.

Boessiere, Paroisse du Treffuou en Leon, Lehec *idem*.

Bogat, d'azur à trois Croissans d'argent, 2. & 1.

Bohier, Kerferez, Pratanloüet en Leon & autres, porte ....

Du Bois, jadis au Kerhuël, Kerberiou prés Saint Michel en Greve, C. Keropars en ladite Paroisse & autres en l'Evesché de Treguier, d'azur au baston d'argent brochant à dextre sur le tout, accosté d'vne Estoille d'Or en chef, & d'vne Quintefeille de mesme en pointe.

DV BOIS, dernier surnom de Dourdu, en Plœcolm Evesché de Leon, pour les Armes voyez Dourdu.

DV BOIS *alias* au Cozlen en Leon d'Or à deux fasces ondées d'azur surmontées d'vn arbre de mesme.

DV BOIS, jadis audit lieu en Saint Goüeznou, Kerlosquet au Menihy de Saint Paul de Leon & autres d'argent à vn Cyprez de synople.

DV BOIS, Brenignan, Goazuennou en bas-Leon, d'argent à vn Rameau de Palme de synople en abîme, accompagné de trois Quintefeilles de gueulle, 2. en chef & 1. en pointe.

BOIS-BELIN, d'argent à vne épée de sable fichée en bande.

DV BOIS, écartelé d'argent & d'azur à trois testes de Levrier de gueulle sur le tout 2. & 1. l'vn sur l'autre, il y a eu vn Evesque de Dol de cette famille sous le Pontificat de Clement V. & le Regne du Duc Iean III.

BOIS-ADAM en Rennes, de gueulle à la bande d'Hermines accompagnée de six Molettes d'Or en Orle.

BOIS-BAVDRY, Baron de Trants, de Langan & autres, C. d'argent à deux fasces de sable, chargées de cinq bezans d'Or, 3. & 2. ce dernier remplist tres-dignement la charge d'Avocat General au Parlement de Bretagne.

BOIS-BILLY Sieur de la Villeherué & de Fornebuld prés Chastelaudren & autres de sable à neuf Estoilles d'Or, 3. 3. & 3.

BOIS-BINTIN, C. d'argent à neuf fers de cheual de gueulle, rangez trois à trois.

BOIS-BOESSEL *alias* audit lieu, C. à present au Fosserafflé prés Chastelaudren & autres en l'Evesché de Treguier, d'argent à dix Hermines de sable, 4. 3. 2. & 1. au chef de gueulle, chargé de trois Macles d'Or, cette famille a produit vn Mareschal de Logis de la Duchesse Anne & vn Evesque de Treguier, transferé à celuy de Cornoüaille & puis Evesque de Saint Malo sous le Regne du Duc Iean IV. l'an 1340.

Bois de la Motte en Dol, C. ancien de Beaumanoir, moderne de Cahideuc qui porte en Armes celles que vous trouuerez sur Cahideuc.

Bois de la Roche *alias* Vicomté, depuis érigé en Comté, en faueur de Messire Henry de Voluire Seigneur du bois de la Roche, au mois de Fevrier 1607. verifié en Parlement au mois de Iuin 1609. portoit écartelé au 1. & 4. burellé d'Or & de gueulle de dix pieces, qui est Voluire, au 2. & 3. pallé d'Or & de gueulle de six pieces, qui est Saint Brice, sur le tout de gueule à neuf Macles d'Or 3. 3. & 3. au Lambeau à quatre pendans d'argent, qui est Montauban.

Bois de la Roche en Bourbriac Evesché de Treguier, C. pour les Armes voyez Liscoët.

Bois de la Roche Bouuan en Commenna Evesché de Leon & autres d'azur à vne Croix dantelée d'argent.

Bois de la Roche en Garlan Evesché de Treguier, pour les Armes presentes, voyez Blonzart, anciennes Foucault *idem*.

Bois de la Salle en Vennes, vairé d'Or & d'azur, au chef de gueulle chargé de trois Bezans d'argent.

Bois du Lie', de sable au chef d'argent denché de gueulle, chargé de trois coquilles de mesme.

Bois-eon en Lanmeur *alias* C. Dol és enclaues de Treguier, erigée en Comté au mois de Mars 1617. verifiée en la Cour de Parlement au mois de Iuin 1619. en faueur de Messire Pierre de Bois-eon, Seigneur de Coëtnizan, Vicomte de Dinan & de la Beliere, Baron de Kerouzere &c. Gouuerneur pour Sa Majesté des ville & Chasteau de Morlaix, qui portoit d'asur au chevron d'argent, accompagné de trois testes de Leopards d'or 2. & 1. & pour deuise *Talbra*.

On

BRETON.

On peut aſſez juger de l'antiquité de cette maiſon par ſes aliances auec celles de Rohan, Rieux, la Hunaudaye, Coëtquen & autres laquelle à fourny vn Guillaume de BOIS-EON, Cheualier & Chambellan d'vn de nos Ducs, pluſieurs Capitaines du ban & ariere-ban & Gardes coſtes de l'Eueſché de Leon, & encore de plus vn Alain de BOIS-EON Cheualier de Rhodes, de l'Ordre de S. Iean de Ieruſalem, beaucoup renommé pour ſa valeur, qui mourut Commandeur de la Fuëillée, du Palacret Pontmeluen, Sainte Catherine & St. Iean de Nantes en l'an 1469.

BOISEON en Penguenan Eveſché de Treguier, d'argent au chef endanché de gueulle.

BOIS-FEILLET, C. de la Villeon *idem*.

BOIS-FEVRIER B. pour les Armes, voyez de Langan.

BOIS-GARDON, d'argent à vn ſautoir de ſable cantonné d'vn Croiſſant de gueulle & trois Eſtoiles de meſme, le chef de ſable chargé de trois Annelets d'Or.

BOIS-GARIN prés Carhaix, C. pour Armes antiques Trogoff *idem*, modernes voyez du Meſné-Perrier.

DV BOIS-GELIN Sieur dudit lieu prés Lanuoulon, le Vicomte de Meneuf, la Gareſne & autres, écartelé au premier & dernier de gueulle à vne Molette d'argent contreſcartelé d'azur plain. La Maiſon de Kerſaliou prés Lantreguier & celle du feu Sieur de la Toueze Grand Preuoſt de Noſſeigneurs les Mareſchaux de France en cette Prouince, portent ce nom là toutefois auec differentes Armes.

BOIS-GLE' en Queſſoüaye, de gueulle à trois Fleurs de Lys d'argent, 2. & 1. Cornilliere *idem*.

BOIS-GLE' Kerjegu, pour les Armes, voyez le Bigot Kerjegu.

BOIS-GVY, d'azur à vne faſce d'argent chargée de trois roſes de gueulle.

BOIS-GVEZENEC en Loüanec Eveſché de Treguier, C. pour Armes anciennes Coëtmen *idem*, modernes voyez

D

Trogoff, auec la deuise, *Tout du Tout*.

Boishalbran, de sable à vne épée d'argent posée en bande.

Bois-Hamon en Saint Méen Evesché de St. Malo, d'argent au Leopard lionné de sable, armé & lampassé de gueulle.

Bois-Hamon, C. d'argent au Cerf de gueulle, sommé d'Or.

Bois-Iean, de gueulle au Chevron d'argent chargé de trois Tourteaux de sable.

Bois-Moron, d'azur à deux Chevrons d'Hermines.

Bois-Orhant, C. ancien d'argent au sautoir de sable, moderne voyez Talhoët.

Bois de Pacé prés Rennes, d'azur au Lion d'argent chappé de gueulle.

Bois-Riov, prez Lantreguier, C. surnom ancien de cette Maison, portoit d'argent à trois fasces de sable, accompagnées de dix Merlettes de mesme, 4. 3. 2. & 1. maintenant Ploësquellec en surnom.

Bois-Riov en Cauan Evesché de Treguier, du temps que le surnom du Rest estoit en cette maison, d'argent à trois fasces de sable, brisé en chef d'vn Lion naissant de gueulle, & vn baston de mesme brochant à dextre sur lesdites fasces.

Bois-Riov Bois-gerbot prés Dinan, d'azur au Freté d'argent de six pieces.

Le Bois-Robin, d'Or à trois bandes de gueulle.

Le Bois-Rovzavlt en Treguier, pour les Armes Coëtrouzault *idem*.

Bois-Yvon Kerbijc en Landouzan Evesché de Leon, ancien d'Or à vn arbre d'azur, moderne voyez Keroüarz

Bois-Yvon Bois-Riou en Treguier, pour Armes presentes, voyez Ploësquellec.

Boiv Sieur de la Mesnoliere & de la Iouë, d'azur à

trois quintefueilles d'argent 2. & 1. il a esté President aux Enqueftes en ce Parlement.

Du BOLLAN fieur de la Villean d'argent à trois fafces d'azur.

BOLANDE en Bazouge la Perrouze, d'Or à la fafce ondée de gueulle accompagnee de trois Annelets de mefme.

BONDART, de gueulle à trois Bezans d'argent, 2. & 1. chacun chargé de trois hermines de Sable.

BONNIER Seigneur de la Coquerie, President au Mortier en la Cour de Parlement de ce pays, porte d'argent trois Treffles de synople 2. & 1.

BONNIER Brenolou, d'argent à trois merlettes de fable, 2. 1.

BONOR en Treguier, jadis à Kerperiou en la Paroiffe de Coëttreuan portoit.....

BORDAGE, *alias* C. depuis erigé en Marquifat le.... pour les armes de cette maifon, voyez Mon-bourcher.

LE BORGNE, Lefquiffyou en pleiber-crift, C. Keruzoret en Plouuorn, Kerabuel, en Guineuez, Lhoennec, *Leon* Quelennec, Goazuen pres Lannion, Villeneffue en Lanmeur & autres de mefme famille, d'azur à trois huchets d'Or, *Treguier* 2. & 1. liez en fautoir de mefme. Le mefme furnom eftoit jadis à Keruidou prez Lanmeur, Parcanpreuoft en Plougaznou, Kerfraual en Plouian, Keriualan en Plouezoch, le Franfic en Taolé, Goazdannou, Kermoufter en Lanmeur, & autres auec differentes marques de juueignerie en la plufpart de ces maifons-là.

LE BORGNE jadis à la Ville-ballin en Ploelo Evefché de Saint Brieuc, & au Rumeur en Pommerit, le Vicomte Evefché de Treguier Carnier. & autres C. aprefent à Kerfalays & à Coetneuenay, en Pommerit Iaudy, Saint Hiliuay prez Lannion, Quilialan en Pedernec, Malebrouffe en Plerin, Evefché de Saint Brieuc, & autres de mefme famille au Comté Nantois, portent d'argent au Chef Endanché de gueulles à cinq pointes

CES deux familles quoy que de differentes armes, par l'vnique sort des alliances qu'elles ont prises en diuers lieux de cette Prouince, prennent leur origine d'vne mesme source, & comme il est expedient de trouuer (si faire ce peut) vn principe à toute Generation, elle tiennent à honneur de s'aduoüer issuës en juueignerie, de ce Guillaume le BORGNE en son temps Vicomte de Plourhan & Seigneur de la Roche-Suhart, dont il est cy-deuant parlé, & de tirer sans exageration de ce centre, la circonference de leur origine.

DV BOT Keryno Entredarzec Evesché de Treguier, oyez le Du.

BOTEREL, C. d'argent au Lion de Synople couronné, armé, & lampassé de gueulle.

BOTGLAZEC jadis à Rocerff, en Treguier d'argent à vn arbre de synople fommée d'vne merlette de sable.

BOTGLAZREC, alias à Keriegu prez Carhaix, portoit

BOTGVENAL prez Landerneau Evesché de Leon, d'argent à deux cheurons de sable.

BOTQVIGNEN, Paroisse de Treffuou Euesché de Leon, Escartelé au 1. & 4. d'argent à trois merlettes de sable, au 2. & 3. d'argent à trois fasces ondées d'azur.

BOTHEREL Vicomte d'Apigné, prés Rennes, d'argent à 10. ancolies d'azur souftenües de gueulle, les tiges en hault, 3. 2. 3. & 2.

BOTHEREL Villegeffroy, en Ploüegat, Chastelaudren. C. Beauuair, & autres de gueulle à vne Croix pattée, clechée, vidée & Pommetée d'Or : en la Comté de Quintin, *aliàs idem.*

BOTHEREL, sieur de Montellon Evesché de Rennes, d'azur au cheuron d'argent accompagné de trois croisettes de mésme.

BOTIGNEAV prés Quimpercorentin à Monsieur le

Marquis de Rofmadec, C. de fable à vne Aigle efployée d'argent becquée & membrée de gueulle.

Botilio en Plougounuer Evefché de Treguier, C. d'argent à fept feilles de Lierre de fynople, 3. 3. & 1. c'eft au Baron de Quimerch.

Botlavan en Ploudiry Evefché de Leon, d'argent à vne Aigle efployée de fable fupportant trois cœurs d'azur pofez en bande, fçauoir l'vn du bec, l'autre fur la poictrine & le troifiéme du pied feneftre.

Botloré Kerualanec en Plöuenan Evefché de Leon, de gueulle à vn dextrochere d'argent mouuant du cofté feneftre & tenant vn rameau de Laurier de fynople.

Botloy Lefardré à Monfieur le Comte de Grand-Bois C. Launay-Botloy, Kerdeoufer prés Lantreguier, le Bizlo, Kerguiftin, Coëthalec, & autres, écartelé d'Or & d'azur comme Tournemine.

Botmevr en Cornoüaille, C. écartelé au 1. & 4. d'Or au Lion de gueulle couronné, armé & lampaffé d'azur, contrefcartelé d'argent au Lion de gueulle.

Botmilieav, d'azur à trois Cloches d'Or báiftaillées de fable 2. & 1.

Bottily, d'Or à trois bandes de gueulle.

Boüan, jadis en la maifon de Tizé, à prefent au Chalonge-Boüan & autres, de gueulle à la bande d'Hermines.

Dv Bovchet, de fable à vne Croix engreflée d'argent. Cette famille a produit vn Confeiller du Duc François II. Vichancelier de Bretagne, qui enfuite fut éleu Evefque de Cornoüaille.

Boüedrier audit lieu, d'argent au chevron de fable accompagné de trois Tourteaux de gueulle.

Le Boüessay en Sens, d'Hermines au chef de gueulle brifé d'vn Lambeau d'Or.

Dv Boüexic Sieur de la Chappelle Confeiller en ce Parlement, d'argent à trois boüix de fynople, 2. & 1.

Du Boüilly aux Portes prés Lamballe, d'azur à vne bande d'argent accostée de deux Croissans de mesme.

Boulans, d'argent à trois Croissans addossez de gueulle, sçauoir celuy du cartier dextre couché, celuy du cartier senestre montant & celuy de la pointe renuersé.

La Boulaye Sieur de Kerliuio en Saint Brieuc, de sable à trois testes de Leurier d'argent accollée de gueulle garnie d'vn Anneau d'Or.

La Boulaye Guernanchanay en Treguier, de sable au Cygne d'argent becqué & membré de gueulle.

La Boulaye, d'azur au Chevron d'Or.

La Boulaye-Baud prez Rennes, de synople à trois fasces d'argent.

Le Bouloign Crechcariou en Plœmeur-Bodou Evesché de Treguier, Kerfos de Lannion & autres d'Or à neuf Billettes de sable 3. 3. 2. & 1. le canton dextre chargé d'vne Coquille de gueulle.

Le Bourblanc jadis audit lieu, maintenant à Grand-Pré prez la Rochederien Guermel en Penuenan Evesché de Treguier & autres, de gueulle à vne Tour crenelée d'Or, sommée d'vn Tourillon de mesme.

Bourdon, de sable à trois Bourdons, ou Bastons de Pelerin d'Or en Pal, 2. & 1.

La Bourdonnaye Coetteon, pour les Armes voyez Coetteon.

Le Bourgeois *alids* au Kerplat en Ploumilieau, portoit . . . .

Le Bourgerel en Plougonuer Evesché de Treguier pour les Armes voyez de Leon.

De Bourgneuf, Marquis de Cucé, Baron d'Orgeres &c. porte d'argent au sautoir de sable au canton de gueulle chargé de deux Poissons d'argent, ceux de cette Maison ont donné de grands Personnages à la Prouince & deuant l'institution du Parlement vn Iulien de Bourg-

BRETON.

neuf tenoit la Iustice dans la Prouince & s'appelloit le President de Bretagne, & depuis l'institution du Parlement, ils ont toûjours possedé la Charge de premier President de costé de Pere ou de Mere, à la reserue de Monsieur de Faucon: L'on conte dans ces illustres familles huit Premiers Presidens tant au Parlement de Paris, qu'en celuy de Bretagne, six Presidens à Mortier, cinq Maistres des Requestes Intendans de Iustice dans les Prouinces & les Armées: Cette Maison a eu de grandes Aliances auec des Chanceliers de France, des Ducs, Païrs & Mareschaux de France: Charles de Bourgneuf Evesque de Nantes, qui au jugement de tout le monde a esté vn des plus grands Prelats de son Siecle en pieté & en doctrine, le nom de cette Maison est finy en la personne de Henry de Bourgneuf Premier President de cette Prouince tres-illustre par sa Naissance & par toutes les grandes qualitez qu'il a possedé, qui le font reuerer comme vn Saint & regretter comme le Pere de la Patrie. Ce grand seruiteur de Dieu & du Roy mourut à Paris le 27. d'Aoust 1660. âgé de soixante-dix ans moins vn mois trois iours, deputé du Parlement vers sa Majesté.

BOVRGON, de sable à trois Ecus d'Or 2. & 1.

DV BOVRNE Kerdounart prés Lanuoulon & autres.

BOVRROVGVEL en Plouigneau Evesché de Treguier, ancien voyez le Rouge-Bourrouguel: Moderne Penmarch idem.

BOVTE-VILLE jadis au Faouët en Cornoüille, C. d'argent à cinq fusées de gueulle posées en fasce.

BOVTEILLER à la Chesnaye prés Dol, C. d'argent à cinq fusées de sable posées en bande.

LE BOVTELIER à la Gaultraye prés Rennes, C. d'argent semé de Coquilles d'azur sans nombre.

BOVTIER Chasteaudacy, C. gironné d'Hermines & de gueulle de six pieces.

BOVTOÜILLER jadis à Keromnes en Taoulé Evesché

de Leon, Kerochiou en Ploüian & à present au Keroüez en Ploüescat & autres, losangé d'argent & de sable en Pal pe couuerte d'Or en abîme.

LA BOVVAIS en Piré Evesché de Rennes, d'argent au Lion de sable couronné d'Or armé & lampassé de gueulle.

BOVVEREL, de gueulle à trois Molettes d'argent 2. & 1.

LE BOZEC Languenan en Plougrescant Evesché de Treguier & autres de sable à l'Aigle éployé d'argent au baston de gueulle brochant à dextre sur le tout.

LE BOZEC jadis à Tredillac en Guerlisquin, d'argent à vne Tour crenelée de gueulle.

BOZIEZ ou Baudiez Sieur du Rest en bas-Leon & autres, échiquetté d'argent & de sable à six traits, au Lion d'Or brochant sur le tout.

BRAGELONNE en Cornoüaille, d'azur à vne fasce d'Or accompagnée de trois Molettes de mesme, 2. & 1. brisé en chef d'vn cœur de gueulle.

BRANBVAN Riou prez Montauban Evesché de Saint Malo, de synople à vne Croix d'argent chargée en cœur d'vne Estoille d'azur.

BRANGOLO, de gueulle à vne fasce de vair.

BREFFEILLAC, C. d'argent au Lion de gueulle, couronné, armé, & lampassé d'Or.

DE BREHAND Sieur de Galinée l'vn des anciens Conseillers en la Cour de Parlement, C. porte de gueulle à sept Macles d'Or, 3. 3. & 1. le Vicomte de Lisle, la Roche-Brehand & autres de mesme famille *idem*.

BREHAVLT, de gueulle au Leopard d'argent.

BREHONIC en Guineuez Evesché de Leon, portant Kergoüal en surnom prend pour Armes, comme le Vayer Tressalegan.

LE BREIGNOV en Plouyen Evesché de Leon, C. pour les Armes voyez Saint Goüeznou, ou Langoüeznou.

DV BREIL

BRETON.

DV BREIL Seigneur de Raix Mallerie prèz Dinan, C. Plesseix de Raix & Plesseix-Balisson, Chalonge-Treueron, Pontbriand, la Gaudinaye & autres, d'azur au Lion d'argent: Cette Famille a produit tant en France qu'en cette Prouince plusieurs grands & insignes Personnages de valeur & de grand sçauoir, ainsi qu'il conste par leur Genealogie amplement décrite en l'Histoire Genealogique du Pere du Paz.

LE BREIL en Erodoiz, d'argent à trois Gresliers d'azur enguischez de gueulle.

BRELIDY en Treguier, C. ancien voyez Rostrenen: Moderne d'argent à trois Chevrons de gueulle, comme Ploësquellec.

BRENOLOV prés Carhaix, pour les Armes voyez Bonnier, Kerampuil *idem*.

LES BREOTTIERES, de gueulle à vne teste de Loup arrachée & lampassée d'Or.

BREQVART en Treguier jadis à Brehat portoit . . . .

BREQVIGNY prés Rennes, C. c'est l'vn des Presidens au Mortier en ce Parlement, pour les Armes voyez le Meneust.

LA BRETESCHE en Saint Gregoire Evesché de Rennes, d'azur à vne teste de Levrier d'argent accompagnée de trois Molettes d'Or.

LE BRETON en Treguier, d'argent à cinq fusées de sable posées en fasce, accompagnées de trois Tourteaux de mesme 2. & 1.

LE BRETON, d'azur à vn cor de chasse d'argent enguisché de mesme en sautoir.

LE BRETON, d'argent au Lion Leopardé de sable, chargé en l'Espaulle d'vne Molette d'Or.

BREZAL en Plouneuenter Evesché de Leon, C. de gueulle à six BEZANS d'Or, 3. 2. & 1.

E

BREZCANVEL en Brelez Evefché de Leon, ancien le Roux Kerninon *idem*, moderne . . .

BRICQVEVILLE Coulombiere habitué en cet Evefché de Treguier, C. d'argent à trois Hermines de fable, 2. & 1. Il eſt Originaire de Normandie.

DES BRIEVX en Vennes, C. d'argent à trois Tourteaux de fable 2. & 1.

BRIGNAC, C. ancien de gueulle au fautoir d'argent plus moderne Carpont Kerguezec en Treguier *idem*.

BRIGNEN au Menihy de Saint Paul de Leon, pour les Armes voyez Lanriuinen, & Saint Denys.

BRISTOV *alias* à Kericu en Plouzal Evefché de Treguier, portoit . . . .

BROON B. écartelé au premier & 4. d'azur à vne Croix d'argent frettée de gueulle, contrefcartelé d'argent à vn Aigle éployé de fable, becqué & membré de gueulle.

BRONDINEVC C. autrement appellé Broon-dit-neuf, portoit anciennement mefmes Armes que la precedente, comme ayant efté cette Maifon baſtie de neuf tout femblable à l'ancien Chafteau par commandement du Duc lors regnant fur vne moitié du total de ladite Terre auant l'aſſiſe du Comte Geffroy, afin d'aſſeoir & defigner vn partage égal au fort entre deux freres jumeaux de cette Maifon qui afpiroient tous deux au droit d'Aineſſe & pretendoient l'emporter par les armes l'vn à l'exclufion de l'autre, fi le Duc ne fe fuſt avifé d'vn tel expedient pour aſſoupir & terminer leur different.

DE BROSSE, écartelé au 1. & 4. de gueulle à vne Croix alaifée d'argent au 2. & 3. fafcé d'argent & de synople de fix pieces.

LA BROSSE burellé d'argent & de fable de dix pieces au bafton de fable, brochant à dextre fur le tout.

DE BROÜEL, de gueulle à vn Leopard d'argent femé d'Hermines.

BROVSTAL jadis à Kerozern en Ploubezre Evesché de Treguier, au Modest en Breleuenez prés Lannion & autres, de gueulle à vne Croix d'argent chargée de cinq Merlettes de sable.

DE BRVC Sieur dudit lieu, d'argent à vne Rose double de gueulle boutonnée d'Or, il est Conseiller en la Cour de Parlement.

BRVILLAC en Plounerin Evesché de Treguier C. pour Armes antiques Ploësquellec *idem*, Modernes voyez du Chastel Coëtangarz.

LE BRVN Kermoruen en Vennes, d'azur au Chasteau d'argent massonné de sable, dont il y a eu vn Evesque de Treguier Conseiller & Aumosnier du Duc Iean le Conquerant, Docteur és Droits & Avocat en Cour de Rome.

LE BRVN jadis à Kerfueillen en Buhulien Evesché de Treguier & autres, d'argent à vne Quintefeille percée de synople.

BRVSLE' en Vennes, C. ancien écartelé au 1. & 4. d'azur à vn Eperuier d'argent grilletté d'Or, au 2. & 3. d'argent au Lion de gueulle, moderne voyez du Bois-Dourdu.

BRVSLON Baron de la Musse en Rennes & autres, d'argent au Griffon de sable, cette famille a donné vn President au Mortier & vn Conseiller en ce Parlement.

DV BRVTAY, d'azur à l'Aigle éployé d'Or, becqué & membré de gueulle.

BVDES jadis en la Vicomté d'Vzel & au Hirel *idem*, à present au Tertrejoüan, Sacé en Normandie, Blanchelande, le Plesseix au Noir, Villedoré prés Saint Brieuc & autres, porte d'argent à vn Pin de synople chargé de trois Pommes d'Or & vn Airré d'Eperuier de méme, le tronc accosté de deux Fleurs de Lys de gueulle vers la pointe, qui anciennement estoient d'Or, mais l'vn de nos Papes ayant fait mettre à mort dans Macon ce grand Capitaine Sylueftre Budes tant renommé dans nos Histoires sur le moindre

E 2

rapport de ses ennemis & enuieux, apres auoir enfin reconnû qu'à tort & precipitament il auroit fait mourir ce grand Personnage, voulut qu'à l'avenir sa posterité les portast de gueulle en memoire eternelle de ce sang iniustement répendu, & par Lettres Patentes & Authentiques declara aussi toutes les Terres, dont il mourut possesseur, exemptes de dixme : quel droit, priuilege & immunité est encore aujourd'huy continué par les Seigneurs issus de la mesme famille, de laquelle on a veu sortir par succession de temps plusieurs Personnages illustres de valeur & de grand seruice, mesme de nos iours feu Monsieur le Mareschal de Guebriant, qui pour les grands & signalez seruices par luy rendus à l'Estat, fut éleué à ce souuerain degré d'honneur par le Roy Louys le Iuste d'heureuse Memoire en l'an 1642. & ensuite honoré du Generalat de ses Armées en Allemagne & Franche-Comté. La Traditiue ancienne tient que les Seigneurs de cette famille prennent leur tige primitiue & origine de la Maison de Saint Luc d'Espinay, qui puis longues années a aussi produit vn Mareschal de France.

DV BVEIL, d'azur semé de Fleurs de Lys d'argent au Lion de gueulle brochant à dextre sur le tout.

BVISSON, d'argent à vne fasce de gueulle, chargée de trois Estoilles d'argent.

DES BVRONS Sieur de la Cheuronniere, d'argent party d'azur au Croissant de l'vn en l'autre.

BVOR en Plougaznou Evesché de Treguier, ancien d'argent à deux Coquilles de gueulle, au franc canton d'azur, moderne voyez Kerret.

BVSLAT, C. Cleuzdon Guergorlay *idem*.

BVSSON C. d'argent au Lion de sable armé & lampassé d'Or, dont il y a eu vn Capitaine & Gouuerneur de Rennes & Chambellan ordinaire de l'vn de nos Ducs.

BVSNEL Evesché de Rennes, d'argent à vn Eperuier au naturel, les Longes & Grillets d'Or, posé sur vn Ecot de fable, de cette Maifon il y a eu vn Avocat General au Parlement de Bretagne.

LA BVSNELAYE le Duc, de gueulle à trois Treffles d'Or au chef d'argent.

BVSSIERE Kermeluen prés Guingamp Evefché de Treguier & autres d'argent à vn Aigle efployé de fable.

BVZIC Kerdaoulas en Direnon, de gueulle à fix Bezans d'argent 3. 2. & 1.

BVZIC jadis à Porziezegou Evefché de Treguier prez Saint Michel en Greve, d'Or à vn Chafteau d'azur maffonné de fable.

C.

E CAMBOVT Duc de Coazlin Lieutenant pour le Roy en la haute Bretagne, porte de gueulle à trois fafces efchiquettées d'argent & d'azur à deux traits.

CARHAIX Ville & Barre Royalle en Cornoüaille d'vne bonne eftenduë, porte . . . .

CHABOT, Maifon bien ancienne & fignalée en Bourgogne, dont il y a eu vn Admiral de France, grand Fauory du Roy François I. l'Alliance qu'elle a prife depuis quelques années en l'illuftre Maifon de Rohan n'eft pas auffi contée entre les moindres Ornemens qui decorent cette Maifon, laquelle porte d'Or à trois Chabots de gueulle pofez en Pal, 2. & 1.

CHAMPAGNE Comté, d'azur à la bande d'argent accompagnée de deux doubles Cottices d'Or potencées

& contrepotencées de mesme de treze pieces.

CHASTEAVBRIAND Ancienne Baronie portoit de gueulle semé de pommes de Pin d'Or sans nombre, depuis parsemé de Fleurs de Lys d'Or par concession expresse du Roy Saint Louys en reconnoissance des grands & assidus seruices rendus à ce Prince par vn Seigneur de cette Maison au voyage de la Terre-Sainte, & notamment en la bataille de la Massore le 8. Fevrier l'an 1250. en laquelle ledit Roy Saint Louys : Pierre de Mauclerc Duc de Bretagne & ce Seigneur de Chasteaubriand furent pris prisonniers par les Sarrazins.

CHASTEAVGIRON Baronie, d'Or au chef d'azur, auec cette deuise, *Pensez-y ce que vous voudrez.*

CHASTEAVLIN Barre Royalle en Cornoüaille, d'azur à vn Chasteau d'argent couuert de mesme, & giroüetté d'Or.

CHASTELAVDREN jadis bonne Ville & Siege ordinaire des anciens Comtes de Goüelo, pour les Armes voyez Auaugour, elle a esté bastie par vn Roy de Bretagne appellé Audren.

CHASTILLON sur Marne autrement dit de Bloys, Maison aussi illustre qu'il y en ait en France erigée en Duché par le Roy Charles IV. l'an 1566. porte pour Armes antiques de gueulle a trois Pals de vair au chef d'Or, modernes Bretagne *idem*.

CLISSON B. dont il y a eu vn Connestable de France, portoit de gueulle au Lion d'argent couronné, armé & lampassé d'Or.

CONDE' Prince : par Lettres Patentes du Roy Henry IV. d'immortelle Memoire verifiées en toutes les Cours Souueraines l'an 1599. il fut declaré Premier Prince du Sang & Premier Païr de France, il porte de France au baston de gueulle pery en bande. C'est vn Prince dont les Genereux exploits & actions heroïques sont si notoires à toute l'Europe que tout ce que j'en pourois dire feroit infiniement au deſſous de ſes merites.

CORNOÜAILLE Comté & ancien Appanage de Bretagne, portoit d'argent à trois Hermines de ſable 2. & 1.

COSSE' Duc de Briſſac, Paїr & grand Pannetier de France, pour les Armes voyez Briſſac, il eſt hors de doute que cette Maiſon ne ſoit vne des plus illuſtres & anciennes du Royaume, dont il a ſorty des Gouuerneurs de Prouinces & Generaux d'Armées, vn Mareſchal de France & vn grand Maiſtre de l'Artillerie ſous Henry II.

CABATOVX en Loüanec Eveſché de Treguier, Barach, Roſambo *idem*.

CADE' en Treguier jadis à Saint-Drenou & autres, d'argent à vne Croix anillée de ſable.

DE CADELAC, d'azur à la bande d'Or chargée de trois Roſes de gueulle.

CADIER au Coëtdon en Plouguyel Eveſché de Treguier & autres, d'azur au maſſacre de Cerf d'Or.

CADIER, d'argent à vne faſce de ſable ſurmontée d'vne Merlette de gueulle & ſouſtenuë d'vne Molette d'Eſperon auſſi de meſme.

CADOËLAN prés Guingamp, pour les Armes voyez Pinart, le dernier Seigneur de cette Maiſon eſtoit l'vn des Maiſtres de la Chambre des Comtes de cette Prouince.

CADORE' en Plouuara Eveſché de Saint Brieuc & autres, d'azur à vn Ours bridé d'argent.

CADORET jadis à Traoüanrun en Plougaznou Eveſché de Treguier, d'azur à vne bande d'argent chargée en chef d'vn Croiſſant de ſable.

CADOVDAL C. vn Cheualier de ce nom fut Partiſan du Comte de Montfort en la pluſpart des Exploits de guerre qu'il eut contre Charles de Bloys & fut Capitaine de Hennebond, il portoit d'argent à vne Croix engreſlée de ſable; Il y a eu autrefois vn Gentil-homme de la meſme famille en la Paroisse de Ploulech Evesché de Treguier, portant mesme Nom & mesmes Armes.

CADOVZAN prés Guerrande au Comté Nantois, pour les Armes voyez de Quelo.

LE CADRE, de gueulle à trois Billettes d'Or 2. & 1.

CAHIDEV C C. écartelé de gueulle à trois testes de Leopard d'Or 2. & 1. contrescartelé, de Beaumanoir, Bois-de-laMotte que vous trouuerez sur la lettrine B. il est Conseiller en la Cour de Parlement.

CALLOET Sieur de Lanidy en Plouigneau prés Morlaix, Lostanuern & autres, d'Or à vne fasce d'azur surmontée d'vne Merlette de mesme & pour deuise *Aduisi-toy*. Cette premiere Maison a fourny vn Evesque de Treguier & vn Aduocat General en la Chambre des Comtes de cette Prouince.

CAMAREC, de gueulle à cinq Bezans d'Or en sautoir au chef d'Hermines.

CAM Kernasquiriec prés Belisle Evesché de Treguier, d'argent au chevron de sable accompagné de trois Annelets de mesme.

CAMBRAY, party d'Or & d'azur.

CAMERV Trogoüazrat en Lanmaudez, Rossalic & autres, écartelé au premier & dernier d'azur à vn Vanet ou Coquille d'argent contrescartelé d'argent à quatre Billettes de gueulle posées en Croix & vn petit Croissant de mesme en abîme & pour deuise *En quichen reyhé ma Commeret*, c'est à dire, qui se mesle de donner, se doit disposer à receuoir.

CAMERV Kerouspy en Cauan Evesché de Treguier, d'argent à vn Aigle éployé de sable becqué & membré de gueulle, chargé sur la poictrine d'vn Ecusson portant les precedentes Armes.

CAMPHIR jadis à Kerozal en bas-Leon, d'Or à trois fasces de sable & vn Lion de gueulle brochant sur le tout.

LE CAMPION

BRETON.

LE CAMPION Pontlosquet en Coëtreuan Evesché de Treguier, Kerrez & autres, de sable à vn Leopard d'Or au chef d'argent.

CAMPION Porzlazou en Treguier & autres, de synople à vn Sautoir d'argent cantonné de quatre Coquilles de mesme.

CAMPOSTAL prés Rostrenen, C. d'argent à vn Aigle de sable, becquée & membrée de gueulle.

LE CAMVS à Keriffern en Cornoüaille.

CANABER *aliàs* au Cleuzmeur en Plœmeur-Bodou Evesché de Treguier Restaruez prés Lannion & autres, à present à Kerloüet prés Carhaix & autres, d'argent à trois Merlettes de sable 2. & 1. & vn Cornet lié en sautoir de mesme en abîme au chef de gueulle chargé de trois Quintefeilles d'argent.

DE CANCOET en Mezuillac Evesché de Vennes, C. d'argent au Sanglier de sable en furie.

CANLOVP Villeoger, d'azur à vne Rose d'argent accompagnée de trois Molettes de mesme.

CANTISAC, d'argent à vne bande de gueulle chargée de trois Allerions d'Or.

CAOVREM jadis à Keranbellec prés Runan Evesché de Treguier, Kermarquer en Penguenan & autres, d'argent à vne teste de Negre tortillée d'argent.

CARANTEZ jadis à Crechleac Evesché de Treguier & autres, de gueulle à trois Eperuiers d'argent grillettez d'Or 2. & 1. Loz *idem*.

CARCADO C. pour les Armes voyez le Seneschal Carcado : le dernier Seigneur de cette Maison estoit Conseiller en la Cour de Parlement.

CARCARADEC en Ploulech prés Lannion Evesché de Treguier, voyez Rogon.

LE CARDINAL Sieur de Carmer & autres, d'argent au chef endanché de gueulle à cinq pointes.

DE CARCOVËT, surnom ancien de cette Maison, portoit bandé d'Or & de gueulle de six pieces, maintenant de la Moussaye.

CARGREE Conseiller du Roy en ses Conseils, Maistre des Requestes ordinaire de son Hostel, pour les Armes du Halgoët *idem*.

DE CARION, Rosangauet en Plouëzoch & autres, de gueulle à vne main senestre apaumée d'argent en Pal, naissante de la pointe, ondée d'azur, qui est de Carion, écartelé d'argent à vne fasce d'azur, qui est Cazin Rosangauet, & pour deuise *nihil virtute pulchrius*. Vn Iuueigneur de la Guignardaye en l'Evesché de Rennes a porté ce premier nom en cette Maison là, & l'on tient ceux de cette Famille originairement issus d'vne ancienne Maison d'Espagne.

CARIOV jadis à Guerguiniou en Ploubezre, à present au Goazuen en Ploumillieau, Rocerf & autres, d'azur à trois Estoilles d'Or 2. & 1.

CARMAN en Lannilis *alias* Kermauan B. depuis érigée en titre de Marquisat au mois d'Aoust 1612. verifié en Parlement le 12. Decembre en ladite année en faueur de Messire Charles de Maillé Seigneur de Carman, Seixploe, la Marche, Lislette, la Forest &c. qui portoit au 1. & 4. d'Or à trois fasces antées de gueulle qui est maillé de Brezé au 2. & 3. encore écartelé au 1. & 4. d'azur à vne Tour sommée de trois Tourillons d'argent, le tout porté sur vne Rouë de mesme, contrescartelé d'Or au Lion d'azur qui est Carman, & pour deuise *Dieux auant*. on ne peut pas douter de l'antiquité de cette Maison, puis qu'elle a pris Alliance en celles de Rohan & de Luxembourg & en plusieurs autres illustres Maisons.

LE CARME jadis aux Salles prés Guingap E. de Treguier, échiquetté d'argent & de gueulle à six traits au chef d'Or.

CARMENE ancien, de gueulle au sautoir d'Or : moderne voyez le Mintier.

CAR'N Ranuelin en Kerloüan prés Lesneuen Evesché de Leon, d'Or à deux chevrons de gueulle l'vn sur l'autre.

CARNAVALET prés Pontrieu Evesché de Treguier, C. ancien vairé d'Or & de gueulle au franc canton d'Hermines, moderne Assigné *idem*, il est l'vn des quatre Lieutenants des Gardes du Corps de sa Majesté Louys XIV. heureusement Regnant.

CARNE' C. d'Or à deux fasces de gueulles, cette Maison est assez conneuë pour estre vne Pepiniere feconde de Seigneurs aussi braues, galands & genereux qu'il y en ait en la Prouince. Le Viconte de Trouzilit en Leon & ses descendans sont issus en juueignerie de cette Maison-là.

CARPONT prés Lantreguier C. pour les Armes voyez Kerguezec.

CARPONT Kerbijc en Ploüenan Evesché de Leon, d'argent à deux Haches d'Armes ou Consulaires de gueulle en Pal, brisé en chef d'vn Croissant de mesme.

CARPONT en ladite Paroisse de Ploüenan Evesché de Leon, d'argent à vne fasce d'azur, surmontée d'vn Cerf passant d'Or.

CARPONT Kerliuer en Leon, d'Or à trois Roses doubles de gueulle 2. & 1.

CARPONT Guerbilçau, de sable au Lion d'argent l'Ecu semé de Billettes de mesme.

CARPONT en Loüanec Evesché de Treguier, surnom ancien de cette Maison, d'azur au massacre de Cerf d'Or.

CARPONT Kerouzien en Leon . . . .

CARPONT en Seruel Evesché de Treguier, pour les Armes voyez le Borgne du Goazuen.

CARPONT Kerret en Treguier, Kerret *idem*.

CARPONT en Lanpaoul Evesché de Leon, pour les Armes voyez Mocazre

CARRAGE jadis à Kerguiniou en Ploubezre Evesché de Treguier, d'argent à vn sautoir engreslé de sable.

LE CARRER *alias* à Bringolo en Goudelin Evesché de Treguier, d'Or à vn chevron de gueulle accompagné de trois Allerions de sable 2. & 1. à present le surnom de Geslin possede cette Maison.

DU CASSO, de gueulle à vne bande de vair.

LE CAT, d'argent à vn Fresne de synople.

CAVAN en Treguier, C. issuë en juueignerie des anciens Barons d'Auaugour, portoit d'Or à trois Merlettes de sable 2. & 1. cette Terre fut confisquée en la main du Duc sur les heritiers de Hemery Cauan Seigneur de Cauan & de Caouhennec à raison de leurs démerites, & depuis baillée à viage par vn Duc de Bretagne à Iean de Kersaliou Seigneur dudit lieu pour ses agreables seruices, apres la mort duquel ladite Terre & Seigneurie fut reünie & incorporée au Duché.

CAZIN anciennement audit lieu en Plouigneau Evesché de Treguier, Rosangauet en Ploüezoch, Lesmoualch, Kermeur en Plougaznou, maintenant en Quenquisou & autres, d'argent à vne fasce d'azur.

CAZLEN jadis à Kerhellou en Plouegat-Guerrand, Evesché de Treguier, écartelé au 1. & dernier d'argent à vne Hermine de sable contrescartelé d'argent à vn Annelet aussi de sable.

CEINGOF, de gueulle à vne espée d'argent en Pal, la pointe fichée en bas.

DE CENESMES, d'Or au Lion de gueulle.

DU CHAFFAVLT, de synople au Lion d'Or, armé & lampassé de gueulle.

CHAINILLAC, écartelé au 1. & 4. d'azur au Levrier passant d'Or au 2. & 3. d'Or à vne bande d'azur, accompagnée de six Quintefeilles de gueulle en Orle.

CHAMBELLE' d'Hermines au chef de gueulle à la cotrice d'azur brochant sur le tout.

CHAMBIERE prés Rennes, C. à Monsieur le President de Brie, porte d'azur au chevron d'Or accompagné de trois Pommes de Pin de mesme 2. & 1.

Champcovrt Difamber, de fable à trois Poiſſons d'argent mis en Pal 2. & 1.

Champeavx, bandé d'Or & d'azur de ſix pieces.

Champeigne, d'Hermines au chef de gueulle.

Champion Baron de Cicé Conſeiller en la Cour de Parlement & à preſent Doyen de Meſſieurs de la Grande-Chambre de la Sceance de Fevrier, porte écartelé au 1. & 4. d'azur à trois Ecus d'argent chargez chacun de trois bandes de gueulle, contreſcartelé de gueulle à vne bande d'Hermines, il y a eu vn Eveſque de Treguier de cette Maiſon-là.

Chandos Gentil-homme Anglois de Nation beaucoup renommé pour la valeur pendant les Guerres de la Ligue, qui enſuite s'habitua en l'Eveſché de Leon, il portoit . . . .

La Chappelle à Monſieur le Marquis de Rofmadec, *alias* B. depuis erigé en Comté, porte de gueulle à vne faſce d'Hermines, il y a eu vn Chambellan du Duc François II. de cette Maiſon-là.

La Chappelle à la Roche-Giffart, C. & autres de meſme famille, d'argent à ſix Annelets d'azur 3. 2. & 1.

Chappelain *alias* au Kerezoult en Ploumillieau Eveſché de Treguier, d'argent à trois bandes de gueulle, au franc canton de meſme chargé d'vne Eſtoille d'argent, à preſent le Bigot.

Chapitre de Treguier, d'azur à vn Bouc d'argent.

Chapitre de Leon, d'azur à vn Mouton paſſant d'argent tenant vne Croix de gueulle à la Banderolle d'argent.

Chapitre de Cornoüaille, d'azur à vne Chevre d'argent, au chef d'argent ſemé d'Hermines.

Le Chapponier Keruezec en Tredarzec Eveſché de Treguier & autres, porte de fable au Loup d'argent.

CHARLET *alias* à Kerynou Du Bot prez Lantreguier, portoit . . .

CHARNATIES en Treguier, d'azur à trois Croix patées d'Or 2. & 1.

CHASANT en Treguier, de gueulle au Lion d'argent.

CHASTAIGNER d'Or au Leopard de synople.

CHASTEAVCROC C. de gueulle à vn Croissant d'Or en abîme, accompagné de cinq Estoilles de mesme, 2. en chef & 3. en pointe, 2. & 1.

CHASTEAVFVR en Guineuez Evesché de Leon, C. d'azur au Chasteau d'argent flanqué de deux Tours plus basses de mesme, le tout joint ensemble.

CHASTEAVGAL C. ancien voyez Kermellec Chasteaugal : moderne du Chastel *idem*.

CHASTEAVMEN en Taolé Evesché de Leon, ancien Kergroades *idem*, moderne voyez Kergadiou de bas-Leon.

CHASTEAVMVR C. écartelé au 1. & 4. de gueulle au Lion d'Or au 2. & 3. d'argent à dix Hermines de sable à la bordure de gueulle.

CHASTEAVNEVF B. pour les Armes voyez Rieux.

CHASTEAVRIEC en Leon, pour Armes presentes, voyez Quelen du Dresnay & Chasteaufur antiques . . . .

CHASTEAVTRO, d'argent à trois testes de Renards arrachez de gueulle 2. & 1.

DV CHASTEL en Plourin Evesché de Leon B. erigé aux Estats Generaux du Duc Pierre l'an 1455. porte fascé d'Or & de gueulle de six pieces, & pour deuise *Da vat è teuy*, tu n'as qu'à venir, de cette Maison estoient issus ces Tanguys du Chastel Heros de leur Siecle tant renommez dans nos Chroniques pour leur grande Proüesse, & qui ont esté honorez de si belles charges tant sous nos anciens Ducs, que Roys de France : Et encore vn Guillaume du Chastel Pannetier du Roy Charles le Quint, qui luy rendit des seruices si considerables en plusieurs importantes occasions, notamment en la defense de Saint Denys contre le Siege des Anglois, qu'il merita l'honneur de sa Sepulture en ladite Abaye de Saint Denys, Mausolée ordinaire des Sacrées Cendres de nos Roys: Et encore pour vne singuliere marque de la gloire de cette Maison, elle se vante aussi auec verité d'auoir produit deux Saints & vertueux Personnages sous le nom de Saint Tanguy & Sainte Haude, qui selon la commune approbation de l'Eglise Leonnoise jouyssent de la gloire des Bien-heureux.

CHASTELENEC en Taolé Euesché de Leon, pour les Armes voyez Launay Coëtmeret.

DV CHASTELIER jadis Vicomte de Pommerit Euesché de Treguier, d'Or à neuf Roses ou Quintefeilles de gueulle 3. 3. & 3.

LE CHASTELIER d'Ereac B. d'Or au chef de sable, chargé d'vn Lambeau de trois pieces d'argent.

DV CHASTELIER C. de gueulle à vn bras d'argent tenant vne Fleur de Lys aussi d'argent, accompagnée de quatre Bezans de mesme 1. 2. & 1. il est Conseiller en la Cour de Parlement.

CHASTELOGER prés Fougeres Euesché de Rennes, d'azur à trois rencontres de Cerf d'Or.

LE CHAT, d'azur à trois testes de Leopard d'Or 2. & 1. il est Conseiller en la Cour.

LE CHAT Kersaint en Poïdic Euesché de Saint Brieuc & autres, de sable à vn Chat effrayé d'argent, & pour deuise *mauuais Chat, mauuais Rat*.

LE CHAVF Kerhuelguen en Goëlo, d'azur à trois Glands d'Or aux Cocques d'argent 2. & 1.

CHAVVIGNE C. d'argent à cinq fusées de gueulle posées en fasce.

CHEF-DV-BOYS Boiseon en Treguier, de gueulle au sautoir d'Or, accompagné de quatre Coquilles d'argent.

Chef-dv-Boys, *alias* à Bruslé en Vennes, écartelé au 1. & 4. d'argent au Lion de gueulle, contrescartelé d'azur à vn Eperuier d'argent.

Chef-dv-Boys Kerouazle en Leon, d'Or au Lion de gueulle couronné, armé & lampassé d'azur.

Chef-dv-Boys Troniolys prés Saint Renan, ancien . . . . moderne Kérgoët Troniolys *idem*.

Chef-dv-Boys Kerlozrec en Ploudiry Evesché de Leon, écartelé au 1. & 4. pallé d'Or & d'azur, contrescartelé d'azur à trois testes d'Aigles d'argent 2. & 1.

Chef dv-Boys Saliou Evesché de Treguier, Conseiller en la Cour de Parlement de ce pays, d'argent au chevron de gueulle accompagné de trois Quintefeilles de mesme 2. & 1.

Chef-dv-Boys en Plouëdern Evesché de Leon, pour les Armes voyez le Iar Penancoët.

Chef-dv-Pont prés la Rochederien Evesché de Treguier, C. ancien . . . . moderne du Halgoët Cargré *idem*.

Chemillé Comte, d'Or papeloné ou Diapré de papillons de gueulle, d'autres blasonnent semé de Chausse-Trappes de gueulle.

Des Chemins, d'azur à vne Croix d'Or.

Chervel Vicomte en Treguier de gueulle à vne fasce d'argent, vn Seigneur de cette Maison fut l'vn des trente Cheualiers Bretons, qui s'acquist vne glorieuse reputation en la bataille de trente & encore en la defence de la Ville de Rennes contre le Siege du Duc de Lanclastre l'an 1356.

Chesdanne, de gueulle à la Croix engreslée d'Or au chef de mesme chargé de trois Coquilles de gueulle.

Le Chesnay-Pigvelaye en Rennes Vicomté, porte d'argent à vn Epervier au naturel posé sur vn Ecot de gueulle.

La Chesnelaye, d'azur à 2. Leopards d'Or l'vn sur l'autre.

Chevalerie

CHEVALERIE, d'azur à trois Molettes d'Or 2. & 1.

CHEVALIER, d'azur à vn Heron d'argent.

LE CHEVOIR Coëtezlan en la Paroisse de Prat, C. Kerantourpet en Lanmelin, Keraliou en ladite Paroisse & autres, de gueulle à vn grand Croissant d'argent surmonté de trois Macles de mesme.

CHERDEL-TROSTANG, en Camlez Euesché de Treguier, d'argent à deux Guiures tortillées d'azur, affrontées en pal.

CHOHAN Coëtcandé, d'argent au Cerf passant de gueulle.

CHOLET, d'argent à vne Croix de gueulle cantonnée de quatre clefs de mesme.

CHOVSANT, de synople au Lion d'Or couronné de mesme.

CILLART Villenefve en Lanmaudez, Goazuen & autres, d'argent à vn Cor de Chasse de sable, enguisché de mesme en sautoir.

CLAPLES en Treguier, écartelé au 1. & 4. losangé d'Or & de gueulle sans nombre en Pal au 2. & 3. d'argent à vne Croix pattée de sable.

CLEAVROVX ancien surnom de Keraufret en Bourbriac Evesché de Treguier C. d'argent à vne bande engreslée d'azur, accompagnée de six Tourteaux de gueulle en orle.

CLECH en Treguier, jadis à Kerdonuallé en Cauan, de gueulle à vn Aigle esployé d'argent.

CLECVNAN en Leon, de sable à trois Oyseaux d'argent qui ont Houppes sur la teste 2. & 1.

LE CLERC jadis Evesque de Leon, Abbé de Montfort & de la Roë en Anjou Aumosnier de la Reyne Claude femme du Roy François I. portoit d'argent à vne Croix engreslée de gueulle cantonnée de quatre Allerions de sable.

LE CLERC anciennement à Keralliou en Trēduder

G

Evesché de Treguier, de gueulle à vne Croix ancrée d'Or accompagnée de deux Macles de mesme en chef.

LE CLERC *alias* à la Tour Lesquiffiou Evesché de Leon, d'Or à trois Roses de gueulle 2. & 1.

LE CLERC jadis à Lesuhel en Perros-Guirec, Coëtiezegou en Treguier & autres, d'Or à vne bande de gueulle chargée de deux Coquilles d'argent aux deux extremitez & vne Macle d'Or au centre de ladite bande.

LE CLERC en Leon, d'argent à vn Ecurieül rampant de gueulle rongeant vne Pomme d'Or qu'il tient de ses deux mains.

CLEVEDE au Porzou Evesché de Treguier, d'argent à deux Lions affrontez de gueulle tenans vne Lance d'azur en Pal de leurs pattes de deuant.

CLEVZ au Gage prez Dol C. party endanté d'Or & de gueulle, le Mirouer Descarein & autres en Treguier *idem*.

CLEVZ en Saillé prez Guerrande, d'argent à trois Cocqs de sable 2. & 1.

CLEVZDON en Plougounuer Evesché de Treguier C. pour les Armes voyez Guergorlay.

CLEVZMEVR en Plœmeur-Podou Evesché de Treguier losangé d'argent & de gueulle en Pal au chef d'Or chargé d'vn Leopard de gueulle.

CLEVZXAIT en Treguier, d'azur à vne teste de Bœuf d'Or.

CLEVZYOV en Loüargat Evesché de Treguier, Ramage de Guingamp, d'argent semé d'Hermines & trois petits Annelets de sable posez en abîme 2. & 1. le surnom de raison est à present en cette Maison-là

CLISSON *alias* à Keranfaut prez Lannion Evesché de Treguier, Keraziou en Trebreden, Penastang lez Lannion, Crechbizien & autres, d'azur à trois Molettes d'argent 2. & 1. & vn Croissant de mesme en abîme, à present à Keralliou en Ploüguiel prez Lantreguier, le Menez-

BRETON.

Cliſſon & autres, qui ce me ſemble, ont retenus les anciennes Armes de Kerallio, cette famille a donné du temps de nos Ducs vn Preſident vniuerſel de Bretagne, & vn Seigneur de cette premiere Maiſon fut Maiſtre d'Hoſtel de la Du-cheſſe Anne, depuis deux fois Reyne de France, Chambellan & ſon Lieutenant General en ſes Armées en cette baſſe-Bretagne, ainſi qu'il ſe verifie par Lettres Patentes d'Elle ſignées & dattées du 6. Fevrier 1489.

LE CLOISTRE prez Pontrieu Eveſché de Treguier, portoit . . .

COADALLAN jadis à Kergreſcant prez Lantreguier, Coëtiezegou, Kerſlaca & autres, à preſent à Kermouſter en Lanmeur & autres, d'azur au ſautoir d'argent accompagné de quatre Coquilles d'Or.

COADIC, Kergoalhezre en Treguier & autres, d'argent à vn Laurier d'azur.

COAIL à preſent au Traouneuez en Ploüezoch Eveſché de Treguier, Kermeur en Plougaznou & autres, d'argent ſemé de Fleurs de Lys de ſable ſans nombre, au franc canton d'argent chargé d'vne Caille au naturel.

LE COC Keranguen en Ploumoguer Eveſché de Treguier, d'azur à vn Cocq d'Or.

COESMES, de gueulle fretté d'Hermines de ſix pieces.

COËTALYO en Treguier, ancien d'argent à vn Pin de ſynople chargé de Pommes d'Or, ſommé de deux Pies au naturel qui ſe regardent, moderne Trogoff, Kerelleau idem.

COËTAMOVR en Plouigneau prez Morlaix Eveſché de Treguier, pour les Armes Quintin, Kerozerch idem: cette Maiſon a fourny vn Seneſchal de Morlaix.

COËTANDOCH en Ploëgat-Chaſtelaudren Eveſché de Treguier, ancien d'argent à trois faſces de ſable & vn Lion de ſynople brochant à dextre ſur le tout couronné d'Or: Moderne party d'argent & de gueulle à vn Croiſſant en abîme l'vn dans l'autre, accompagné de trois Estoilles de mesme, 2. & 1.

COETANFAO C. d'azur à vne Fleur de Lys d'Or accostée en pointe de deux Macles de mesme, maintenant escartelé de Kergournadech : C'est vne des signalées maisons de Vennes, dont vn Seigneur acquist dans Rome la reputation du plus vaillant & adroit homme de son siecle, du temps que cette ville estoit tenuë pour la premiere Ecole du monde, & l'Academie la plus florissante de l'Europe.

COETANFROTER en Lanmeur, pour armes plus recentes Quintin Kerozerch, & Coëtamour *idem*.

COETANGARS en Ploëdeueze Evesché de Leon, C. maintenant du Chastel *idem*. Pour armes antiques voyez Cosquer-Coëtangars.

COETANLEM *aliàs* audit lieu en Cornoüaille, Rodaluez prés Lesneuen Evesché de Leon, Keraudy en Plouezoch Evesché de Treguier, Kerauel prés Saint Paul, & autres : portoit d'argent à vne Fleur de Lys de sable, surmontée d'vne Chouëtte de mesme, becquée & membrée de gueulle, & pour pour deuise, *Germinauit sicut Lilium.*

COETANROVX lez Lannion Evesché de Treguier, de gueulle à vne fasce d'argent, accompagnée de 6. Macles de mesme, 3. en chef & 3. en pointe, 2. & 1.

COETANSCOVRS en Plourin C. d'argent au chef endanché de gueulle, à cinq pointes, auec cette deuise, *ha galon vat*, c'est à dire, de grand cœur. Il est Conseiller en ce Parlement.

COETARMOAL, autrement dit la Roche, *aliàs* C. depuis erigé en titre de Marquisat, dés l'an 1576. verifié en la Cour de Parlement en Octobre en la mesme année, en faueur de Messire Troilus du Mescoüez, Seigneur de Coëtremoal, la Roche Laz, &c. premier Gouuerneur des ville & Chasteau de Morlaix, qui portoit d'azur à vne main gantée d'argent, soustenent vn Esperuier de mesme, ayant les Longes & sonnettes d'Or : Cette maison est depuis tombée en quenoüille, & porte maintenant le surnom de Kernezne.

COETAREL en Coëtreuan Evesché de Treguier, d'argent à trois fasces d'azur, Keranglas *idem*.

COETARSANT en Lanmaudez Evesché de Treguier, pour les armes antiques voyez le Saint maintenant Cyllard.

COETAVDON en Guipauaz Evesché de Leon, Issuë en Iuueignerie des Barons de Pontcorlay, porte d'Or au Lion de gueulle, comme Pontcorlay, à la bordeure componée d'argent & de gueulle.

COETBIAN en Treguier, d'argent à 2. Lions de gueulle affrontez, soustenans vne lance d'azur de leurs pattes de deuant.

COETBLOVCHOV en Taolé, E. de Leon, d'Or à vne fasce de sable, chargée de trois arbres d'argent.

COETCOAZER C. ancien, d'argent à dix Hermines de sable, au chef de gueulle, chargé de 3. Fleurs de Lys d'or, comme Quelennec Baron du Pont, moderne Gouezbriand *idem*.

COETCODV prés le Faouët, C. d'argent à trois Croissans de gueulle, 2. & 1.

COETCOEZIEN, de gueulle à 3. Roses d'argent 2. & 1.

COETCOLVEN porte . . . .

COETCOVVRAN, pour les armes Angouleuent *idem*.

COETCREN en Plouuorn, E. de Leon, pour les armes voyez Dourdu.

COETDON, en Leon d'Or à vne Espée d'azur en pal, accostée de 2. Croissans de gueulle vers la pointe.

COETELANT en Plourin E. de Treguier ancien de sable à 5 fusées d'argent posées en bande, accopagnées de 6. Besans de mesme on orle, le Seneschal *idem*, moderne Brezal *idem*.

COETELEZ en Landouzan E. de Leon C. pour les armes voyez le Ny Coetelez, auec la deuise, *humble & loyal*.

COETENEZ en Plouzané E. de Leon Pemmarch, *idem*.

Coeteon, de gueulle à trois Baſtons bourdonnez d'argent poſez en pal d'vne hauteur.

Coetevez pres Daoulas, voyez Lanriuinen.

Coetezlan en Treguier C. ancien ſurnom de cette maiſon auant le Cheuoir, de gueulle à 6. Bezans d'Or comme Brezal, 3. 2. & 1.

Coetforn en Cornoüaille pres Roſporden C. porte . . . .

Coetfrec en Ploubezre pres Lannion Eveſché de Treguier, le ſurnom de Coëgourheden a eſté en cette maiſon, puis de Kerrimel, apres de Penchoët, & finalement la Touche Limouſiniere, qui portoit d'argent à vne faſce de gueulle. Cette maiſon a fourny en diuers temps pluſieurs Chambellans de nos Ducs, & il y a longues années qu'elle eſt fonduë en celle de Locmaria.

Coetgaric en Pleſtin, Eveſché de Treguier, pour les armes voyez le Sparler.

Coetgongar pres Morlàix en Treguier, d'Or à cinq Quintefeilles de gueulle, 2. 2. & 1. au franc canton pallé de gueulle & de vair de quatre pieces.

Coetgonien en Treguier au Sr. du Meſné-Cliſſon porte . . . .

Coetgonvaz en Treguier, d'azur à trois maſſacres de Cerf d'Or, 2. & 1.

Coetgovrhant en Loüanec, Eveſché de Treguier ancien d'Or au Lion de ſable briſé d'vne faſce en deuiſe de gueulle, moderne voyez Loz Kergouanton.

Coetgovrheden C. de gueulle à vne croix engreſlée d'argent à Locmaria pres Guingamp, en Treguier Coëtfrec, Kerninon en Ploulech, Runuezit & autres, *alias idem*. vn Seigneur de cette premiere maiſon fut Eſcuyer ordinaire de l'vne de nos Ducheſſes : & en ou... ...olland de Coëtgourheden Seigneur de Locmaria po... ...rades proüeſſes fut grand fauory de Charles de Blois, & poſſeda ſi parfaitement ses affections qu'il le fist de son temps son Seneschal vniuersel en cette Prouince, enuiron l'an 1346.

Coëtgouzan en Treguier, d'argent à vne Hure de Sanglier de sable posée en Pal, ayant la lumiere & la defense d'argent.

Coëtgouzien en Treguier, pour les Armes voyez Arrel.

Coëtguisiou jadis audit lieu & au Guermoruan en Loüargat Evesché de Treguier C. de sable au Massacre de Crf d'Or.

Coethallec en Ploudaniel Evesché de Treguier, pour les armes, Botloy *idem*.

Coethelouvry Sieur dudit lieu en Cauan Evesché de Treguier, fascé d'argent & de sable de 6. pieces, les fasces d'argent frettées de gueulle.

Coethvon en Plouguiel Evesché de Treguier porte . . . .

Coetidiel en Plouguerneau Evesché de Leon . . .

Coetidval en Taolé Evesché de Leon, pour les armes Kersulguen *idem*.

Coetienval en Plouedaniel Evesché de Leon C. ancien, d'azur à deux Estamals d'Or, couronnez de mesme, moderne voyez du Loüet : c'est vne des maisons du païs autant considerable & puissante en biens.

Coetiles en Loquenole, d'argent à trois bandes de gueulle à Kerueguen en Guymeac *alias idem*.

Coetilieav en Ploubezre Evesché de Treguier, pour les armes presentes voyez Kergariou.

Coetinizan en Pluzunet Evesché de Treguier, C. ancien d'argent au Lion de sinople, moderne Kerrimel *idem*. Cette maison est à Monsieur le Comte de Boiseon, & est reputée pour l'vne des belles maisons du païs, où la Duchesse Anne faisant vne tournée par le païs bas sejourna quelque temps auec son train.

COETINIZAN en Leon d'argent au Lion de synople, l'Ecu semé de Quintefeilles de gueulle.

COETIVY en Leon *alias* B. depuis Comte de taillebourg, Baron de Craon, &c. portoit fascé d'Or & de sable de six pieces : de cette maison estoit issu ce grand & renommé personnage, Prigent de Coëtiuy Marelchal, & puis Admiral de France, comme aussi ce fameux & Illustre Cardinal de Sainte Praxede, Alain de Coëtiuy, Légat du Saint Siege Apostolique en France & en cette Prouince, pour vaquer à la Canonisation du glorieux Saint Vincent Ferrier à Vennes, le 5. iour de Iuin 1456. cette maison est à Madame la Duchesse de Brissac, & est des annexes de sa terre du Chastel.

COETIVY eu Plouyen, Euesché de Leon, surnommé le petit Coëtiuy, d'azur au Lion d'argent.

COETLEGVER en Treguier, escartelé au 1. & 4. d'vn escartelé d'or & d'azur, chacun chargé d'vne Estoille de l'vn en l'autre, au 2. & 3. vairé d'argent & de gueulle en pal sans nombre, sur le tout fasces ondées d'or & d'azur de 6. pieces.

COETLESTREMEVR en Plouneuenter Evesché de Leon C. au Baron de Penmarch, d'argent au Sautoir de gueulle, accompagné de trois Quintefeilles & vne Estoille de mesme en chef.

COETLESTREMEVR en ladite Poroisse, surnommé le petit Coëtlestremeur, Colin Poultraz *idem*.

COETLEVEN en Tregrom Evesché de Treguier, ancien d'argent au Lion de gueulle, moderne Kerdaniel, Rosmar *idem*.

COETLEZ en Treflez Evesché de Leon, maintenant Boiseon, pour armes anciennes

COETLOGON, Marquis dudit lieu, Conseiller du Roy en ses Conseils d'Estat & Priué, Lieutenant de Sa Majesté, aux Eueschez de Rennes, Vénes, Dol, St. Malo & Gouuerneur de la ville de Rennes, porte de gueulle à trois Ecussons d'argent

BRETON.

gent semé d'Hermines, Mejeusseaume pres Rennes, Kerbriou en Plestin Evesché de Treguier Lecrech en Taolé E. de Leon & autres *idem*. Monsieur le Coadjuteur de Cornoüaille d'apresent est de cette maison là, & la charge de Conseiller en ce Parlement est successiue de pere en fils en la mesme maison.

Coëtlosqvet en Plouneourmenez Evesché de Leon C. porte de sable au Lion d'argent l'Ecu semé de Billettes de mesme, & pour deuise *Franc & Loyal*.

Coëtlvz en Guineuez Evesché de Leon, pour armes antiques voyez Pean, modernes . . .

Coëtmael en Treguier, d'argent à vn Pin d'azur, chargé de Pommes d'Or, Keruiziou Nicolas prés Lannion & autres *idem*.

Coëtmanach en Plouzane Evesché de Leon, *alias* de gueulle au chef endanché d'Or, chargé de trois Estoilles de sable à present Tourronce, auec la deuise *à bien viendra par la grace de Dieu*.

Coëtmen en Treguier, Ramage d'Auaugour, anciennement Vicomté, depuis erigé en Baronie par le Duc Pierre l'an 1485. porte de gueulle à neuf Annelets d'argent 3. 3. & 3. au Boisguezenec en Loüanec Evesché de Treguier *alias idem* à present à Kergadiou Leingoüez en Guymeac & autres.

Coëtmenech en Plouyder Evesché de Leon C. fascé de vair & de gueulle de six pieces à Kerromp, & au Rucat au Menihy de Saint Paul *alias idem*, & à present cette Maison est annexée à celle de Coetjunual qui porte mesmes Armes.

Coëtmengvy en Ploüian Evesché de Treguier, pour Armes antiques voyez Garec, modernes Kerprigent, Kermabon *idem*.

Coëtmeret en Lanhoüarneau Evesché de Leon, ancien d'argent au Lion d'azur armé & lampassé de gueulle

H

& couronné d'Or, qui est Launay Coëtmeret, moderne Kersauson *idem*.

Coëtmeur en Guicourvest lez Landivizieau Evesché de Leon, C. ecartelé au 1. & 4. d'argent à vn Ecu de gueulle en abime, accompagné de six Croix recroisettées d'azur en orle, contrescartelé de Tournemine.

Coëtmohan *alias* auditlieu en la Paroisse du Merzer Evesché de Treguier, & à Guernanchanay en Plouaret C. portoit . . . cette famille à present perie a donné vn Evesque de Cornoüaille, ensuite de Dol sous le Regne du Duc Iean le Conquerant IV. du Nom & en l'an 1321. vn Seigneur de cette seconde Maison Guillaume de Coëtmohan Chantre de Treguier, Chanoine de Nostre-Dame de Paris & Conseiller en la Cour de Parlement de ladite ville, y fonda le College de Treguier, auquel fut annexé la fondation du College de Leon faite par les Seigneurs de Kergroades l'an 1574.

Coëtmorvan en Plouian Evesché de Treguier, pour Armes antiques voyez Pezron, moderne . . .

Coëtnempren Liscoët en Leon, d'argent à trois Tours crenelées couuertes de gueulle 2. & 1. brisé en chef d'vn Croissant de mesme, Crechengar, Kerdourlan & autres *idem*.

Coëtnempren Coetelez en Leon, losangé d'argent & de sable à vne fasce en deuise de gueulle chargée d'vn Oyseau de synople.

Coëtnempren Trepompé en Leon, Lomogan & autres, de sable à vn Cerf passant d'Or.

Coëtnempren *alias* au Roürzle auant Gourio, d'Or à trois Merlettes de sable 2. & 1.

Coëtnevenay en Pommerit-Iaudy Evesché de Treguier, anciennement d'Or à vn Pin de synople sans fruict, le Tronc accosté de deux Merlettes de sable vers la pointe, maintenant le Borgne, du Rumeur & la Ville-Ballin *idem*.

BRETON.

COETQVEAV en Treguier, d'azur à trois Pommes de Pin d'argent 2. & 1.

COETQVELVEN en Guicourües Evesché de Leon C. de sable au Lion d'argent à Kergournadech *alias idem*, & à Brenignant auec vn Lambeau d'argent de trois pieces.

COETQVELVEN en Guimilieau Evesché de Leon, d'argent à vne grande Quintefeille de sable.

COETQVEN *alias* B. depuis erigé en Marquisat l'an 1576. verifié en la Cour de Parlement le 2. Octobre en ladite année en faueur de Messire Iean Seigneur de Coetquen, Comte de Combour, Baron de Vauruffier &c. Gouuerneur pour le Roy des Ville, Chasteau & Forteresse de Saint Malo qui portoit bandé d'argent & de gueulle de six pieces. Cette Maison a fourny vn Seigneur de singuliere remarque en l'Histoire grand-Maistre de Bretagne, qui par ses negociations & sage conduite avança l'heureux Mariage d'entre le Roy Charles VIII. & la Duchesse Anne de Bretagne au grand contentement des Bretons.

COETQVENAN en Plouguerneau Evesché de Leon, d'azur au Chasteau d'Or sommé de trois Tourillons de mesme.

COETQVEVERAN prés Carhaix, C. porte . . . .

COETQVIS en Seruel Evesché de Treguier issuë de la Maison de Rosmadec-Goüarlot, portoit fascé d'argent & de gueulle de six pieces, au chevron d'argent brochant sur le tout, maintenant au Sieur de Carcadec.

COETQVIS en Leon, jadis à Kernegues prés Morlaix, portoit d'argent au sautoir de gueulle, accompagné de trois Quintefeilles & vn Annelet de mesme en chef, de l'vne de ces deux Maisons estoit issu cét Eminentissime Cardinal Philippes de Coetquis, premierement Evesque de Leon, depuis Archeuesque d'Auignon, Chef du Conseil du Roy Charles VII. finalement creé Cardinal par le Pape Felix V. il assista en qualité d'Ambassadeur pour le mesme Roy au Concile

H 2

L'ARMORIAL

de Bazle tenu l'an 1434. & fur le different qui y interuint entre les Deputez des Ducs de Bretagne & de Bourgogne pour la Prefceance, il fift de fon authorité retracter ce qui auoit efté arresté par ledit Concile & donner le premier rang au Duc de Bretagne, par le Pape Pie II. il est fouuent appellé *Gallus Gallorum* par Anthonomazie : Cette famille a produit en outre vn Eveſque de Rennes, enſuite transferé à l'Evefché de Treguier fur fes vieux ans.

COËTREGAL en Vennes, de gueulle à 6. bezans d'or au chef denché d'argent.

COËTREVAN en Treguier C. porte eſcartelé d'or & d'azur, à trois Croiſſans de gueulle fur le tout 2. & 1. c'eſt à Monſieur le Comte de Boiſeon.

COËTREZO en Nuillac, d'argent à 3. cœurs de gueulle.

COËTRIEV en Treguier Sieur dudit lieu, & de Kerguillé en Pedernec, d'azur à trois trefles d'or 2. & 1.

COËTRIOV en Treguier, d'or à vn arbre de fynople & vn Papillon de gueulle en pal au cofté feneſtre.

COËTROVZAVLT en Rofpez Evefché de Treguier, d'argent à trois bandes d'azur.

COËTSABIEC au Comte de Boiſeon C. porte . . .

COËTSAOVF en Plouigneau Evefché de Treguier, Portant Colombier en furnom, d'azur à trois gerbes d'or 2. & 1.

COETSAOVF en ladite paroiſſe & meſme Evefché, d'argent à vn double Sautoir de gueulle, autrement jumelé de gueulle.

COËTTEDREZ en Treguier C. eſcartelé au 1. & 4 de gueulle à vne faſce d'argent, contrefcartelé d'argent au Lion de gueulle : de cette maifon ont forty des Seigneurs qui ont eu des employs confiderables fous nos Ducs en qualité de chefs dans leurs Armées, capitaines du Ban, Arriere-Ban & Gardes-coftes de Treguier, & a produit en outre vn Evefque de ce Dioceſe de Treguier, qui enſuite fut creé Cardinal fous le Pape Paul ſecond : cette maiſon appartient à Mr.

BRETON.

le Marquis de Locmaria.

COETTREZ en Ploudaniel Evesché de Leon, ancien, d'or & deux fasces de sable, moderne Penancoet Quilimadec, *idem*.

COETTRIDIOV Kerdalaez d'Iruillac pres Daoulas, d'argent à vne teste de Neigre, ou de Morre tortilîée d'argent.

COETTROMARCH en Plestin Evesché de Treguier, ancien, d'azur à vne Tour crenelée d'or : moderne Kersulguen, *idem*.

COETTVDAVEL en Plouuorn Evesché de Leon, pour armes antiques penchoet *idem*, auec marque de Iuueignerie : modernes voyez le Ny Coetelez, auec cette deuise *Ret ve*, il seroit à propos.

COETTVDAVEL Coettedrez en ladite paroisse, Evesché de Leon, ancien voyez le Moyne Treuigny, & traougriffon : moderne Roslan Gouezbriand, *idem*.

COETVHAN, de gueulle à trois croissans d'argent 2. & 1.

COETVOVLT en Plouigneau Evesché de Treguier, ancien de gueulle à trois fasces de vair : moderne Kerguz Mesambez, *idem*.

COETVOVLT en Pleiber-Saint-Hegonec, Evesché de Leon, ancien d'argent à vne main dextre apaumée d'argent en pal, comme Kerroignant, plus moderne voyez Guergorlay, le dernier Grand Vicaire de Leon estoit de cette maison là.

COETYSAC en Treguier, pour les armes voyez Kerguezay & Coettreuan.

COEVRET, d'azur à trois cœurs d'or, il y a eu vn Evesque de Dol de cette famille.

COLAS en Treguier, Tertrebaton & autres de mesme famille, porte . . . .

COLET Villesolon, Vilherneau & autres en St. Brieuc.

COLLIN Poulraz en Treguier & autres, d'argent à trois

fasces de gueulle, au Baston d'azur Brochant à dextre sur le tout, & vn Lambeau à trois pendans de mesme en chef, le surnom de Botras estoit jadis en cette maison là.

COLOMBIER, jadis à Coetsaoff en Plouigneau, Evesché de Treguier, d'azur à trois gerbes liées d'or, 2. & 1.

COMBOVR, *alias* B. depuis erigé en Comté, porte escartelé d'argent & de gueulle, comme Dol, c'est à Monsieur le Marquis de Coetquen.

COMBOVT, C. de gueulle au Lion d'argent.

LA COMME ou Coum, d'Or à vn Pellican ayant ses petits en vn Aitre, le tout d'azur, Coum *infra idem*.

COMENAN prés Rhedon C. de gueulle à trois Molettes d'argent 2. & 1. écartelé de sable à trois cheurons d'argent.

LE COMTE, écartelé d'Or & d'azur en sautoir, accompagné de quatre Fleurs de Lys de mesme l'vn dans l'autre.

CONCER Runsellic en Plougaznou, Kermebel Evesché de Treguier & autres, d'argent à vn Aigle éployé de sable tenant deux couppes couuertes d'Or de ses mains.

CONDE' au Comté Nantois, d'Or à trois épées de gueulle en Pal d'vne hauteur, les pointes en bas au Lambeau à trois pendants d'azur en chef.

CONEN Precrean, Ville-basse, la Ville-Evesque, Prepian, la Hignonaye & autres, couppé d'Or & d'argent, au Lion de mesme l'vn sur l'autre couronné, armé & lampassé de gueulle. Cette premiere Maison a donné de nos iours vn Grand Preuost de Messieurs les Mareschaux de France en cette Prouince, & porte pour deuise, *qui est sot à son Dam*.

DE CONIGAN Seigneur de Cangez, Gouuerneur pour le Roy, & Baillif d'Amiens, C. porte écartelé au 1. & 4. d'argent à vne Perle de sable, au 2. & 3. d'azur à trois Boucles ou Fermaillets d'Or.

CONSTANTIN, d'azur à vn Rocher d'Or posé dans

BRETON.

vne Mer au naturel, il y a eu plusieurs Conseillers au Parlement de Bretagne de cette famille.

LA CORBIERE Sieur de Iuuigné Conseiller en la Cour de Parlement, porte d'argent au Lion de sable couronné, armé & lampassé de gueulle.

CORNANGASTEL en Leon, losangé d'argent & de sable à vne fasce en deuise de gueulle, chargée d'vn Annelet d'argent.

CORNILIERE ancien, de gueulle à trois Fleurs de Lys d'argent 2. & 1. moderne voyez du Rufflay, il est habitué en l'Evesché de Treguier: les Seigneurs de cette Maison ont commandé le Chasteau de Lehon lez Dinan, sous nos Ducs.

CORNOÜAILLE jadis à Lossulien en bas-Leon C. Keruern en Guipauaz & autres, escartelé au 1. & dernier d'azur au fretté d'argent de six pieces, contrescartelé d'azur au Mouton d'argent sur le tout d'argent au Croissant de gueulle.

CORNVLIER Seigneur de la Touche, la Haye, &c. President au Mortier en la Cour de Parlement C. d'azur à la rencontre de Cerf d'or sommée d'vne Hermine d'argent : Il y a eu vn Evesque de Treguier, & ensuitte de Rennes, de cette maison là.

CORPEL en Treguier, jadis à Languilforch d'argent à trois Perroquets de synople becquez & membrez de gueulle 2. & 1.

CORPERET en Treguier, de synople à vne fasce ondée d'argent accompagnée de trois couppes couuertes d'Or 2. & 1.

CORRAN Sieur dudit lieu en Plougaznou Evesché de Treguier, de sable à trois Fleurs de Lys d'argent 2. & 1. & vne Estoille de mesme en abîme.

CORRE *alias* à Kerbuzic en Loquemeau Evesché de Treguier, de sable au fretté d'Or de six pieces, au chef de gueulle chargé d'vn Cerf paſſant d'Or, maintenant Coëtanſcourre.

CORRE jadis à Kerlemarec en Plougaznou Eveſché de Treguier, à preſent à Kerouzien & autres, d'argent au chevron de ſable accompagné de trois Quintefeilles percées de meſme 2. & 1.

CORRE Keruzaré en Leon, d'Or à trois Treffles d'azur 2. & 1.

CORRE en Treguier, d'azur à vne Sourie-chauve éployée d'Or en pal, l'eſtomach ouuert ou percé de gueulle.

COSCOAT en Treguier, d'argent au Levrier paſſant de ſable.

COSQVER Quelennec en Treguier, C. pour les Armes voyez Quelennec Baron du Pont.

DV COSQVER ou Coskaër Seigneur de Barach & de Roſambo C. le Coſquer en Plouneuez, Kerleffrec, Goazrus en Treguier & autres, d'Or à vn Sanglier de ſable à Guernanchanay *alias idem*. cette premiere Maiſon a donné vn Eveſque de ce Dioceſe, & a retenu les Armes que vous trouuerez ſur Barach.

COSQVER Coëtangarz en Leon, de ſable à vne faſce viurée d'argent accompagnée de ſix Bezans de meſme 3. en chef & 3. en pointe 2. 1.

COSQVER en Lohannec Eveſché de Treguier, pour les Armes voyez Kerboury, il y a eu vn Cheualier de Rhodes de cette Maiſon, qui enuiron l'an 1518. mourut Commandeur de Moulins en Bourbonnois.

COSQVER en Guymeac Eveſché de Treguier, portoit jadis comme Roſmadec, Goatlot, à preſent des dépendances de la Comté de Boiſeon.

COSQVER en Plougounuen Eveſché de Treguier, pour les Armes voyez Gazpern.

COSQVER prés la Rochederien Eveſché de Treguier, ancien . . . moderne Bourblanc, Grand-Pré *idem*.

Coſquer

BRETON.

Cosqver en Plougaznou Evesché de Treguier, Kermerchou *idem*, & de precedent le surnom de Pape estoit en cette Maison.

Cosqvermevr en Taolé Evesché de Leon, ancien Crechqueraut *idem*, moderne . . .

Cosqverov en Plouuorn Evesché de Leon, pour les Armes voyez Kersaintgily : Cette Maison a donné deux Cheualiers de Rhodes & de Malthe, il y a longues années.

Cosqverov Kerouffil en Guiclan Evesché de Leon, d'azur à vne fasce d'argent accompagnée de six bezans de mesme, 3. en chef & 3. en pointe 2. & 1.

Cosqverov en Plougaznou Evesché de Treguier, pour les Armes voyez Pape dudit lieu.

Cosqverven en Taolé Evesché de Leon, ancien d'argent à vne fasce d'azur, surmontée d'vn Oyseau de mesme sans pieds ny bec, comme Kerhallic, moderne voyez Fouquet Keruezec.

La Costardaye prés Rennes, C. ancien surnom de cette Maison, party d'argent & de gueulle à deux Léopards l'vn dans l'autre, moderne voyez Glé.

Cottel jadis à Kerjan en Lohannec Evesché de Treguier, d'azur à vn Poignard aux gardes & poignée d'Or engaisné de gueulle.

Le Coüart, d'argent à trois Roses de gueulle 2. & 1. & vn Lambeau à trois pendans de mesme en chef.

Coüesbo, de sable à vne fasce d'argent rebordée d'Or des deux costez.

Coüessin Sieur de Bressean prés Guerrande au Comté Nantois, porte . . .

La Covdraye prés Lannion Evesché de Treguier, pour les Armes Kergomar, Kerguezay *idem*.

La Covdraye en Vennes, de gueulle à la Croix engreslée d'Or au chef de mesme chargé de trois Coquilles de gueulle.

I

L'ARMORIAL

LA COVDRAYE, vairé d'argent & de sable au baston de gueulle brochant sur le tout.

LA COVDRAYE Pepin, d'argent à vn arbre de synople, & vne bande d'azur sur le tout, chargée de trois Pommes de Pin d'Or.

COVLOMBIER ancien en Leon, d'Or à trois Pigeons d'azur becquez & membrez de gueulle 2. & 1. moderne Penmarch *idem*.

LE COVM en Lannilis Evesché de Leon, d'Or à vn Pelican en son Aire d'azur.

COVPPV à la Coupuaye C. d'argent à vne Croix de sable chargée de cinq Estoilles d'Or.

COVRMAV jadis au Leurmen en Ploumilieau E. de Treguier, de gueulle à 3. Coquilles d'argent 2. & 1. Robert *idem*.

LA GOVRBE ancien

moderne Budes Blanchelande *idem*.

COVRSON Lissiac & autres, d'argent à trois Cannettes de sable 2. & 1.

COVRTOIS *alias* à Kerantraon prés Landerneau, Beuzidou en Direnon, Lezeret & autres, d'argent à trois Hures de Sanglier arrachees de sable 2. & 1.

COVSSY, fascé de vair & de gueulle de six pieces.

COVSTVRIE' Sieur des Chambrettes, d'azur à vne bande endanchée d'Or, il est Conseiller en ce Parlement.

COVVRAN jadis audit lieu prés Saint Brieuc, Sacé en Normandie & autres, C. d'Or à sept Macles d'azur 3. 1. & 3.

COZIC *alias* au Kerhuel en Ploumoguer prés Guingamp Evesché de Treguier, C. maintenant à Kerloaguen en Plougounuen & autres, de gueulle au Croissant d'Or en abîme accompagné de six Trefles de mesme, 3. en chef & 3. en pointe 2. & 1. cette seconde Maison a donné vn Seneschal de Morlaix & de Lanmeur du temps que les deux Iurisdictions estoient vnies & incorporées ensemble.

CRAFAVLT, d'argent au sautoir d'azur accompagné d'vne Hermine de sable en chef & d'vne Rose de gueulle à la pointe.

CRAON B. portoit losangé d'Or & de gueulle le Comte de la Suse *idem*.

CRECHBIZIEN en Treguier, pour les Armes voyez Clisson Keranfault prés Lannion.

CRECHENGAR en Trefflaouenan Evesché de Leon, pour les Armes voyez Coëtnempren Liscoët.

CRECHGOVRIFFEN en Seruel Evesché de Treguier, ancien du Tertre Keruegan & le Henguer *idem*: Moderne voyez Chef-du-Bois Saliou.

CRECHGRIZIEN en Leon, d'azur à six Bezans d'argent à la bordure de gueulle 3. 2. & 1.

CRECHMORVAN ancien en Treguier, d'Or au chevron d'azur accompagné en chef de deux Treffles de gueulle, & vne rencontre de Cerf de mesme en pointe, moderne Kerret *idem*.

CRECHQVERAVLT en Plouuorn Evesché de Leon, porte d'argent à trois Tours crenelées de gueulle 2. & 1. & pour deuise *tu dispone*.

CRECHRIOV prés Lantreguier ancien, écartelé de sable & d'argent au baston de gueulle brochant à dextre sur le tout, Guernaullier *alias idem*: Moderne voyez du Cosquer Rosambaou & Crechriou.

CREMEVR jadis à Lanneguy prés Morlaix Evesché de Leon, à present au Quistillic en Taolé & autres, de sable à trois Quintefeilles d'argent 2. & 1. & vne Estoille de mesme en abîme.

CREMENEC, d'argent à trois Pommes de Pin d'azur 2. & 1.

CRENAN C. ancien, de gueulle à six Billettes d'argent 3. 2. & 1. au chef aussi d'argent, moderne voyez Perrien.

CRENARD en Vennes, C. ancien . . .
pour Armes modernes voyez Goüezbriand.

CRESOLLES à la Ville-nefve en Breleuenez prés Lannion, Keruerault, Boifriou en Cauan, Cleuztreux en Treguier & autres, fafces endantées d'Or & d'azur l'vne dans l'autre de fix pieces, au Reft & au Modeft en ladite Paroiffe de Breleuenez *aliàs idem*. On tient cette Famille par tradition ancienne originairement iffuë d'Angleterre.

CRESTIEN Vicomte de Treueneuc & de Pommorio en Goëlo & autres de mefme famille en l'Evefché de Treguier, de fynople à vne fafce d'Or accompagnée de trois Heaumes ou Cafques de mefme tarez de cofté 2. & 1. cette Maifon a fourny vn Chancelier de Bretagne fous François II. le dernier de nos Ducs.

DV CREVX, pour les Armes voyez la Folie prés Dinan.

CRIBINEC prés Landerneau Evefché de Leon, écartelé au 1. & 4. fafcé d'argent & d'azur de fix pieces, qui eft Keroulas, contrefcartelé d'Or à vne fafce de gueulle, accompagnée de trois Eftoilles de mefme 2. & 1. qui eft Kermellec en Guiclan.

CROZON Comté, ancienne tige des Seigneurs de Rofmadec, iffuë des anciens Comtes de Cornoüaille, porte à prefent comme Rofmadec.

CROVY, d'argent à quatre fafces de gueulle.

CRVGOT jadis à Pontanfcoul prés Lantreguier & autres prés Landerneau Evefché de Leon de mefme famille, d'azur au fautoir d'argent accompagné de trois teftes d'Eperuier d'Or & vn Annelet d'argent en chef.

CRVGVIL en Breleuenez prés Lannion Evefché de Treguier, C. ancien, d'argent à vne Fleur de Lys de gueulle en abime accoftée de quatre Oyfeaux de mefme qui fe regardent 2. en chef & 2. en pointe, moderne voyez Lannion Vieu-chaftel.

CRVMEVR en Guerrande au Comté Nantois, de fable à trois Rofes ou Quintefeilles d'argent.

LE GVEVN en Plourin Evefché de Treguier, pour

BRETON.

Armes antiques voyez Trogoff, modernes Kerlech *idem*.

La Cvisinne jadis au Pouloic en Ploubalanec prés Peinpoul Goëlo, portoit ...

Cvrrv prés Saint Renan Evesché de Leon, au Marquis de la Roche, C. de gueulle à trois Coquilles d'argent 2. & 1. Robert *idem*.

Cvzillac, d'argent à la Croix de gueulle chargée de cinq Coquilles d'Or.

Cygny, de gueulle au Cygne d'argent becqué & membré de sable.

de Cyre, d'Or à la fasce de gueulle accompagnée de trois Estoilles de mesme 2. & 1. à la bordure engreslée d'azur.

D.

Avphiné Prouince & Souueraineté acquise à la Couronne de France & priuativement aux Aisnez de nos Roys par donnaison pure & simple de l'an 1346. ainsi qu'il consté par le debit de l'Histoire cy-apres. Humbert de la Tour Dauphin de Vienois n'auoit qu'vn enfant masle qu'il faisoit nourir à la Coste Saint-André, qui est vne ville de Dauphiné, où l'on nourissoit les enfans des Princes Dauphins, comme on nourist les enfans de France à Saint Germain en Laye: Vn iour comme la nourice tenoit & faisoit joüer ce Fils vnique d'Humbert à la fenestre du Chasteau, l'enfant luy eschappa des mains & tomba en bas, dont il mourut sur la place, son pere receut vn si sensible déplaisir de cet accident, qu'il se resolut de quitter son Estat & le monde, & ayant pour ce sujet fait conuoquer ses Estats, il leur fist entendre qu'il les auoit congregez & assemblez pour auiser auec eux à quel Prince de l'Europe il remettroit sa Prouince pour la tenir & gouuerner à mesme titre que luy & ses predecesseurs l'auoient possedée au plus grand bien & contentement de tous ses sujets, sur quoy d'vn commun suffrage il fut conclud & arresté de mettre ledit Pays entre les mains de Philippes de Valoys Roy de France aux mesmes conditions qu'il les possedoit sans autre restriction, sinon que le fils aisné de France en seroit toûjours Prince, mesme en porteroit le nom jusqu'à la mort de son pere, & deplus que le Dauphiné ne pouroit estre alliené sous quelque pretexte que ce fust, ny aussi reüny à la Couronne de France, jusqu'à ce que l'Empire fust vny à la France, & que jusqu'à lors le Dauphiné tiendroit son ancien rang & demeureroit Souueraineté à part. Lesquelles conditions ayans esté acceptées de part & d'autre, ledit Humbert Prince Dauphin prist l'habit de St. Dominique à Lion, qui ensuite fut Patriarche d'Allexandrie. Les Dauphins de France portent ordinairement les Armes plaines de France, contrescartelé d'Or ou Dauphin vif d'azur aureillé, barbelé & cresté de gueulle, qui est Dauphiné.

DESPEAVX famille illustre, qui a autre-fois produit de grands & insignes Personnages, comme des Ambassadeurs vers l'Empereur & l'Anglererre, vn Colonel d'Armée & vn Mareschal de France sous le Regne de Charles IX. du nom de Vieille-ville, qui portoit vairé d'argent & de gueulle. Cette Maison est aujourd'huy tombée en celle de Raix, à Runfaou & à Keranraix en Treguier, *aliàs idem*.

DINAN B. ancien, de gueulle à vne Croix ancrée d'argent chargée de cinq Hermines de sable Keraër *aliàs idem*.

moderne de gueulle à 4. fusées d'Hermines en fasce accompagnées de six Bezans de mesme 3. en chef & 3. en pointe, chacun Bezan chargé d'vne Hermine.

Dol Comté, porte écartelé d'argent & de gueulle, Combour idem.

Dreux Comté, issuë des Roys de France, sçauoir de Louys Gros qui regnoit l'an 1030. porte au 1. & 4. eschiquetté d'Or & d'azur, à la bordure de gueulle, contrescartelé de Bretagne, à raison de Pierre de Dreux, dit Mauclerc, qui épousa l'heritiere de Bretagne, de laquelle lignée sont sortis tous les Ducs de Bretagne qui ont succedé ledit Pierre jusqu'à la Duchesse Anne Reyne de France.

Dandigné Sieur de la Chasse Conseiller en la Cour de Parlement, porte d'argent à trois Aigles éployées de gueulle becquées & membrées d'azur 2. & 1.

Dandrov en Plouëgat-Moysan Evesché de Treguier, pour les Armes du Dresnay idem.

Danglade Kerhern en Languidic Evesché de Vennes & autres de mesme famille en l'Evesché de Treguier, d'azur à vn Poignard d'argent en Pal aux gardes d'Or, la pointe fichée en haut, accosté vers le chef d'vn Estoille & Croissant d'argent : ceux de cette famille se disent originairement issus de la Maison de Pondagre en Gascogne.

Daniel en Treguier, jadis à Launay-Mesanegen en Treleuern, de gueulle à vne Croix d'Or, au baston d'argent brochant à dextre sur le tout, c'estoit auant le Guennec.

Daniel en Leon, anciennement au Hellin en Pleiber-Saint-Hegonec, Kergarrec en Plougaznou Evesché de Treguier & autres, d'azur à deux couppes couuertes d'Or.

Dantec Tromorgant en Perros-Guyrec, Leshuël & autres en Treguier, d'argent à trois Croissans de sable 2. & 1.

Danyov en Treguier, jadis à Kerdanyou, d'argent à cinq fusées de sable posées en bande.

DAVAIGNON en Treguier, de gueulle au sautoir d'argent accompagné de trois Coquilles & vn Bezan de mesme en chef.

DAVAY en Treguier, *alias* à Guernautier en Penguenan, d'argent à vn Aigle de sable becqué & membré de gueulle au Lambeau à trois pendans de mesme en chef.

DAVDOVR en Landiuizieau Evesché de Leon C. pour Armes antiques voyez Coëtmeur, maintenant Marquis de Neuf-bourg.

DAVID du pays de Vennes, d'argent au Lion de sable.

DAVY en Treguier, ancien surnom de Trohadiou, d'argent à vn Pin de synople, chargé de Pommes d'Or, moderne voyez Harscoët Trohadio.

DEINCVF, jadis à Pratguich lez Saint Paul de Leon, d'Or à l'Aigle esployée de sable.

DELBIEST Cheualier Flaman de nation, portoit d'argent à vne bande de gueulle, chargée de trois Coquilles d'Or.

DELRATO, d'azur à onze Bezans d'argent 4. 3. & 4. au baston de mesme brochant à dextre sur le tout.

DENO Sieur de Larlo Paroisse de Saint André Evesché de Nantes, d'Or au sautoir de gueulle, chargé de cinq Fleurs de Lys d'argent.

DENYAV Sieur de la Cochetiere Conseiller en la Cour de gueulle au chevron d'Or accompagné de deux Croissans d'argent en chef & vne teste de Loup à la pointe arrachée & lampassée d'Or.

DENYS *alias* au Colledo en Treguier, Kerannot en Pleiber-Saint-Hegonec en Leon & autres, portoit . . . .

DERIAN jadis à Lanharan en Plestin, Kerhelou en Plouigneau Evesché de Treguier & autres, de gueulle à cinq Coquilles d'argent posées en sautoir.

DERIEN *alias* à Pratalan en Plouyder Evesché de Leon, d'argent à vne fasce de gueulle, accompagnée de

six Macles

BRETON.

six Macles d'azur 3. en chef & 3. en pointe 2. & 1.

DERIEN Goazfilau en Plœbian Evesché de Treguier, d'argent à deux Lions de gueulle affrontez.

DERIEN, autre famille en Treguier, qui regnoit enuiron l'an 1415. portoit pareilles Armes que Poënces Kermoruan.

DERVAL B. des l'an 1451. sous le Regne du Duc Pierre, portoit écartelé au 1. & 4. d'argent à deux fasces de gueulle, contrescartelé de Bretagne, comme estant issu au rapport du Pere du Paz, d'vn Comte de Nantes descendu en ligne directe & masculine des anciens Roys, Ducs & Princes de Bretagne.

DERY, écartelé au 1. & 4. de gueulle au Pigeon d'argent au naturel au 2. & 3. d'Or à vn Cerf de gueulle.

DESAVBRAY C. ancien de gueulle à trois Crosses d'Or posées en pal 2. & 1. moderne voyez de Lannion Vieu-Chastel; le dernier Seigneur de cette Maison estoit Gouuerneur de la Ville de Lannion, Capitaine du Ban, Arriere-Ban & Garde-Coste de l'Evesché de Treguier.

DESLANDES Religieux de l'Ordre des Freres Prescheurs, dits Iacobins, dernier Evesque de Treguier, Docteur en Sorbonne Predicateur ordinaire du Roy Louys le Iuste de glorieuse Memoire, portoit d'argent à la Croix alaisée de sable, & pour deuise *Dei gratia sum id quod sum*: C'estoit vn personnage doüé d'vne eminente vertu & integrité de vie, qui est mort en opinion de Saincteté.

DESLEMO à Kerandraou Baraton prés Carhaix, de sable à trois mains dextres appaumées d'argent en pal 2. & 1.

DESNOS Vaumeloaysel & la Villethebaut, des Fossez & autres, d'argent au Lion de sable, couronné d'Or, armé & lampassé de gueulle.

DESPINOSE, d'argent à vn Chesne de synople & vn Griffon passant de gueulle; l'Ecu mantelé au 1. d'azur à la Croix fleuronnée d'Or au 2. d'Or au cœur de gueulle, il

K

est Conseiller au Parlement de cette Prouince.

DESPORTES Pontriuy en son temps Procureur du Roy de Lesneuen, d'azur à vne fasce d'argent accompagnée de trois Quintefeilles de mesme 2. & 1.

DESSEILLONS Baron de Viré & de Beaulieu d'azur au fretté d'argent de six pieces, au canton dextre d'azur à trois Fleurs de Lys d'argent au chef de gueule.

DIARNELES en Cornoüaille prés le Saint, pour les Armes voyez Roussaut.

DIGARCHAR jadis à Kerdroniou prés Lannion Evesché de Treguier, d'argent au Lion Leopardé de sable, c'estoit auant le surnom de Glaz.

DISQVAY jadis à Kerazroüan, Evesché de Treguier, Keruerret & autres, de gueule à vne Croix d'argent chargée d'vne Hermine de sable au centre d'icelle : Botilieau President de Quimper est aussi de ce nom.

DISQVEOV en Plougounuen E. de Treguier C. anciennement distincte & separée de la Seigneurie de Bodister & maintenant annexée à la Maison de Kerloaguen portoit...

LE DIVEZAT à Kerguereon en Ploebezre E. de Treguier, Keralsy en ladite Paroisse, Kerucæder & autres d'argent à 2. fasces d'azur, accompagnées de six Hermines de sable, 3. en chef & 3. en pointe, auec cette deuise *spera in Deo*.

DOLOV *aliàs* au Poullou prés Lanuolon, Keruegan en Seruel, Luzuron en Camles, Traouantres prés Lantreguier, Tronaf & autres, d'argent à dix Billettes forcées de gueule 4. 3. 2. & 1.

DOMAIGNE', d'argent au chevron de sable accompagné de trois Tourteaux de gueule.

DONGOAL, *aliàs* à Kerdibeoch en Quimperguezenec Evesché de Treguier, portoit . . .

DORNEC jadis Srs. de la Ville-nefve, Coëtreuan & de Kereberts en Treguier & autres, de sable au chevron d'argent accōpagné de 3. mains dextres apaumées de méme en pal 2. & 1.

LE Dovbrerer *alias* au Gliuiry en Lanmeur, d'azur à vne Tour crenelée d'argent accostée de deux Gruës de mesme penduës par le bec aux Creneaux de ladite Tour.

Dovrdv jadis audit lieu en Plœcolm, Coëtcren en Plouuorn Evesché de Leon & autres, d'argent au Lion d'azur armé & lampassé de gueulle : Cette premiere Maison a donné vn Seneschal de Lesneuen de ce nom & est aujourd'huy possedée par vn Iuueigneur de Keramprat le Iacobin Seneschal des Reguaires de Leon.

Le Dovrgvy jadis à Lambezre en Plougar Evesché de Leon & autres, de gueulle à six bezans d'Or 3. 2. & 1. & vn Annelet d'argent en abîme, à present le Blonzart en surnom.

Dv Dreisec au Goluen en Plouzané Evesché de Leon & autres, de sable à vn Croissant d'Or en abîme accompagné de trois Molettes d'argent 2. & 1.

Le Drenec Sieur dudit lieu, Kerourien en Ploumauguer le Mezou Evesché de Leon & autres, d'azur à vn Barz d'argent posé en pal.

Dreol, en Priziac Evesché de Vennes, de sable à la Croix greslée d'argent.

Dv Dresnay C. Evesché de Treguier, Maison bien ancienne qui a fourny vn Capitaine & Gouuerneur d'Ast sous Monsieur le Duc d'Anjou l'an 1447. & encore plusieurs autres personnages de consideration & de valeur qui ont eu des employs considerables dans les guerres d'entre nos Ducs & autres Princes, elle portoit pour Armes antiques, d'argent à vne Croix anillée de sable en abîme accompagnée de trois Coquilles de gueulle 2. & 1. qui est Dresnay, le surnom de Quelen est à present en cette Maison.

Dv Drezit Lesdu en Loguiuy Plougras Evesché de Treguier & autres, d'argent à vn Pelican d'azur, ayant ses petits en vn Airre d'Or.

Dronyov jadis à Luzuron en Camlez, Keresep en Plougrescant Evesché de Treguier & autres, d'argent à vne fasce de sable accompagnée de trois Oyseaux d'azur becquez & membrez de mesme 2. &. 1. à present le surnom du Halgoët est en cette premiere Maison.

DRONYOV *alias* à Trorozec prés Lannion Evesché de Treguier, Kerdaniel en Ploulech, Crechgoüanf en Plestin & aurtres, de gueulle à six Quintefeilles d'Or 3. 2. & 1.

DROÜILLARD jadis Sieur de Kerlen en Lisle de Rhuys Evesché de Vennes, d'azur à trois Pommes de Pin d'Or 2. & 1.

LE DV ou Duic ancien surnom de la Ville-nefve Cresolles en Treguier, d'azur à vne épée d'argent en Pal, la pointe fichée en bas, accompagnée de deux croissans adossez de mesme vers la pointe.

LE DV jadis à Keraudren en ploüaret Evesché de Treguier, & autres d'asur à trois pommes de Pin d'argent 2. & 1.

LE DV, ou le Noir, jadis à Goazmelquin en Ploegat-Guerrand, auant Goudelin, Evesché de Treguier, d'asur au chevron d'or, accompagné de trois molettes de mesme, 2. & 1.

LE DV, ou le Bot Kerino en Tredarzec, Evesché de Treguier & autres, de sable à vne fasce d'argent accompagnée de trois Coquilles de mesme 2. & 1.

LE DVC Sieur du Petit-Bois, Conseiller en ce Parlement, porte de gueulle à trois molettes d'or, 2. & 1.

DVAVLT, en Cornoüaille C. d'argent au Lion de synople couronné d'or, armé & lampassé de gueulle.

LE DVC, Sieur de le Biardays Conseiller en ce Parlement, porte d'asur à trois Estoilles d'argent à sept raix 2. & 1.

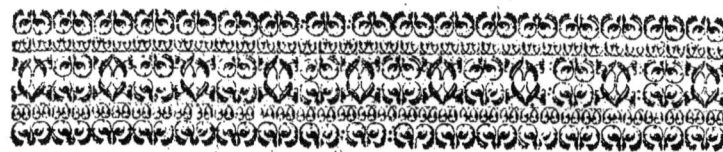

E.

COSSE Royaume, ancien d'or au Lion de gueulle: moderne d'or au mesme Lion enclos dans vn double Trescheur, ou Essonnier floronné & contrefloronné aussi de gueulle, par concession du Roy Charlemagne, qui permist à *Acaius* Roy d'Ecosse d'enfermer ledit Lyon de ses armes pour perpetuer à la posterité la memoire de l'alliance offensiue, & deffensiue qu'ils contracterent ensemble vers tous autres Princes & Potentats enuiron l'an 809.

ESPAGNE, Royaume, porte pour grand Escu ou Penon d'alliances, au premier quartier escartelé au premier & quatre de Castille, qui est de gueulle au Chasteau d'Or sommé de trois tourillons de mesme, contrescartelé de Leon, qui est d'argent au Lion de gueulle. Au second grand quartier party, sçauoir au premier d'Aragon, qui est d'or à trois pals de gueulle: au 2. & 3. d'Arragon-Sicille, qui est d'or à trois pals de gueulle, flanqué d'argent à deux Aigles de sable: ces deux grands quartiers entez en pointe de Grenade, qui est de gueulle à la Genade d'or sur le tout de ces deux grands quartiers, de Portugal, qui est d'argent à cinq Ecussons d'asur posez en soutoir chacun chargé de cinq besans d'argent aussi rangez en sautoir, à la bordure de gueulle chargée de sept Chasteaux d'or. Au troisiesme grand quartier d'Austriche, qui est de gueulle à la fasce d'argent soustenuë de Bourgogne ancien, qui est bandé d'or & d'asur de 6. pieces à la bordure de gueulle. Au quatriefme grand quartier de Bourgogne moderne, qui est d'azur à trois Fleurs de Lys d'Or, à la bordure componée d'argent & de gueulle, souftenu de Brabant qui est de sable au Lion d'Or, sur le tout de ces deux grands quartiers, party au premier de Flandres, qui est d'Or au Lion de sable armé & lampassé de gueulle au second du Marquisat du Saint Empire, qui est d'Or à l'Aigle éployée de sable becqué & membré de gueulle.

Estempes Limoges erigé en Duché & Païrie par le Roy François I. l'an 1534. portoit de Bretagne à la bordure engreslée de gueulle.

Eder ancien surnom de la Maison de Beaumanoir prés Quintin C. de gueulle à vne fasce d'argent accompagnée de trois Quintefeilles de mesme 2. & 1. cette Maison est aujourd'huy possedée par Monsieur de Cargré Maistre des Requestes de l'Hostel de sa Majesté.

Eleve, de gueulle à vne Escarboucle florencée d'Or.

Ellen en Treguier, jadis à Kergadiou Ledinec en Plougaznou, de sable à vn Chasteau d'Or.

Elvart, *alias* à Kereuen en Breleuenez Evesché de Treguier, Muruern en ladite Paroisse & autres, d'azur à vne fasce d'argent chargée de trois Macles de sable.

L'Enfant jadis à la Tandourie prés Lamballe, au Louzil & autres, portoit d'argent à quatre fusées de sable posées en pal & pour deuise *Audacibus Audex*. Cette premiere Maison a donné vn Escuyer ordinaire du Duc, qui mourut en Aoust 1466.

D'Erbree, d'argent à trois Molettes à cinq pointes de sable.

Ermal Kerhuillic en Vennes, d'Or à dix Coquilles d'azur 4. 3. 2. & 1.

L'Epervier, d'azur à l'Eperuier d'argent tenant de ses mains vn Rameau de Laurier d'Or.

BRETON.

Esdrievc, d'azur à la fasce d'Or accompagnée de trois Glans de mesme à la bordure de sable.

L'Epervier, d'azur au sautoir engreslée d'Or, accompagne de quatre Bezans de mesme.

Espinay *alias* C. depuis erigée deux fois en titre de Marquisat, sçauoir la premiere par le Roy Charles IV. l'an 1575. verifiée en Parlement l'année suiuante en Septembre en faueur de Messire Iean d'Espinay, Comte de Durestal, Vicomte de Blaizon, Baron de Mathefelon &c. qui portoit d'argent au Lion couppé de gueulle & de synople, couronné, armé & lampassé d'Or : Et encore au mois de May l'an 1610. cette Terre fut de nouueau erigée en Marquisat en faueur de Messire Charles de Schomberg issu de la Maison de Saxe, depuis Duc d'Halleuin Gouuerneur de Languedoc & Mareschal de France fils de Henry de Schomberg Comte de Nantueil aussi Mareschal de France, qui portoit les susdites Armes. Cette Maison est reputée pour l'vne des plus anciennes de la Prouince, qui a produit vne infinité d'Euesques, d'Abdez, de Cardinaux & Archeuesques, deux grands Maistres & vn grand Chambellan de France, plusieurs Chambellans ordinaires de nos Ducs & Roys de France, plusieurs Capitaines & Chefs d'Armées par succession de temps, la Maison de Vaucouleur possede à present ce Nom.

Espinefort ou Spinefort en Vennes, C. losangé d'argent & de gueulle en pal, c'est à Madame la Presidente de Brie.

L'Estang en Guicourust prés Landiuizieau Evesché de Leon, pour les Armes voyez l'Estang sur la Lettrine L.

Estemple Kerhuëlen en Goëlo, jadis surnommé Etemple Tuë-Larron, gironné d'argent & de gueulle de huit pieces.

Estienne en Treguier, jadis à Kerueguen en Guymeac, Triessuin en Ploüezoch, Keranroux en Ploüian

Evesché de Leon, Launay en ladite Paroisse, Kerhingant en Saint-Quay, Kerarliuin lez Sainr Paul, Cazin en Ploüigneau & autres, à present à Keruiziou en Plestin, Leingoüez en Guymeac & autres, d'azur à trois Coquilles d'Or, 2. & 1. cette premiere Maison a donné origine à tous ceux de ce nom & en outre vn Secretaire du Duc Iean enuiron l'an 1439.

Estienne *aliàs* à Crechmartin prés Lantreguier, qui portoit mesmes Armes que celles de Kermartin Saint Yues.

Estienne en Treguier jadis à Kermais, d'argent au Lion d'azur chargé de trois fasces de sable.

L'Estoille en Langoat ancien . . . . moderne Gelin Tremergat *idem*.

Estvel en Cornoüaille C. d'argent au sautoir de gueulle, comme le Breil Diffendic.

L'Evesqve jadis à Saint Iean l'Evesque, C. Kermarquer Leshardrieu en Plœmeur-Gautier Evesché de Treguier & autres, d'azur à vne fasce d'Or accompagnée de trois Testes de Leopards de mesme lampassez de gueulle 2. & 1. cette famille a autre-fois produit des Seigneurs pleins de merite & de valeur qui ont possedez des Employs fort considerables sous nos Ducs.

Even en Treguier jadis à Kereuen Paroisse de Hengoat portoit . . .

Evignac, d'argent à deux fasces de sable, comme du Garo en Tuomelin.

Evigné en Chauaigne Evesché de Rennes, d'argent à la fasce de gueulle accompagnée de trois molettes de sable,

France

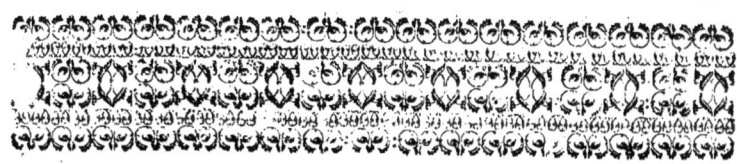

F.

RANCE, le plus auguste & le plus florissant des Empires du monde, dont l'Estat a esté de tout temps Monarchique & gouuerné, il y a plus de douze cens ans, par des Roys Souuerains, qui commandent auec vn pouuoir absolu & vne authorité independante d'aucune autre puissance que de leur seule volonté. Les Roys de France sont appellez tres Chrestiens & Fils aisnez de l'Eglise pour les grands & signalez seruices par eux rendus en diuerses occasions au Saint Siege Apostolique, mesme par plusieurs Bulles expresses des Papes il leur a esté souuent accordé de ne pouuoir estre excommuniez : Tous les autres Royaumes & Principautez sont fiefs de l'Empire ou du Saint Siege, & à la creation d'vn nouueau Pape le Roy de France ne luy fait aucun hommage, comme les autres Roys & Princes Catholiques, mais seulement par ses Ambassadeurs luy rend vne obeissance filiale. Pour les Armoiries de France, les Historiens ne se rapportent point jusqu'au Regne de Clouis, car les vns luy ont attribuez tantost trois Couronnes ou Diademes, tantost trois Croissans & d'autres vn Lion déchirant vn Aigle, & rarement trois Crappeaux, comme quelques Autheurs ennemys de l'honneur des François l'ont voulu assés mal à propos soustenir en derision de ce qu'ils estoient originairement issus des Palluds Meotides, où ce salle &

L

infect animal abonde plus qu'en aucun autre lieu, maintenant elle porte d'azur à trois Fleurs de Lys d'Or 2. & 1. auec cette deuise & Simié, *Lilia non nent*, les Lys ne labourent, ny ne filent, & pour Cry de Guerre, *Mon-Ioye Saint Denys*.

FLANDRES Comté & Pairië de France issuë de la premiere lignée des Roys de France, dite des *Merouingiens*, porte pour Armes modernes d'Or au Lion de sable, antiques gironné d'Or & d'azur de huict pieces & vn Ecusson de gueulle en abîme, lesquelles furent continuées par Baudoüin Bras de fer premier Comte de Flandres & ses successeurs jusqu'à Philippes d'Asalce XII. Comte de Flandres, lequel ayant esté deux-fois en Syrie au secours du Roy de Ierusalem son cousin, remporta des son premier voyage, l'Ecu d'Or au Lion de sable, qu'il auoit gagné sur Nobilion Turc Roy d'Albanye, l'ayant occis de ses propres mains enuiron l'an 1160. c'est le mesme Lion que les Roys d'Espagne Comtes d'vne partie de Flandres portent encore aujourd'huy, cette Prouince fut erigée en Comté par le Roy Charles le Chauve en faueur de Baudoüin dit Bras de Fer.

FOIX, Maison aussi illustre qu'il y en ait en France, dont estoit issu ce genereux Gaston de Foix, qui a tant fait parler de luy dans les Chroniques, elle porte d'Or à trois Pals de gueulle.

FOUGERES ancienne Baronie, d'Or à vne tige de Fougeres de synople posée en pal.

LE FAOU B. d'azur au Leopard d'Or, le Vieuchastel en Taolé *alias idem* : De cette premiere Maison il y a eu vn Mareschal de Bretagne du temps de nos Ducs.

LE FAOVËT en Vennes, B. jadis d'argent à cinq fusées de gueulle posées en fasce, qui est Bouteville, depuis de Goulaine, maintenant du Fresnay Coëtcodu Conseiller en la Cour de Parlement de ce pays, pour les

BRETON.

Armes voyez du Fresnay.

LA FAYETTE Marquis, de gueulle à la bande d'Or à vne bordure de vair: Cette Maison a produit vn Mareschal de France bien marqué en l'Histoire pour la paix qu'il negocia entre l'vn de nos Roys & le Duc de Bourgogne, il y a eu en outre vne Abbesse de Saint Georges de Rennes, & vne Prieure de Saint Georges en Plougaznou Evesché de Treguier de cette Maison là.

LE FEBVRE Sieur de Laubriere Conseiller en la Cour de Parlement, la Sillandaye, l'Espinay & autres de mesme famille, d'azur à vne Levrette rampante d'argent au Collier de gueulle, bouclé & cloûté d'Or: Le grand Archidiacre de Treguier est aussi de cette famille là.

LA FEILLE'E B. d'Or à vne Croix engreslée d'azur.

DES FERRIERES, C. d'argent à trois fers de cheual de sable cloûtées d'Or 2. & 1.

FERRON, C. d'azur semé de Billettes d'argent à la bande d'Hermines.

LA FERTE' en Plouïgneau Evesché de Treguier, d'Or à quatorze Billettes de sable 4. 3. 4. & 3. au baston de gueulle brochant à dextre sur le tout: Cette Maison est des dépendances de Keruenniou au Comte de Grand-Boys.

LE FEV Saint Hilaire, d'Or à trois Ancolies d'azur 2. & 1. les pointes en haut.

FEVQVIERES en Picardie du Nom de Paz, Marquis, Gouuerneur & Lieutenant General pour le Roy en la Ville de Verdun & Pays Verdunois, porte de gueulle au Lion d'argent armé & lampassé d'Or: Cette Maison a donné en diuers temps des Generaux d'Armées sous nos Roys & vn Seigneur designé pour auoir le baston de Mareschal de France, si la mort n'eust deuancé ses iours: Monsieur l'Abbé du Relec en Leon est issu en Iuueignerie de cette illustre Souche,

L 2

FEVNTENSAINT, d'azur à vne Tour crenelée d'argent accostée de deux épées de mesme en pal, aux gardes d'Or, les pointes fichées en haut.

FEVNTENSPEVR en Taolé Evesché de Leon, pour les Armes voyez le Veyer Kerisnel.

LA FITE, d'argent à vne branche de Mirthe de synople posée en pal, il y a eu vn Lieutenant Royal de Lesneuen de ce nom.

LA FLESCHE, jadis audit lieu en Plouyder Evesché de Leon, Kerliuiry & autres, écartelé au 1. & 4. d'argent à deux fasces de sable, qui est Tromelin prés Lesneuen, contrescartelé d'argent à vne double Roze de gueulle boutonnée d'Or qui est la Flesche, il y a eu vn Evesque de St. Brieuc & vn Seneschal de Lesneuen de ce nom.

FLEVRIOT *aliàs* à Kernabat & au Roudourou prés Guingamp Evesché de Treguier, Kerlast prés Pontrieu & autres, à present à Kerloüet Kersichant en Quimperguezenec & autres, d'argent au chevron de gueulle accompagné de trois Fleurs tigées & arrachées d'azur 2. & 1. Tronzon *idem*.

FLIMINC jadis à Kersiziec prés Saint Paul de Leon & autres, d'azur à trois Pommes de Pin d'Or 2. & 1.

FLOCH jadis à Kergadiou en Plougrescant Evesché de Treguier & autres, d'azur à vn Cerf passant d'argent, Kerbasquiou en Plougaznou *idem*.

FLOCH du Territoire de Quimpercorentin, d'azur au chevron d'argent accompagné de deux Croissans d'Or en chef & vne molette de mesme en pointe.

FOLEVAYS Kersach en Ploubalanec Evesché de Saint Brieuc, d'argent à trois bandes d'azur. Il y a longues années que cette Maison a donné vn Conseiller en la Cour de Parlement de ce pays.

LA FOLIE prés Dinan, de gueulle à trois fasces d'Or à la bande d'Hermines sur le tout.

FONTENAY prés Rennes à Monsieur le Duc de Brissac B. d'argent à trois bandes jumelles de gueulle.

FONTENAY d'Or à l'Ecu en abîme de gueulle à l'Orle de huict Merlettes de mesme.

LA FONTAINE, d'azur au chevron d'Or, accompagné de trois Bezans de mesme.

FONTAINE-GARIN, de gueulle à vn Aigle d'Or, accompagné de six Cartouches d'argent en orle.

FONTENELLES, d'azur à la bande d'argent chargée de trois Tourteaux de gueulle.

LA FOREST Carman en Languidic Evesché de Vennes, C. d'argent au chef de sable.

LA FOREST *aliàs* à Keruoaziou en Plougaznou Evesché de Treguier, Keranroux en Ploüian, Kersent, Kernisan, Goazuen en ladite Paroisse de Plougaznou, Porzposen en Plestin, Kerville-nefve en Tresgondern prés Saint Paul de Léon & autres, à present à Troffentenyou, Guicaznou prés Morlaix, au Hellez en Lanmeur & autres, d'azur à six Quintefeilles d'Or 3. 2. & 1. cette penultiesme Maison portoit pour deuise *point gesnant, point gesné*.

LA FOREST Kerniuinen & autres, d'Or à vn arbre d'azur.

LA FOREST Lesandeuez en Treguier, d'Or à trois Testes de Negre torüillées d'argent 2. & 1.

LE FORESTIC en Ploüedern Evesché de Leon, ancien de sable au Bar d'argent en Pal, l'Ecu semé de Billettes de mesme, moderne Penancoët, Kerlozrec *idem*.

FORRESTIER, Kermoruan en Treguier issu en Iuueignerie de la Maison de la Hazaye & autres, d'argent à vne feille de Houx d'azur en pal.

FORRESTIER *aliàs* au Keruaec en Tredarzec Evesché de Treguier & autres, de gueulle à vn Aigle d'Or, à Keruazein prés Landerneau Evesché de Leon jadis *idem*.

FORRESTIER à Kermorsur en Treguier & autres, de sable à trois Barres ou Contrebandes fuselées d'argent.

DES FORESTS, d'argent à trois Glands de synople, ayans leurs coques de mesme 2. & 1.

FORGET Fontaine-Blanche, Kerlan en Saint Martin Evesché de Leon & autres, de gueulle à trois Croissans d'argent 2. & 1. à la bordure de sable bezantée d'argent.

DE FORSANZ *aliàs* de Forcez, porte écartelé au 1. & 4. d'argent à trois chouëttes de sable becquées & membrées de gueulles 2. en chef & 1. en pointe, qui est Forcez, au 2. & 3. d'Or au Lion de gueule, qui est Armagnac. L'Antiquité de cette Maison se prouve depuis plus de six cens ans qu'vn Seigneur de Forcez épousa la fille d'vn Comte d'Armagnac Duc de Guyenne l'an 1025. les Puisnez portent d'azur à neuf losanges d'Or posées en sautoir en vertu du Contract de Mariage de Ieanne de la Nuz : Cette Maison est originaire de Gascogne prez Condont, dont ils sont Seigneurs en partie, le premier qui vint en Bretagne commandoit la Compagnie des Gens d'Armes du Sire d'Albret son parent l'an 1487. puis vn puisné de cette Maison s'establit en Bretagne & acquist la Terre & Seigneurie de Gardisseul prés Lamballe l'an 1526. il y en a eu trois Gentils-hommes de la Maison du Roy & Gouuerneurs de Dinan & vn Mestre de Camp d'vn Regiment d'Infanterie, à present à Beaufort prés Dol B. & au Houx prés Monfort *idem*.

LA FOSSE en Lanilis Evesché de Leon, portoit jadis d'Or à vne Rouë de gueule, Kerdreux en Plouescat & autres à present *idem*.

LA FOSSE au Loup, porte . . .

FOSSELIERE Surgeres, C. de gueulle au fretté de vair de six pieces.

FOSSE-RAFFLÉ, pour les Armes voyez Boisboëxel.

DE FOSSEVX, C. de gueulle à trois jumelles d'argent.

LE FOV prés Lannion Evesché de Treguier, pour Armes presentes Hingant, Kerduel *idem*,

FOVCAVLT jadis à Lesquolouarn en Cornoüaille, C.

Coëtreuan prés Lantreguier, l'Armorique en Plouïan, le Squiriou, Quijac en bas-Leon, Bois de la Roche en Garlan & autres, d'azur à six Fleurs de Lys d'argent 3. 2. & 1. qui est Foucaut, depuis lesdites Fleurs de Lys ont esté écartelées d'Or à vn Lion d'azur. Il y a vn Mareschal de France de la Maison de Saint Germain Beaupré portant mesme Nom & mesmes Armes.

FOUGERAY, d'azur au chevron d'Or accompagné de trois Coquilles de mesme 2. & 1.

FOUCQUET, d'argent à l'Ecurieul rampant de gueulle à la bordure de mesme semée de Fleurs de Lys d'Or: Cette famille a esté toûjours illustre en grands hommes, elle a eu vn Conseiller d'Estat & vn Procureur General au Parlement de Paris, & encore à present les premieres Charges de ce Parlement sont possedées par les Seigneurs de la mesme famille.

FOUCQUET jadis à Keruezec en Taolé Evesché de Leon, à present au Cozqueruen en ladite Paroisse, Penanuoaz & autres, de gueulle à six Fleurs de Lys d'argent 3. 2. & 1.

DU FOURNEL, d'argent à trois bandes d'azur à la bordure de gueulle chargée de six bezans d'Or.

FOURNIER, d'argent au Lion de gueulle couronné, armé & lampassé d'Or à la bordure engreslée de sable chargée de bezans d'Or.

FRANCHEVILLE C. d'argent au chevron d'azur chargé de cinq Billettes d'Or.

FRAVAL, de gueulle à vne Croix engreslée d'argent.

FRESLON la Touche-Trebry Conseiller en Parlement porte d'argent à vne fasce de gueulle accompagnée de six Ancolies d'azur 3. en haut & 3. en pointe 2. & 1.

DU FRESNAY, de vair au Croissant de gueulle, Coëtcodu *idem*, à l'exception du Croissant.

DU FRESNAY Villefié en Vennes, d'argent à trois

branches de fresne de synople 2. & 1.

Dv Fresne Restrouallan en Cornoüaille, d'argent au fresne de synople.

Dv Fresne la Valée en Treguier & autres ses descendans habituez à Lannion, de synople à vn Chef endanché d'argent à quatre pointe, chargé de trois Tourteaux de gueulle, écartelé d'autres Alliances.

Dv Fretay, d'argent au Cerf passant de gueulle, onglé & ramé d'Or.

Le Frotter en Treguier, d'argent au Chasteau d'azur.

Le Frovt en Taolé Evesché de Leon, pour Armes anciennes écartelé au 1. & 4. d'Or à vne Coquille de gueulle & au 2. & 3. losangé d'argent & de sable en pal, qui est Kermellec Plœmahorn : modernes Gourio *idem*.

Frovtven en Leon, de sable à vne bande ondée d'argent accostée de deux fers de Lance de mesme.

G.

LESQVIN ou Guesclin de son temps Connestable de France & de Castille, l'honneur & la gloire de nostre Prouince, comme l'vn des plus insignes & illustres Guerriers des Siecles passez, qui pour les grands & signalez seruices par luy rendus à l'Estat de l'Ordre & Commandement du Roy Charles Quint, son corps fut inhumé en l'Abbaye de Saint Denys en France, Mauzeolée ordinaire de naire de nos Roys, & non content de ce pour laisser vne memoire illustre à la posterité de ce grand Personnage, auroit fondé au pied de sa sepulture vne Lampe ardante à l'instal des Roys, encore aujourd'huy appellée la Lampe du Guesclin. Il portoit d'argét à l'Aigle éployée de sable becquée & membrée de gueulle au baston de mesme brochant à dextre sur le tout, & pour deuise *dat virtus quod forma negat*, à la Roberie & à Beaufort en l'Evesché de Rennes *idem*.

GOËLO Comté, pour les Armes voyez Auaugour, écartelé de Bretagne.

GONDY, Duc de Retz Païr de France sous le Regne du Roy Henry III. Marquis de Bel-Isle en cette Prouince &c. d'Or à deux Masses de sable passées en sautoir & liées de gueulle par embas. Cette Maison a donné des Mareschaux de France, deux Cardinaux & deux Archeuesques de Paris consecutifs, & tire sa premiere origine de Florence, dont le premier vint en France auec Catherine de Medicis femme du Roy Henry II.

GVEMENE' Principauté, dont l'Erection est des l'an 1570. verifiée en la Cour de Parlement le 3. Avril 1571. en faueur de haut & puissant Messire Louys de Rohan Seigneur de Guemené, Comte de Montbazon, Baron de Montauban &c. qui portoit au 1. & 4. de France, au baston componé d'argent & de gueulle brochant sur le tout, qui est Evreux, contrescartelé de gueulle au Raix d'Escarbouc'e pommettée & accolée d'Or à la double chesne en sautoir de méme, qui est Nauarre au 2. & 3. de gueulle à 9. Macles d'Or 3. 3. & 3. qui est Rohan, sur le tout d'argent à vne Guivre ou Bisse ondée d'azur en pal, deuorant vn enfant de gueulle qui est Milan. Monsieur le Prince du Guemené d'aujourd'huy est Grand-Venneur de France.

GVINGAMP en Treguier, Ville Capitalle du Duché de Penthievre, sejour ordinaire des anciens Seigneurs d'icelle, porte au 1. & 4. de Bretagne, contrescartelé d'azur à trois Gerbes d'Or 2. & 1.

M

La Gabetiere C. pour les Armes voyez Trouſſier.

Le Gac, jadis à Coëtleſpel en Plouneuenter Eveſché de Leon, Lanſalut en Plouëzoch Eveſché de Treguier & autres, maintenant à Kerraoul prés Landerneau, Coëtgeſtin en Guipauaz, Lannorgar & Kerſanton prés Saint Paul Keriaouen & pluſieurs autres, d'azur à vn Gantelet ou Main armée d'argent tenant cinq Fleſches d'Or en pal, ferrées & empanées d'argent, ladite main mouuante du coſté ſeneſtre, & pour deuiſe *Virtus vnita*. Quelques-vns ſe contentent de mettre ſeulement vn Dextrochere ſans eſtre armée de ſon Gantelet, c'eſt vne des grandes & anciennes familles autant bien alliée & apparentée qu'aucune autre du pays.

Du Gage prés Dol C. pour les Armes voyez Cleuz.

Gagende à la Cheſnays, d'argent à vn Arbre de ſynople, ſurmonté d'vne Corneille de ſable.

La Gaillevle, de gueulle à trois Ecus d'Or comme Matfelon.

Le Gal anciennement à Guiffos en Vennes, d'argent à vne Choüette de ſable becquée & membrée de gueulle.

Le Gal Coëtgoulouärn en Pleiber-Saint-Hegonec Eveſché de Leon, d'azur à trois Poires d'Or, les pointes en haut 2. & 1.

Le Galeer jadis Marchallach en Pleſtin Eveſché de Treguier & autres, d'argent au Lion de ſable couronné d'Or, à preſent le Rouge Penajun *idem*.

Galine'e C. pour les Armes voyez de Brehand.

Gallisson, d'argent à trois Cannes au naturel membrées de gueulle.

Gallo Treuannec prés Pontlabbé, d'Or au Leopard contourné d'azur.

Gallovedec Ville-blanche prés Corlay & autres . . .

Galven Keranbellec en Plouriuau Eveſché de Saint Brieuc . . .

BRETON.

GAMENOV en Treguier, d'argent à vne fasce de sable surmontée d'vne Merlette de mesme.

GAMEPIN, d'argent à deux fasces noüées de gueulle accompagnée de huict Merlettes de mesme 3. 2. 2. & 1.

LA GARDE, écartelé au 1. & 4. de gueule à trois Croix vuidées d'Or 2. & 1. contrescartelé d'Or à la bande d'azur.

LA GARDE Cleuziou ancien en Treguier, gironné d'Hermines & de gueulle de huict pieces moderne voyez Raison.

GARDISEVL près Lamballe, d'azur à neuf fusées d'Or posées en sautoir, Forsanz *idem*.

GAREC en Treguier, jadis à Coëtmenguy en Ploüian, de sable au fretté d'Or de six pieces, au franc canton de mesme chargé d'vn Lion de sable armé & lampassé de gueulle.

GARENOV, ou des Garesnes en Treguier, de sable à deux plûmes ou branches de Palmier d'argent.

GARENOV ou des Garesnes en Treguier, d'argent au chevron de gueulle accompagné de trois Testes d'Oyseaux arrachées de sable 2. & 1.

LA GARAYE en Saint Briac, d'argent à la fasce d'azur accompagnée de trois Molettes de gueulle.

GARES, d'argent à vne Croix de sable cantonnée de quatre Treffles de mesme.

GARGIAN ou Garzian en Plouyen Evesché de Leon, pour Armes anciennes, c'estoit Keraldanet à present Mol.

GARIAN jadis au Rudounou en Camlez Evesché de Treguier, Kermeno & autres, à present à Troguindy en Tonquedec, Keruersault & autres, d'argent au Lion de sable à l'orle de six Merlettes de mesme.

GARIC en Treguier, jadis à Trauguern en Trebreden, d'argent à vn cœur de gueulle couronné d'Or, à present Lambert.

GARIC en Leon anciennement au Roudour près Mor-

M 2

laix, le Bodoon en Lanmeur & autres, d'Or à vne fasce de gueulle accompagnée de trois Coquilles de mesme 2. & 1.

GARLAN surnom ancien de Kerlozrec en Guitalmezel Evesché de Leon, pallé d'Or & d'azur de six pieces, maintenant de Kersulguen.

DE GARMEAVX en Plougounuen Evesché de Treguier & autres, porte de gueulle à trois épées d'argent en pal 2. & 1.

DV GARO ancien surnom de Kermeno en Vennes, C. d'argent à deux fasces de sable.

DV GARO Keredec en Plouzané Evesché de Leon, d'Or à trois sarcelles de sable 2. & 1.

LA GAVDINAYE en l'Evesché de Rennes C. ancien moderne Coëtlogon *idem*: Il estoit Prieur Commendataire de Kernitroun lez Lanmeur & Archidiacre de Plougastel à Lantreguier.

GAVTIER jadis à Guernabacon en Loüanec Evesché de Treguier & autres, d'argent à vn Greslier de sable en abîme, lié en sautoir de mesme, accompagné de trois Quintefeilles aussi de sable 2. & 1.

GAVTIER Sieur du Poüilladou en la Paroisse de Prat Evesché de Treguier & autres, d'Or à vne Chouette de sable au centre de l'Ecu becquée & membrée de gueulle, accompagnée de trois Molettes de mesme 2. & 1.

GAVTIER *alias* à Kerrel en Tonquedec, au Poüillat en Prat, Gouraual & autres, depuis à Kerflacca prés Lantreguier & autres, d'argent à deux chevrons entrelassez de sable accompagnez de deux Croissans en chef & vn Annelet de mesme en pointe.

GAZPERN *alias* audit lieu en Plougounuen, à present au Loiou prés Guingamp Evesché de Treguier, le Cosquer en ladite Paroisse de Plougounuen & autres, d'argent au Lion de gueulle, l'Ecu semé de sept Billettes d'azur : la Charge de Seneschal Ducal de Guingamp a esté ces années

BRETON.

dernieres possedée par le Fils aisné de cette seconde Maison.

Gedovyn à la Dobiaye, d'argent à vn Corbeau de sable, il estoit President en la Cour de Parlement de ce pays.

Geffroy Treoudal prés Morlaix Evesché de Leon & autres, d'argent à vne fasce d'azur surmontée d'vne Merlette de mesme & accompagnée de trois Estoilles de gueulle 2. & 1.

Geffroy Ville-nefve en Plouigneau Evesché de Treguier & autres, d'Or au Pin de synople, le tronc chargé d'vn Cygne d'argent.

Geffroy la Begaciere, d'azur au sautoir d'argent, chargé de cinq Coquilles de sable.

Le Gendre anciennement à Launay-Langoat en Treguier, rapporté entre les Nobles de ladite Paroisse au Cahier de la Reformation des Feuz & Fiefs-Nobles, estant à Nantes en datte de l'an 1445. portoit d'azur à quinze larmes d'Or les pointes hautes 5. 4. 3. 2. & 1.

Le Gentil jadis à Coëtanfrotter en Lanmeur, d'Or à vne fasce de gueulle, accompagnée de trois Roses de mesme boutonnées d'Or 2. & 1.

Gerard, d'Or à trois chevrons de sable.

Gerot en Treguier, d'argent à trois chevrons de sable, le Long Keranroux *idem*.

Gerot, d'argent à la fasce de sable accompagnée de trois Coquilles de mesme 2. & 1.

Geslin à Tremergat prés Lanuolon, Pontanyou & autres en Treguier, d'Or à six Merlettes de sable 3. 2. & 1. le dernier Procureur du Roy du Siege Presidial de Rennes estoit de cette premiere Maison.

Gezisac en Vennes, de gueulle au chevron d'Or, chargé de trois Macles d'azur & accompagné de trois Bezans aussi d'Or 2. & 1.

Gibon au Grisso prés Vennes, de gueulle à trois gerbes d'Or 2. & 1.

GICQVEL *alias* à Rucazre & à Kerguizien en Plouify Evesché de Treguier & autres, d'azur au chevron d'argent chargé de cinq Coquilles de sable, accompagné de trois Roses d'argent 2. & 1. l'an 1384. vn Seigneur de cette premiere Maison estoit Secretaire de l'vne de nos Duchesses.

GICQVEL Beausemaine, d'argent à vne fasce noüée de gueulle accompagnée de trois Quintefeilles percées de mesme.

GIFFART Marquis de la Roche, le Plessix & autres, pallé d'Or & de gueulle de six pieces. Cette famille est non seulement bien signalée en cette Prouince, mais aussi en Angleterre, qui a produit vn Chambellan ordinaire du Roy Charles VII. & en outre quantité de vaillans & renommez Personnages tant en paix, qu'en guerre sous le Regne de nos Ducs.

GIGOV Kermen en Ploumoguer prés Guingamp Evesché de Treguier & autres de mesme famille, d'azur à deux épées d'argent en pal, aux gardes d'Or, les pointes en haut.

GILART Larchantel en bas-Leon, porte . . .

GILOÜART jadis à Kerfraual en Ploüian prés Morlaix, d'argent au chevron de gueulle, accompagné de trois Quintefeilles de mesme 2. & 1. maintenant le Segaller Mesgoüez *idem*.

GLAHERA en Ploüigneau lez Morlaix Evesché de Treguier, en l'an 1503. portoit de Goezbriand auec marque de juueignerie.

LE GLAS, famille noble jadis à Kerdronyou en Loguiuy prés Lannion, portoit . . .

GLAZREN en Leon, d'Or à trois Pommes de Pin d'azur, 2. & 1. à la bordure engreslée de gueulle.

GLE' à la Costardaye prés Rennes C. d'Or à cinq glez de gueulle rangez en sautoir, ce sont especes de gros Rats. Il y a longues années qu'il y auoit vn Conseiller en la Cour de Parlement de cette Maison-là.

BRETON.

GLECVN Keruelegan en Plouyder Evefché de Leon & autres, d'argent à vn Aigle de fable, brifé d'vn filet de gueulle pofé en fafce fur le tout.

GLEGVENNEC Kermorual, de gueulle à trois Croiffans d'argent 2. & 1. & vne Eftoille de mefme en abîme, brifé en chef d'vne Macle auffi d'argent.

GLEINCVF jadis à Kerdelegan en Leon, lofangé d'argent & de fable en chef brifé en cœur d'vne fafce en deuife de gueulle fouftenuë d'vne lofange de fable.

GLENAY, d'argent à trois fafces de gueulle & vne cottice d'azur fur le tout, chargée de trois Fleurs de Lys d'argent.

GLEVINEC en Treguier, de fable à vne Croix d'Or, cantonnée de quatre Pommes de Pin de mefme.

GLIVIRY en Lanmeur, ancien Doubierer *idem*, moderne voyez Lefcorre.

GLIZARHANT en Pluzunet Evefché de Treguier, d'argent à trois bandes d'azur au canton dextre de mefme, chargé d'vne Quintefeille d'argent Kerbihan *idem*.

GLVYDIC en Treguier, *alias* à Troffos en Seruel prés Lannion, d'argent à trois clefs de gueulle pofées en pal 2. & 1.

GOAFFVEC en Treguier, jadis à Kerfenant en Pleftin Rumerrec, Pendoon en Ploüigneau & autres, d'argent à trois Quintefeilles d'azur 2. & 1. & vne Merlette de mefme en abîme.

GOAGVELLER Landebedan, Parify, Kergouniou en Treguier & autres, d'argent à fix Macles d'azur 3. 2. & 1.

GOALLON ancien furnom de Kerhallon en Plouëgat, auant Penchoat & à Kergarec en Plougaznou Evefché de Treguier, moderne voyez du Groefquer.

GOARADVR en Plœmeur-Bodou Evef. de Treguier C. de gueulle à deux Croiffans addoffez d'argent à l'exclufe en Beaujoulois Evefché de Lion fur le Rhofne *alias idem*.

L'ARMORIAL

Le Goarant Kereftec de Morlaix Evefché de Treguier & autres de mefme famille, d'Or à vne fafce de fable accompagnée de trois Treffles de mefme.

Goazfroment en Ploüaret Evefché de Treguier, d'argent à trois fafces jumelles de gueulle, accompagnées de dix Merlettes de fable 4. 3. 2. & 1.

Goazian en Ploüigneau Evefché de Treguier, ancien . . . moderne Kergrift Kergariou *idem*.

Goazovhallé en Plougounuen Evefché de Treguier, de gueulle à vne fafce d'argent brifé en chef d'vn Lambel à quatre pendans d'Or, auec la deuife *Ober ha teuel* c'eft à dire faire & taire.

Goazmap en Pommerit le Vicomte Evefché de Treguier, C. pour les Armes voyez Kermoyfan.

Goazmelqvin en Plouëgat Guerrand Evefché de Treguier, Goudelin *idem*.

Goazmoval en Ploudiry Evefché de Leon, d'azur au fretté d'argent de fix pieces brifé en chef d'vn Croiffant de gueulle.

Goazqvelen en Taolé Evefché de Leon, d'Or à vne fafce de fable, chargée de trois arbres d'argent, le Noir *idem*.

Goarvs en Lanmellec, pour Armes antiques Cofkaër Rofambaou *idem*, modernes voyez Trolong ou Tuolong.

Goazven en Breleuenez prés Lannion Evefché de Treguier, porte comme le Borgne Lefquiffyou & Keruidou, auec la deuife *attendant mieux*, de cette Maifon eft iffu en juueignerie l'Autheur de ce Trauail.

Goazven Limeur en Seruel prés Lannion Evefché de Treguier, ancien voyez le Meur, moderne Trogoff Kerelleau *idem*.

Goazven en Plougaznou Evefché de Treguier, pour les Armes la Foreft Kerouaziou *idem*.

Goazven Cyllard en Treguier, voyez Cyllard Ville-nefve.

Goazuen

BRETON.

Goazven en Ploumillieau Evesché de Treguier, pour les Armes voyez Cariou.

Goazven Landoüer en Plouëgat Guerrand Evesché de Treguier, portoit

Goazvennov prés Carhaix, vairé d'argent & de sable en pal sans nombre.

Le Goff Kergadiou en Goudelin Evesché de Treguier, d'argent à trois Testes de Levrier de sable coupées de gueulle 2. & 1.

Le Goff en Treguier, jadis à Kernauarec, Lanconnery en Plougrescant, & autres, d'argent à vn Chasteau de sable.

Goffellic en Treguier, pour armes anciennes Hengoët *idem*, moderne voyez Trogoff Boisguezenec.

Le Golen en Leon d'argent à deux fasces de sable, & vn annelet en abisme, Brisé en Chef d'vne Estoille, le tout de sable.

Le Gollot en Plouneuez Evesché de Treguier, ancien moderne mesedern Lagadec *idem*.

Gonidec Kerbizien en Treguier Keruiziou en Plouëgat, Chastelaudren, Toulborzou en Plesidy, & autres d'argent à trois bandes d'azur, en la maison des Aulnays prés Rennes *idem*.

Govarlot en Cornoüaille prés Rosporden C. pour les armes voyez Rosmadec Gouarlot.

Govdelin en Treguier C. Escartelé au 1. & 4. d'argent à trois fasces de sable, surmontées d'vn Lyon nayssant de mesme, contrescartelé d'azur à vne épée d'argent en pal aux gardes d'Or, la pointe fichée en bas qui est Goudelin, à Kerloaguen en Plougounuen, & à Guergué en Plestin *alias idem* & à present à Goasmelquin en Ploüegat Guerrand.

Le Govello sieur de Tremeur Conseiller en la Cour de Parlement de ce pays, porte d'argent à vn fer de de gueulle accompagné de trois Molettes de méme 2. & 1. le feu Sieur de Keriolet en son viuant aussi Conseiller en ce Parlement asses conneu en cette Prouince pour les saintes & vertueuses actions qu'il a exerceés pendant sa vie estoit de la mesme famille.

GOVEON ou Gohion à la Bouëtardaye & autres de mesme famille, d'Or à deux fasces noüées de gueulle accompagnées de huict Merlettes de mesme 3. 2. 2. & 1.

GOÜEZBRIAND en Ploüigneau Evesché de Treguier C. porte d'azur à la fasce d'Or, & pour deuise *Dieu y pouruoira*, le Seigneur d'apresent de cette Maison est Gouuerneur pour le Roy au Fort & Chasteau du Thorreau, sur la Riuiere de morlaix, & par succession de temps les Seigneurs de cette maison, ses deuanciers, ont eu des employs bien considerables sous nos Ducs en qualité de Capitaines en leurs Regimens.

GOÜEZEC Brepassuec prés le Pont-labbé, d'azur au Soleil d'Or à 16. Raiz

GOÜEZEL, en Treguier, de gueulle à six quintefeilles d'Or 3. 2. & 1.

GOÜEZOV, en la paroisse de Taoulé Evesché de Leon, d'argent à trois Marcassins de sable 2. & 1.

GOÜEZOV, lez Saint Paul de Leon, le Gac Coëtgestin *idem*.

GOÜICQVET, d'argent à vne Croix pattée, my-partie de gueulle & d'azur, cantonnée de 4. macles de gueulle.

GOVLAINE, anciennement C. depuis erigée en titre de Marquisat en Octobre 1621. verifiée en Iuillet l'année suiuante en faueur de Messire Gabriel Seigneur de Goulaine, du Faoüet, Saint Nazaire &c. qui portoit my-party d'Angleterre & de France, qui est de gueulle à trois demys Leopards d'Or l'vn sur l'autre, party d'azur à vne Fleur de Lys & demie d'Or, par concession expresse de ces deux Monarques en faueur d'vn Seigneur de cette Maison qui par

BRETON.

ses soins, negociations & sage conduite ménagea vne bonne paix & alliance entre ces deux Couronnes.

LE GOULEN en Leon, pour les Armes voyez Kersauson.

GOULHEZRE jadis à Lestremeral en Sisun Evesché de Leon & autres, de sable à vne bande fuselée d'argent accostée de six Bezans de mesme en orle.

GOUPIL en Treguier, jadis à Keregren portoit . . .

DU GOURAY Baron de la Coste-Baudramiere en Saint Brieuc, de gueulle à quatre fasces d'Or accompagnées de dix Billettes d'argent 4. 3. 2. & 1. il est depuis n'a gueres Lieutenant pour le Roy aux quatre Eveschez de Basse-Bretagne.

GOURCUN Sieur de Tremenec prés Chasteau-neuf en Cornoüaille & autres, d'azur à vne Croix pattée d'argent chargée d'vn Croissant de gueulle en abîme.

GOUREQVER en Plabennec Evesché de Leon, losangé d'argent & de sable en pal, & vne Cottice de gueulle sur le tout, chargée de trois Tresfles d'argent.

GOURIO *aliàs* au Roüazle en Lannilis, à present à Lezireur en Taolé Evesché de Leon, Lannoster, le Frout, le Bourg & autres, d'argent à deux Haches d'Armes ou Consulaires de gueulle en pal, au chef d'Or.

GOURVAOU en Leon, de sable à deux branches de palme addossées d'argent.

GOURVINEC Crechennic & autres, pour les Armes voyez du Bezit-Gouruinec.

LE GOUVERNEUR, d'azur à la Croix d'argent cantonnée de deux Estoilles en chef & deux Croissans de mesme en pointe, il y a eu vn Evesque de Saint Malo de cette famille, quelques-vns se sont habituez à Morlaix puis quelques années.

LE GOUX Sieur de la Biardaye & Dossac prés Rennes & autres, d'Or à trois fasces de sable au franc canton d'azur chargé de trois Quintefeilles d'argent 2. & 1.

Gouyon Matignon al. à B. depuis Comte de Torigny, dont il y a eu vn Mareschal de France Gouuerneur de Normandie, portoit d'argent au Lion de gueulle couronné, armé & lanipassé d'Or, le Marquis de la Moussaye est aussi de ce Nom, & les Sieurs de Vauroüaud, Launay-Comats, Ville-aux-Oyseaux, Beaucorps & autres, on tient par tradition ancienne, cette famille tirer sa premiere origine de la Maison de Broëlo en Saint Potan Evesché de Saint Malo.

Gouzabatz pour les Armes voyez Keroparts en bas-Leon.

Gouzillon jadis à Kernaou pres Lesneuen Evesché de Leon, Kergroas en Goüeznou, Kergouniou, le Gamer & autres, d'Or à vne fasce d'azur accompagnée de trois Pigeons de mesme becquez & membrez de gueulle 2. & 1. quelques-vns se contentent de les mettre sans pieds, ny becs.

Le Grand Kerigonual en Leon, Kerscaou & autres, d'azur à trois Treffles d'argent 2. & 1. cette premiere Maison a donné vn Aumosnier du Duc François II. & vn Seneschal de Carhaix.

Le Grand Kerantraon au Menihy de Saint Paul de Leon, d'argent au Croissant de gueulle en abîme accompagné de trois Macles de mesme 2. & 1.

Grand-Pré en Saint Brieuc, ancien d'argent à trois Merlettes de sable 2. & 1. au chef d'Or à present du Bour-Blanc.

Le Granec en Leon, de sable à vne Bande engreslée d'argent.

La Grange, d'azur au chevron d'Or accompagné de trois Lozanges d'argent 2. & 1.

Des Granges en Plouëdern E. de Leon, vnie & incorporée à la Maison de Carman, porte à present comme Carman.

GRANGIER à present Evesque & Comte de Treguier, qui par ses soins & labeurs acquiert iournellement l'estime de veiller autant bien son Troupeau, qu'aucun autre Pasteur, il porte d'azur au chevron d'Or, accompagné de trois Gerbes de mesme 2. & 1. au chef vairé d'argent & de gueulle.

DV GRATZ, Bois de la Rive en Lanmeur, Keramez de Quimperlay & autres, d'argent au chesne de synople englanté d'Or, naissant de la pointe ondée d'azur, le dernier Archidiacre de Treguier & depuis Recteur de la Paroisse de Taolé en Leon estoit de cette famille.

DV GRENGVEN *alias* au Forestic en Plouëdern Evesché de Leon, portoit de gueulle à vne bande fuzelée d'argét.

GRIGNART, Sieur de Chamsauoy, de sable à la Croix d'argent cantonnée de quatre Croissans de mesme.

GRIMAVDET Sieur de la Croiserie d'Or à trois Lions de gueulle, il y en a eu quantité de Conseillers au Parlement de Bretagne.

GREZILLONNAYE prés Rennes C. de vair ou baston componé d'argent & de gueulle brochant sur le tout.

GROESQVER en la Parroisse de Pedernec Evesché de Treguier, C. d'Hermines à trois fasces de sable.

GRVEL, d'argent à trois fasces de sable.

LE GVALLES jadis à Kerfueillen en Buhulien, Carcaradec & à Keryuon prés Lannion, Keruersault & autres, à present à Mezaubran prés Guingamp, le Benuoaz, Kerson prés Lantreguier & autres, de gueulle au Croissant d'argent en abîme accompagné de six Coquilles de mesme 3. en chef & 3. en pointe.

DV GVE' jadis Vicomte de Mejusseaume Capitaine & Gouuerneur des Ville & Evesché de Rennes, portoit d'argent à la Croix engreslée de sable.

LE GVE', d'Or au Lion de sable, au chef d'azur chargé de deux Estoilles d'argent.

Gvegven surnom ancien de la Maison d'Estuel, C. d'azur au Lion d'argent, l'Ecu semé de Fleurs de Lys de mesme.

Gveho jadis à la Grand-Ville d'Aradon, d'argent à trois Tourteaux de sable 2. & 1.

Gvemadevc C. de sable au Leopard d'argent accompagné de six Coquilles de mesme 3. en chef & 3. en pointe 2. & 1. les Seigneurs de cette Maison se disent de tout temps immemorial fondez à se qualifier du titre de grand Escuyer hereditaire de Bretagne.

Gvenan lez Saint Paul de Leon, pour les Armes voyez Kersauson, c'est vn Gentil-homme bien experimenté au fait du Blason, qui a aussi contribué de quelque chose à l'acheuement de ce trauail.

Gvengat C. d'azur à trois mains dextres appaumées d'argent en pal 2. & 1. vn Seigneur de cette Maison fut Vice-Admiral de Bretagne Capitaine de Brest & Maistre d'Hostel du Roy François I. qui l'eut en singuliere estime cette Maison est fonduë de nos iours en celle du Cleuzdon en Treguier.

Le Gvennec en Treguier, surnom ancien de Launay Mesanegen en Treleuern, d'Or au Chastau de sable & vn baston d'argent brochant à dextre sur le tout.

De Gver en Vennes C. d'azur à sept Macles dOr 3. 2. & 1. & pour deuise *sine maculis*, le Seigneur de la Portenefve, le Marquis de Pontcallec, le Baron de Henan & autres sont issus de ce nom là.

Gverbian en bas-Leon C. depuis quelques années annexée à la Maison de Kergroades portoit . . .

Gverbileav en Sizun Evesché de Leon, d'azur à vne main gantée d'argent mouuante du costé senestre & suportant vn Eperuier de mesme auec les longes & sonnettes d'Or.

Gverderogon en Pommerit-Iaudy Evesché de

Treguier, pour les armes prefentes voyez Trogoff.

GVERGORLAY, ou Kergorlay, B. vairé d'Or & de gueulle, & pour deuife *ayde toy Guergorlay & Dieu t'aydera* Vn Seigneur de cette Maifon fut Partizan de Charles de Bloys en la plus part de fes exploits de guerre, & tellement attaché à fes interefts, qu'il reputa à honneur de perdre la vie enfemble auec ce Prince, pres de fa perfonne à la funefte Iournée de la Bataille d'Auray, l'an 1364. le Seigneur du Cleuzdon en Treguier & autres de mefme famille font auffi de ce nom.

GVERGOZ, en Cornoüaille prés Bennaudet, d'argent à vne fafce d'azur furmontée d'vne Merlette de mefme.

GVERGVEZENGOR en Vennes C. de gueulle à la Croix pattée d'argent Kerroüault SaintGeorges en Leon & autres *idem.*

GVERIAN en Plœfur Evefché de Treguier, pour les Armes modernes voyez de Quelen, anciennes . . .

GVERLISQVIN en Treguier C. anciennement c'eftoit Rohan, moderne voyez du Parc Locmaria.

GVERLOSQVET, de fable à vne Croix engreflée d'argent.

GVERMEL en Penvenan, ancien du Halgoët *idem*, moderne voyez du Bourblanc, il a efté Alloüé Royal de Lannion, où il a acquis l'eftime d'vn excellent Iufticier & continuë encore iournellement la fonction d'vn des plus fuiuys & meilleurs Confultans de ce pays-bas.

GVERMENGVY au Comté Nantois, d'Or à vn Houx arraché de fynople fans feilles.

GVERMEVR en Treguier, jadis au Ponthou, C. portoit comme le Ponthou.

GVERMEVR en Penguenan, de gueulle à dix Annelets d'Or 4. 3. 2. & 1. aucuns n'en mettent que fept 3. 3. & 1.

GVERMGVR en Ploudiry Evefché de Leon; écartelé au 1. & 4. d'argent à vn Croiffant de gueulle, contrefcartelé d'azur au fretté d'argent de six pieces.

GVERMORVAN, en Loüargat Evesché de Treguier C. ancien voyez Coetguiziou, moderne Kergomar, Kerguezay *idem*.

GVERNACHAM en Ploüaret Evesché de Treguier...

GVERNALIO en Langoat Evesché de Treguier, *alias* Fleuriot maintenant Millon Villetanet *idem*.

GVERNARPIN surnom ancien de la maison du Liscuit en Cornoüaille C. d'argent à trois Cheurons de gueulle, comme Plusquellec.

GVERNAVLTIER en Penguenan Evesché de Treguier, ancien Crechriou *idem* moderne, voyez Rosmar Keroüalan.

GVERNELEZ Parroisse du Treffuou Evesché de Leon, d'azur à vn Faisant d'Or.

GVERNENCHANAY en Ploüaret Evesché de Treguier. C. ancien de sable au Cygne d'argent, moderne Coskaër, Rosambaou *idem*.

GVERNEVEN en Lohuec Evesché de Treguier, du Parc Lesuersault *idem*.

GVERNISAC en Taolé, Ramage de Penchoat Evesché de Leon, d'Or à la fasce de gueulle, chargée de trois molettes d'argent, & pour deuise, *Ped Bebret* prie sans cesse : le Band, Kercham, Kernisac, & autres *idem*.

GVERNOTIER en Penuenan Evesché de Treguier, ancien, d'argent à l'Aigle esployée de sable bequée & membrée de gueule, à Kerbeluen *alias*. *idem* moderne voyez Rosmar Keroüalan.

GVERRAND en Ploüegat Evesché de Treguier *alias* C. depuis erigée en titre de Marquisat, par lettres patentes, du Roy Louis XIII. de glorieuse memoire dattées du mois de Mars 1637. verifiées en la Cour de Parlement le 15. Ianuier 1639. en faueur de Messire Vincent du Parc, Seigneur de Locmaria, & du Guerrand, Baron de Coëtfrec,

BRETON.

frec, Guerlifquin &c. en reconnoiffance de bons & recommendables feruices par luy rendus à fadite Majefté en qualité d'Enfeigne en la Compagnie des Gens d'Armes de feu Monfieur le Cardinal de Richelieu, tant au Siege de la Rochelle, qu'en la reduction de la Loraine, haute & baffe Alface, Treuves, Mayence, Corbie & autres lieux, portoit pour Armes antiques, de gueulle à vne fafce d'argent, comme Cheruel, Lefenor prés Lannion *alias idem*.

GVEZENEC Runanbleiz Evefché de Treguier & Kerret prés Guerlifquin, le Reft & autres, d'argent à trois fafces de gueulle à la bordure d'Or.

LA GVEZLE, d'Or au Chevron de gueulle accompagné de trois Huchets d'azur, liez en fautoir de mefme 2. & 1.

GVIBE' jadis Evefque de Treguier enuiron l'an 1502. qui portoit d'argent à trois jumelles de gueulle accompagnées de fix Coquilles d'azur 3. 2. & 1. au chef d'Or, il y a auffi eu vn Cardinal de cette famille.

GVICAZNOV jadis à Lefireur en Taolé Evefché de Leon, Coëtgral & Troffenteunyon en Plouïan Evefché de Treguier, à prefent à Kernotter, Keromnes en Plougaznou, Keranduluen en Lanmeur & autres, d'argent au fretté d'azur de fix pieces : Cette premiere Maifon a fourny vn Maiftre d'Hoftel de la Ducheffe Anne Reyne de France & Capitaine des Ville & Chafteau de Morlaix.

GVICQVELLEAV en Saint Fregan Evefché de Leon d'azur à trois Quintefeilles d'Or 2. & 1.

GVIGNEN en Saint Malo C. d'azur au Lion d'argent l'Ecu femé de Fleurs de Lys de mefme.

GVISCHART Martigné Confeiller au Parlement, d'Hermines à cinq fufées de gueulle, celle du milieu chargée d'vn bezan d'argent.

GVILLART Kerhuelen en Rofpez Evefché de Treguier d'Or à vn Cocq de fable au naturel.

O

Gvillart Guerfaufic en Leon, d'azur à trois fafces d'argent.

Gvillavme, jadis à Kerjeffroy en Treguier, Villenefve Corbin pres Lannion, Kerdeno & autres, d'argent à vne Tour crenelée de gueulle.

Gvillegvivin en Cornoüaille C. de gueulle à trois Ecuffons à l'antique d'argent couronnez d'Or 2. & 1.

Gvillemin Kercado, d'azur à trois Coquilles d'Or 2. & 1.

Gviller de la Ville-nefve prés Gœrec Paroiffe de Pelan Evefché de Vennes, porte de fable à vne Salamandre d'argent vomiffant des flâmes de gueulle, cette Maifon fourny deux Abbez de Beaurepos, jadis du Glageolet.

Gvillov jadis au Chaftelier en Brelidy Evefché de Treguier & autres, d'argent au chef de gueulle, chargé d'vn Lambeau à trois pendans d'argent.

Gvillovsov à prefent à Kerhuidonay en Pleftin Evefché de Treguier, Lefuern, Kergueuarec, Goazrus, & autres, d'azur au chevron d'Or accompagné de trois Roües de Sainte Catherine de mefme 2. & 1. brifé en chef d'vn Croiffant auffi d'Or, le dernier Lieutenant Royal de Morlaix eftoit de cette famille-là.

Dv Gvilly C. pour les Armes Kergoët prés Carhaix *idem.* Il eft Prefident au Siege Prefidial de Quimpercorentin, & s'eft démis depuis quelques temps de la Charge de Senefchal audit Siege.

Gvingamp en Treguier, *aliàs* à Lanidy prés Morlaix maintenant à Penanuern, Saint Seuo en Leon & autres, d'argent au Croiffant de gueulle en abîme accompagné de fix Coquilles de mefme 3. en chef & 3. en pointe 2. & 1.

Dv Gviny Bonnabon, d'azur au Croiffant d'Or.

Gvignardaye en l'Evefché de Rennes C. porte à prefent de gueulle à la bande d'Hermines.

GVISCHOVX Kerangoaguet en Taolé Evefché de Leon, Kerjan & autres, d'argent à trois Estoilles de gueulle 2. & 1. & vn Huchet d'azur en abime lié de gueulle en fautoir.

DE GVITE' *alias* à Vaucouleur C. d'azur à vne Croix d'argét à present le furnom d'Espinay est en cette maison-là.

GVYMARCH Keryergon Evesché de Vennes, pour les Armes voyez Kersalou Guymarch.

GVYMARCH Saint Laurens en Goudelin Evef. de Treguier, à present Lieutenant Royal de Lefneuen & autres.

GVYNAMENT Lanunet en Cornoüaille & autres, de fable à trois Massacres de Cerf d'argent, il y a eu vn Seneschal de Carhaix de cette Maison-là.

GVYNAN en Lanmelin Arriere-Fief des Reguaires de Treguier assez confiderable, portoit anciennement d'argent au Lion de synople armé & lampassé de gueule, maintenant Goazuen le Borgne *idem*.

GVYOMAR jadis à Kerualanec en Plouënan Evesché de Leon & autres, d'Or à vn arbre de synople au haut duquel est perchée vne Pye au naturel, à present Boiloré.

GVYRIEC, d'azur à vne fasce d'Or accompagnée de trois Estoilles d'argent 2. & 1.

GYRY bandé d'Or & de gueulle de six pieces, brisé en chef d'vn Lambel à trois pendans d'azur.

H.

LES Estats de Holande, d'Or au Lion de gueulle.

HONGRIE Roy, porte burellé d'argent & de gueulle de six pieces.

HABASQVE en Treguier, jadis à Tregoadalan en Plougaznou, d'Or à deux Lions de gueulle l'vn sur l'autre.

DV HAC C. pour les Armes voyez Hingant du Hac.

DV HALLAY en l'Evesché de Rennes C. porte fretté d'argent & de gueulle, Montbrault audit Evesché *idem*.

DV HALLEGOËT anciennement audit lieu en Plouzane Evesché de Leon, maintenant à Cargrée en Plougrescant pres Lantreguier, Lezuron en Camlez, Lostang, Kerbeuluen & autres, d'azur au Lion morné d'Or, il y a longues années que cette Maison de Cargrée a fourny des Conseillers en ce Parlement, outre plusieurs autres Officiers & encore à present il y a vn Maistre des Requestes ordinaire de l'Hostel de sa Majesté & Conseiller en ses Conseils.

DV HALLEGOËT Goutaua en Leon, d'azur au Lion d'argent accompagné de trois Coquilles de mesme 2. & 1.

HAMON en Treguier, jadis au Bouuet Evesché de Rennes, la Haye en Plestin, Penaru lez Saint Paul de Leon & autres, d'argent à vne fasce d'azur, accompagnée de trois Macles de gueulle 2. & 1. cette premiere Maison a donné deux Evesques à cette Prouince sçauoir l'vn de Nantes & l'autre de Vennes.

BRETON.

HAMON Locrenan en Pleſtin, Kermouden, Barrach Philippes en Treguier & autres, d'azur au chevron d'argent accompagné de trois Roſes ou Quintefeilles de meſme 2. & 1. à Kerbourdon en ladite Paroiſſe de Pleſtin, Kerſenant en Plouëgat-Moyſan *alias idem*.

HAMON anciennement à Lauallot en Taolé Eveſché de Leon auant Marrec, de ſable fretté d'Or de ſix pieces au canton dextre d'argent chargé d'vne Tour crenelée de gueulle.

HAMON Keranbellec en Cornoüaille, d'azur à trois Annelets d'Or 2. & 1.

HAMONOV Kerhernyou en Ploumoguer Eveſché de Treguier, portoit . . .

HAMONOV jadis à Trehenuel en Plougaznou Eveſché de Treguier Trogof *idem*, & vne bordure componée d'argent & de gueulle en outre.

DV HAN Seigneur du Bertry C. d'argent à vne bande fuſelée de ſable, ſurmontée d'vn Lyon de gueulle: Launay du Han *idem*, la charge de Conſeiller en ce Parlement eſt ſucceſſiue de pere en fils en cette famille.

LA HARDOÜINAYE C. d'argent à nœuf billettes d'azur. 3. 3. & 3.

DE HARLAY C. d'argent à deux pals de ſable. Cette maiſon eſt des mieux marquées en l'hiſtoire, pour auoir produit de grands & Inſignes Perſonnages, entr' autre vn Sur-intendant des finances, ſoubz le *Roy Henry le Grand* qui fut Ambaſſadeur de ſadite Maieſté vers les Suiſſes, & en outre vn Eveſque de Saint Malo, qui auant ſa promotion audit Eveſché auoit eſte auſſi Ambaſſadeur du Roy *Loüis le iuſte*, vers le grand Seigneur

LA HARMOYE, d'Or à la Croix engrellée d'azur

HARQVIN Kerourien en Ploumauguer Eveſché de Leon, & autres, d'argent à deux Cheurons entrelaſſés de gueulle, accompagnés de trois roſes de meſme. 2. & 1.

HARSCOËT Trohadiou en Treguier, Keruerziou en Plouha, Keramborgne, Keralbin & autres *alias idem*, d'azur à trois Coquilles d'argent 2. & 1.

DU HAUT-BOYS C. d'azur à trois Testes de Leopards d'Or allumez & lampassez de gueulle.

HAY Netumieres en Rennes, Coallan & autres C. de sable au Lion morné d'argent de toute antiquité, cette famille a donné de pere en fils des Conseillers en ce Parlement.

LA HAYE en Plouaret Evesché de Treguier C. d'argent à trois bandes d'azur, au franc canton aussi d'azur.

LA HAYE jadis à Penuern en Plougaznou Evesché de Treguier, auant la Lande, bandé d'Hermines & de gueulle de six pieces, Treleuer *idem*.

LA HAYE Gondart en Miniac, d'argent à la fasce de gueulle accompagnée de trois Treffles de synople.

LA HAYE Kergomar en Seruel prés Lannion Evesché de Treguier & autres, d'azur au Leopard d'Or, au baston de gueulle brochant à dextre sur le tout.

LA HAYE en Plestin Evesché de Treguier, des Roches Kerlaudy prés Saint Paul de Leon, bandé d'Or & d'azur de six pieces au franc canton de gueulle chargé d'vne Fleur de Lys d'argent, l'Isle en Plougaznou *alias idem*.

LA HAYE Hamon en Treguier, pour les Armes voyez Hamon du Bouuet.

LA HAYE le Rouge en Plouëgat Moysan, le Rouge Guerdauid *idem*.

LA HAYE Lesuersault ancien . . . moderne du Parc Loemaria *idem*.

LA HAYE Hirel, d'argent à trois Merlettes de sable comme Loysel.

LA HAYE en la Paroisse de Larré Diocese de Vennes, de gueulle à trois Coquilles d'argent 2. & 1.

LA HAYE Saint Hilaire, d'argent au Leopard de sable.

LA HAYE, d'azur à vn Arbre d'argent & vn Cerf d'Or passant sur le Tronc d'iceluy.

LA HAYE du Reu, d'argent à deux épées en sautoir de sable surmontée d'vn Croissant de mesme.

HELLEAV en Leon, pour les Armes voyez Pourappa.

HELLES Montafilant en Cornoüaille C. Boiseon *idem*.

HELLEZ en Lanmeur, ancien surnom de cette Maison, d'argent au chef de sable, brisé d'vn Lambeau à trois pendans d'argent, maintenant la Forest.

HELLES tout en outre en Cornoüaille, d'argent à trois Hures de Saumon d'azur 2. & 1. posees en fasce & pour deuise voyez Tout en outre.

HELLEZ Mocazre, pour les Armes voyez Mocazre.

HELIAS, autrefois à Kerallic en Plestin Evesché de Treguier, Kerouriou & autres, d'argent à trois Estoiles de sable 2. & 1. & vne Quintefeille de gueulle en abîme.

HELIDIC en Treguier, d'Or à vne fasce de sable.

HELOVRY Kergaric en Quemper-Guezenec Evesché de Treguier & autres, pour les Armes Kermartin *idem*. Il y a eu vn Evesque de ce Diocese de ce nom sous le Regne du Duc Iean III. & est toutefois à remarquer que ce nom n'estoit pas le propre surnom de Saint Yues, ains celuy de Kermartin.

HEMERY en Treguier *alias* à Kerurien prés Guingamp C. Kermerault en Cauan, Kergadiou Leingoüez en Guymeac, Leseuen, Rocheleuz, Kerplat & autres, d'Or à trois Merlettes de sable 2. & 1. en quelques endroits on voit des Choüettes, cette premiere Maison a donné vn Seigneur Garde-Coste de cet Evesché, Capitaine de Brehat & en outre vn Capitaine de cent Pistoliers sous le Seigneur de Martigues Lieutenant General du Roy en cette Prouince.

HENGOËT en Treguier, ancien surnom de Kermouster en la Paroisse de Langoat, auant le surnom de Loz, de sable à vn Aigle d'argent.

HENNEBAVLT C. ancien surnom de la Hunaudaye dont il y a eu vn Admiral, puis Mareschal de France, qui selon la traditiue ancienne, faisant bastir cette maison, la fist nommer *Hune-an-days*, d'autant que la hune de l'vn de ses Vaisseaux estoit faite en forme de Daix, & portoit lors de gueulle à la Croix de vair : moderne voyez Tournemine.

HENNEQVIN, vairé d'or & d'azur, au chef de gueulle, chargé d'vn Lion Leopardé d'or. Il y a eu vn Evesque de Rennes de la mesme fammille.

HENRIOT en Treguier, jadis à Trorozec prés Lannion Auant-Droniou, Kerezep en Plougrescant & autres, portoit . . . .

HENRY jadis à Keryuen en Taolé Evesché de Leon & autres, d'argent au Sanglier de sable en furie, accompagné de trois Estoilles de mesme 2. & 1.

HENRY, la Motte en Goëlo, Vieuville, & autres, de sable à vn Aigle d'argent.

HENRY Kerpras en Treguier, party d'argent & de gueulle, à deux Roses de l'vn en l'autre.

HENRY, *alias* à Ponthuet prés Lanmeur, d'or à trois quintefeilles de gueulle percées d'or 2. & 1.

HERISSON, d'argent à trois Herissons de sable 2. & 1.

HERVE' Kergoff en Leon & autres, d'argent à trois Treffles de sable 2. & 1.

DV HIL en Piré Evesché de Rennes, d'azur av Chevron d'argent accompagné de deux Estoilles de mesme en chef & vne teste de Taureau d'or en pointe.

HILLARY ancien surnom de Quinipilly en Vennes, C. portoit pareilles Armes que celles que voyez sur Languenoez.

DV HINDRAY, prés Saint Malo, d'azur à trois Heaumes d'argent pennachez de gueulle.

HINGANT, Seigneur du Hac C. de gueulle à sept Billettes

lettes d'Or 4. 2. & 1. vn Seigneur de cette maison fut Chambellan ordinaire du Duc François I. qui l'avantagea de plusieurs beaux Employs & Ambassades honorables.

HINGANT Seigneur de Kerysac & de Kerduel C. de sable à trois epees d'argent également hautes en pal, aux gardes d'Or les pointes fichees en haut, au Rochou, Penlan, Villemario & autres *idem*. Le dernier Seigneur de ces deux premieres Maisons a esté de nos iours Conseiller en la Cour de Parlement de ce pays.

HIRGARS en Crozon, d'Or à trois Pommes de Pin d'azur 2. & 1.

LA HIRLAYE, d'azur à trois Fleurs de Lys d'argent brisé en chef d'vn Lambeau de gueulle.

L'HOENNEC, en Pleiber-Saint Hegonec, Evesché de Leon, pour les Armes le Borgne Lesquiffiou, *idem*.

L'HONNORE' en Leon, pour les Armes voyez la Lettrine L.

DE L'HOSPITAL, d'argent à la bande de gueulle, accostée d'vne Merlette de sable vers le chef.

HOSMAN, d'argent au Cheuron de gueulle, accompagné de trois Treffles de mesme 2. & 1.

LA HOVSSAYE en Saint Malo C. eschiqueté d'argent & d'azur, à six traits.

LA HOVSSAYE en Gaël, de sable à trois Iumelles d'argent, escartellé d'or à vn Cocq de sable. Il a esté Prieur du Ponthou prés Morlaix, & est habitué en l'Evesché de Treguier.

HVART Sieur de la Grand-Riviere & autres, d'argent à vn Gerfault de sable becqué & membré d'azur, la Charge de Conseiller au Parlement est hereditaire de pere en fils.

HVBERT, d'argent à vn Chien de Saint Hubert de sable.

HVBY, d'azur au Cheuron d'argent accompagné de trois Roses de mesme, 2. & 1.

P

HVCHET, Vicomte de Loyat, Conseiller du Roy & Procureur General en ce Parlement, porte escartelé au premier & quatre d'azur à 6. Billettes forceés d'argent 3. 2. & 1. qui est la Bedoyere. Contrecartelé d'argent à trois bandes jumelles de gueulle, sur le tout d'argent à trois Cornets ou Huchets de sable sans ligature 2. & 1. ladite Charge de Procureur General en ce Parlement est par succession de temps continuée de pere en fils, en cette maison-là.

HVET en Treguier, jadis à Kerlan en seruel, d'azur à l'Aigle Esployée d'argent, becquée & menbrée de gueulle.

HVLDRIERE, d'azur à trois bandes d'Or.

HVNAVDAYE B. pour les armes voyez Tournemine.

HVON en Leon jadis à herlan en Pleiber Saint Hegonec, d'Or au Lion de sable, brisé d'vne fasce en deuise de guelle.

HVON *aliàs* à Kerauffret, Mezle prés Carhaix C. & à Kergadou prés Calac Evesché de Treguier, à present à Kermedan, Kersanton, Rescourel en Guineuez Evesché de Leon & autres d'argent à trois Cheurons de gueulle, brisez d'vne fasce en devise d'azur.

HVON Kermadec en Ploudiry Evesché de Leon & autres, d'Or à trois Croix & Annelets d'azur entremeslez sçauoir en chef, vn Annelet entre deux Croix & plus bas vne Croix entre deux Annelets,

HVON en Treguier, jadis à Lanomnes en Plogounuer, d'argent à deux fasces d'azur.

HVON en Kerezelec, au Treffuou Evesché de Leon & autres de gueulle à cinq Croix recroisetées d'argent, posées en Croix.

HVON, Kerliezec, en Direnon prés Landernau Evesché de Cornoüaille, & autres d'Or au Cheuron de gueulle, accompagné d'vne Corneille de sable en pointe.

BRETON.

I.

Osselin Ville & Chastelenie, d'azur au Cocq d'Or.

Irlande vn des Royaumes de la grande Bretagne, portoit pour Armes antiques de sable à vn Roy assis sur vn Thrône, les jambes passees en sautoir tenant de sa main droite vn Sceptre, le tout d'Or : modernes d'azur à la Harpe d'Or cordée de mesme.

Le Iacobin Sieur de Keramprat au Menihy de Saint Paul de Leon & autres, d'argent à vn Escu en abîme d'azur & six Annelets de gueulle posez en Orle, il est Conseiller & l'vn des Gardes-Sceaux en la Cour de Parlement, le dernier Chantre de Leon estoit de cette Maison-là.

Iagv en Treguier, *alias* à Trobescond en Saint Laurens, portoit . . .

Iagv jadis à Mesauldren en Lanmeur, Pratmeur prés Lantreguier & autres, de sable au Lion d'argent accompagné de trois Estoilles de mesme 2. & 1.

La Iaille B. Maison tres-ancienne d'Anjou issuë des Ducs de Bretagne, sçauoir des anciens Comtes de Penthievre de Gouëlo & Barons d'Auaugour, porte d'Or au Lion leopardé de gueulle, à l'Orle de 6. Coquilles d'azur.

Iames Ville-care en St. Brieuc de son viuant grand Preuost de Nosseigneurs les Maréchaux de France en cette Prouince & autres de méme famille, d'argét à 7. Macles d'azur 3. 3. & 1.

Iames prés Saint Aubin du Cormier, d'Or au chef d'azur, chargé d'vne Rose d'Or.

Iamoniere en Nantes, d'azur à deux Estoilles d'Or & vn Croissant à la pointe de mesme.

La Iandiere en Montreuil le Gast, d'azur à 2. épées d'argét en sautoir garnies d'Or, cantonnée de 4. Coquilles d'argét.

P 2

La Iandiere, d'Hermines à la fasce d'azur accompagnée de trois Chaunes de gueulle.

Ian, ou Iehan en Treguier, jadis à Lesleinou en Trebreden, Penprat & autres, d'azur à trois Pigeons d'argent parez de gueulle 2. & 1.

Iando, de gueulle au pal d'or, chargé de cinq Chevrons de sable.

Ianson Pont-glan, C. d'argent à deux fasces de sable, à la bordure aussi de mesme.

Iaoüen en Treguier, de gueulle au Lion d'or, accompagné de trois Bezans d'argent 2. & 1.

Iaoven Kerochic, en Ploüien Evesché de Leon & autres, d'argent à vn Cor de Chasse de gueulle lié en sautoir de mesme.

Le Iar Penancoët en Ploüedern Evesché de Leon, Cleuzmeur, & autres, d'argent à vne Poulle de sable crestée de gueulle, bequée & menbrée d'Or.

Le Iar, d'azur à l'Aigle Essorant d'Or.

Iarnage, Landiguiach en Guineuez Evesché de Leon, la Planche, & autres, d'azur à vne fasce d'Or, surmontée d'vne main d'argent mouuante du costé senextre, & supportant vn Oyseau de méme, becqué & membré de gueulle.

Iascob Keriegu, & Pontguennec en Perros-Guirec, & autres de gueulle au Cheuron d'argent, accompagné de trois Coquilles de méme 2. & 1. le dernier Procureur du Roy de Morlaix, estoit de cette maison, qui à produit en outre vn Senechal de Lannion.

Iegado jadis sieur de Kerollain, portoit de gueulle au Lion d'argent, armé & lampassé de sable.

Iego, jadis à la Pradoüaye Evesché de Vennes C...

Iegov Kervilliou prés Carhaix C. d'argent au Greslier de sable, cantonné de quatre tablettes d'azur chacune chargée d'vne Croix pommetée d'or. Il y à vn President au

BRETON.

Parlement de cette maison, & deux Cheualiers de Malthe de nos iours.

IEGOV Rumarquer en Plouisi prés Guingamp, Evesché de Treguier, Kermorual, Kerdibeoch & autres, au Meidic en Plesidy, Tourbrunot en Cornoüaille & autres, *alias idem*, d'argent au Chevron de sable.

IEGOV En Treguier, dernier surnom du Rochou en Lannehec & autres d'azur, à trois males d'Or 2. & 1.

LA IENNIERE, de gueulle à trois Gresliers d'Hermines, embouchez d'Or & enguichez d'argent.

IENVILLE d'azur à 6. Rats, ou Glez d'Or 3. 2. & 1. au Chef d'argent chargé d'vn Lion nayssant de gueulle, armé, Lampassé & Couroné d'Or.

LE IEVNE, de synople à trois Grillets, ou Sonnettes d'or, 2. & 1.

LE IEVNE, *alias* à Botteguiry, Keruaronou en Ploudaniel Evesché de Leon & autres, d'or à deux jumelles de sable, & vn Croissant de méme en abisme entre les deux fasces.

IFFER C. d'argent à trois Boucles, ou Fermeaux de sable 2. & 1.

IOBART Saint Georges, en Ploüescat Evesché de Leon, Escartelé au premier & dernier d'argent à vne Croix de gueulle, contrescartelé d'asur à deux haches d'armes, ou Consulaires d'Or. en Pal, l'Escu semé de sept Quintefeuilles de méme 3. 3. & 1.

IOCET, d'azur à vn Escurieuil d'Or.

IOLIF En Treguier jadis à Keruillart.

IOLY, d'azur à trois Fleurs de Lys de jardin d'argent au naturel, 2. & 1.

IOSON, jadis à Kerbrigent en Taolilé Evesché de Leon, d'azur à la Fleur de Lys d'or, surmontée d'vn Oyseau de mesme, à present de l'Estang en surnom.

IOSSO, *alias* au Plessix Iosso en Vennes C. d'azur à trois

Coquilles d'or, 2. & 1. à present Rosmadec.

LA IOÜANNIERE, d'azur au Saulmon en bande d'argent

IOVHAN prés Saint Renan en Leon, de gueule au Lion d'Or armé & lempassé d'argent, accompagné des trois Anelets de méme.

IOVHAN Carcassier prés Guerrande, Evesché de Nantes, d'azur à trois Estoilles d'Or 2. & 1. au Cheuron de gueulle chargé de trois Estoilles d'argent.

IOVRDRAIN jadis à Keruerzic en Plestin Evesché de Treguier & autres d'azur au Croissant d'argent auec la deuise, *seruire Deo Regnare est*. Cette maison est fonduë en celle de Lisle-Goazanharan.

IOVRDRAIN sieur du Pellem en Cornoüaille, C. d'Or à vne bande de gueule, chargée de trois macles d'Or.

IOVRDREN en Leon, jadis à Meslean en Saint Gouez-nou, Froutuen en Gripauaz & autres. . .

IOVYNO jadis au Quistillic en Quimper-Guezenec, Evesché de Treguier, auant-Riot, d'argent à vn sautoir d'azur, chargé de cinq Anelets d'argent.

L'ISLE-Guicaznou prés Belisle Evesché de Treguier, ancien. . . . moderne la Forest Guicaznou *idem*.

LISLE-EN-GAL Evesché de Leon, de gueulle à vne Tour Crenelée d'argent accostée de deux épée de méme, aux gardes d'Or les pointes fichées en haut.

LILSLE-MEVDEC en Ploüyen E. de Leon, d'azur à deux fasces ondées d'Or, & trois Anelets de mesme 2. & 1.

LE IVC prés douarnenez en Cornoüaille B. d'azur au Lyon d'argent armé & lampassé de gueule. Cette terre est au Marquis de Molac.

IVETTE au Bois-Hamon prés Rennes d'azur au Cheuró d'argent accompagné de 3. Quintefeuilles de mesme 2. & 1.

IVHEL Keralsy en Ploubezre E. de Treguier & autres.

LA IVLLIENNAYS, de sable à 3. Quintefeilles darg. 2. & 1.

LA IVMELAYE sieur dudit Lieu Porte.

K.

AER en Vennes prés Auray B. portoit pour armes antiques de gueulle, à vne Croix Ancrée d'Hermines, qui est Kaër, depuis de Malestroit.

KERABRET en Cleder Evesché de Leon, pour les Armes voyez l'Estang.

KERAHEL Loquirec Kergariou *idem*.

KERAHEL en Botsorher prés Guerisquin, Evesché de Treguier ancien, voyez Cheruel comme estant ramage de cette maison moderne Calloüet Lanidy *idem*.

KERAHEL Keruerzic Evesché de Treguier pour les armes voyez Iourdrain.

KERALLAIN, en Vennes, de gueulle au Lion d'Or armé & lampassé d'argent.

KERALBAVD sieur de Cardelan prés Vennes, de gueulle à trois Croix pattées d'Or 2. & 1.

KERALBIN prés Pontrieu Evesché de Treguier, ancien voyez Harscoët, moderne.

KERALDANET ancien surnom du Rascor en Lanilis Evesché de Leon C. de gueulle au Chef endenché d'Or à cinq pointes.

KERALLIES en la Parroisse de Kersent, Evesché de Leon Porte comme Leslem.

KERALLYO en Ploüguiel prés Lantreguier C. ancien surnom de cette maison, portoit d'Or à vn Leopard de sable. Cette maison à produit des personnes de cœur la pluspart desquels sont morts ayants charges & commandements dans les armées de nos Ducs & notamment vn Guillaume de Kerallyo vaillant & experimenté Capitaine qui fut tué l'an 1423. à la Prise de l'Isle de Rhodes, après auoir donné des preuues bien remarquables de sa valeur pendant le temps de huict mois que dura ce Siege.

KERALLYOV Lesquiffiou, en Cornüaille issüe en Iuueignerie des anciens Vicontes du Faou, d'argent à cinq Hermines de sable posées, en fasce au chef endanté aussi de sable.

KERALLIOV Prat en Treguier, pour les armes voyez le Cheuoir.

KERALYOV en Ploüguerneau Evesché de Leon portoit jadis comme Kerouzeré.

KERALLYOV en Treduder Evesché de Treguier, pour armes antiques, voyez le Clerc Kerallyou, moderne voyez Roscoët Goüezbriand.

KERALYOV en Ploüyen Evesché de Leon d'argent au Cheuron de sable accompagné de trois Coquilles de gueulle 2. & 1.

DE KERALY autrefois Kergaly, en l'Evesché de Vennes, porte d'azur à vne Fleur de Lys, d'Or accompagnée de trois Coquilles d'argent, deux en Chef & vne en pointe. Il y à eu des Conseillers au Parlement de Rennes de cette maison.

KERALSY en Ploubezre Evesché de Treguier, pour les armes Larmor *idem*.

KERALSY en Lanmeur, voyez Launay Coëtmeret.

KERAMBARS au Menitry de Saint Paul de Leon, pour les armes voyez Kerret.

KERAMBELLEC au sieur du Parc Ploëdaniel en Treguier, de sable à vne fleur de Lys d'argent accostée de deux épées de mesme, les pointes fichées en haut.

KERAMBELLEC

BRETON.

KERAMBELLEC en Guimeac Evesché de Treguier, autrefois c'estoit keruerder, maintenant Pastour.

KERAMBORGNE en Ploüaret Evesché de Treguier C. ancien de gueulle à vn Heaume, ou Casque d'or en abisme Taré de costé sans Lambrequins accompagné de trois Coquilles d'argent 2. & 1. moderne voyez Perrien.

KERAMBORGNE en Ploüeneuez Evesché de Treguier.

KERAMEZRE en Plouëgat Guerrand Evesché des Treguier pour les armes, voyez du Dresnay.

KERAMOROCH en Plouneuez Evesché de Treguier, fasce d'Or & de gueulle, de 6. pieces, à la bordure engreslée de gueulle.

KERAMPVIL en Cornoüaille dont il y a eu vn Senechal de Charhaix, Porte d'Or à trois merlette de sable 2. & 1.

KERANAVOëT en Leon pour les armes voyez Poulpry. Il est Seneschal de Lesneuen.

KERAMBASTARD en Cornoüaille C. pour les armes voyez le Prouost Keranbastard.

KERANCOÜAT en Cornoüaille C. ancien voyez Rosneuinen, & pour deuise *deffend toy*, moderne du Loüet Coëtienual.

KERANDRAON en bas Leon C. jadis Kerouzeré, maintenant Kercoënt, Coëtanfaou *idem*.

De KERANDRAON, Baraton prés Carhaix, voyez Deslemo.

KERANDRAON, Douget en Ploüarzel Evesché de Leon, d'azur au cheuron d'Or accompagné de trois cœurs de mesme. 2. & 1.

KERANDVLVEN en Lanmeur Guicasnou Keromnes *idem*.

KERANFLECH en Milizac Evesché de Leon, ancien d'Or à trois fasces d'azur, surmontée de deux Coquilles de gueulle, moderne voyez le ny Coëtelez.

Q

KERANFOREST en Treguier, de gueulle à six Annelets d'argent 3. 2. & 1. au chef d'Or chargé de trois Roses ou Quintefeuilles de gueulle.

KERANFORS en Plougounuen Evesché de Treguier, le Leuyer *idem*.

KERANGLAS en Ploubezre Evesché de Treguier, d'argent à trois fasces d'azur.

KERANGOFF en Kermaria Sulat Evesché de Treguier, Trogoff Kelleau & Coëtalliou *idem*.

KERANGOYMAR en Taolé Evesché de Leon, de Pourpre à vne main gantée d'argent tenant vn Oyseau de mesme campané ou grilletté d'Or.

KERANGOUMAR en Ploudiry Evesché de Leon, d'argent à trois chesnes de synople 2. & 1. brisé en chef d'vn Croissant de gueulle.

KERANGOÜEZ prés Saint Paul de Leon, pour Armes anciennes voyez Riou : Cette Maison est tombée il y a longues années en celle du Cleuzdon.

KERANGOÜEZ en Ploüigneau Evesché de Treguier, ancien d'argent à vn Arbre de synople sommé d'vn Oyseau de sable, moderne voyez Coëtmen Kerangoüez.

KERANGREON en Treguier, d'Or à deux fasces noüées de gueulle accompagnées de huict Merlettes de mesme 3. 2. 2. & 1.

KERANGVEN jadis audit lieu en Ploüenan Evesché de Leon, d'argent à trois Tourteaux de gueulle 2. & 1. auec cette deuise *Laca euez*, prends garde; à Trogurun prés Lesneuen E. de Leon, Tredillac en Plougounuen E. de Treguier, le Fransic en Taolé, Penanech en Plougaznou, Kerlosquet prés St. Paul de Leon, & autres à present *idem*.

KERANGVEN en Botsorcher Evesché de Treguier, d'Or au Lion morné de gueulle.

KERANGVEN en Ploëmeur-Gaultier Evesché de Treguier . . . .

BRETON.

KERANMANACH ou Keramanach prés Pontrieu Evesché de Treguier, pour Armes presentes voyez Bourblanc Guermel, antiques.

KERANMANACH Poulpry en Leon, portoit d'Or au Cormoran de sable, maintenant Poulpry.

KERANMEAL en Kerloüan prés Lesneuen E. de Leon, d'argent à trois chevrons d'azur, écartelé d'argent au Croissant de gueulle, surmonté de trois Fleurs de Lys de mesme.

KERANMELIN & Guermorguen C. de sable à trois testes de Cerf d'argent 2. & 1.

KERANNOT en Pleiber-Saint-Hegonec E. de Leon pour les armes voyez Simon Tromenec & pour deuise *c'est mon plaisir*.

KERANNOV audit lieu en Ploebennec Evesché de Leon Corhaër & autres, échiquetté d'argent & de sable & vne bande en deuise de gueulle sur le tout chargée de trois Trefles d'argent.

KERANPREVOST en Plourin Evesché de Treguier, voyez Kergariou.

KERANRAIX en Ploüaret Evesché de Treguier C. vairé d'argent & de gueulle, comme Runfaou. Vn Seigneur de cette Maison signala sa valeur en la bataille de Trente, pour auoir terracé d'vn coup de Lance le Capitaine Bembro tant renommé parmy les Anglois.

KERANROVX en Plœffur Evesché de Treguier C. pour Armes antiques voyez le Long. Cette Maison est fondüe en celle du Chastel Coëtangars.

KERANROVX Lesuerzault en Ploüian Evesché de Treguier, porte à present comme du Parc Locmaria, Penanech Kerdanet, Breuara & autres de mesme famille *idem*.

KERANROVX en Ploüaret Evesché de Treguier, portoit anciennement comme Coëtgourheden.

KERANROVX en Ploubezre Evesché de Treguier, ancien voyez Quemper, moderne Keriec du Treuou *idem*.

KERANROY en Plœbian Evesché de Treguier, Rechou Pontnazen *idem*.

KERANTOVR en Plouian Evesché de Treguier, portoit d'Or à vne fleur de Lys, d'azur en abisme, accompagnée de trois Coquilles de gueulle 2. & 1. à present Gouezbriand.

KERANTOVRPET en Lanmelin Evesché de Treguier, pour les armes voyez le Cheuoir Coëtezlan.

KERANTRAON en Lannœuuret Evesché de Leon, le veyer *idem*.

KERANTRAON en Treffgondern prés Saint Paul de Leon, voyez le Grand Kerantraon.

KERANTREZ en Tredarzec Evesché de Treguier, ancien Cyllard Villeneffue moderne.

KERARDY en Goëlo, Porte comme Carneuanay.

KERARET Keranguriec en Lanœuffret Evesché de Leon, vairé d'agent & de gueule.

KERARLIVIN, lés Saint Paul de Leon, dont y a eu vn Capitaine de ladite Ville puis longues années portoit comme Estienne Kerueguen, maintenant Coëtlosquet.

KERASCOËT en Bas-Leon, de gueulle à deux billettes d'argent en chef, & vne Gourde d'Or en pointe.

KERASCOËT, pour les armes voyez Hingant Kerduël, & Kerizac.

KERASNOV en Plestin Evesché de Treguier, Lesormel *idem*.

KERASQVER jadis à Quilimadec, en Ploüdaniel Evesché de Leon, d'argent à deux haches d'armes, ou Consulaires de gueulle en Pal.

KERASSEL en Taolé Evesché de Leon, voyez Kerlean.

KERASTAN Caloët en Treguier, voyez Caloët.

KERATRY d'azur à vn Cor de Chasse d'argent lié en sautoir, surmonté d'vne lance de mesme en fasce auec la deuise, *gens de bien passent par tout*.

KERAVDREN en Treguier, d'azur à trois Pommes de

Pin, d'argent 2 & 1. kerguyomar, keradam, & autres *idem*.

KERAVDRY en Guipauaz Evesché de Leon d'argent à deux fasces de sable.

KERAVDY en Plouezoch Evesché de Treguier, des despendances de la noë verte en ladite Paroisse, Gouezbriand *idem*, autrefois le Borgne & Coëtanlem en surnom.

KERAVDY en Plouneuenter Evesché de Leon, d'or à deux fasces de sable, à l'hoënnec *alias idem*.

KERAVEL prés la Roche-derien, Evesché de Treguier, pour armes antiques voyez kergrist.

KERAVEL prés Saint Paul de Leon, ancien voyez Coëtanlem, moderne kersaintgily *idem*.

KERAVEL en Leon au sieur du Poulpry.

KERAVEL en Trebreden Evesché de Treguier, maintenant le Bouloign Crechcario, & anciennement kersalio auant le surnom de Mignot Rossalic.

KERAVFRET en Bourbriac prés Guingamp C. pour armes antiques, c'estoit Cleauroux, presentes voyez Liscoët.

KERAVGON en Plouneuenter Evesché de Leon, pour des armes voyez l'Estang.

KERAVGON prés Saint Paul de Leon, Crechqueraut *idem*.

KERAVLDREN en Treguier, d'azur à vne Croix d'Or cantonnée de quatre Estoilles de mesme.

KERAVTEM prés Carhaix, de gueulle à trois fasces d'argent.

KERAVTRET au Menihy, de Saint Paul, echiquetté de gueulle & d'Or à 6. traicts auec cette deuise *Marthese*, c'est-à dire peut-estre.

KERAVTRET en Plouedern Evesché de Leon, voyez Kermellec Ploëmahorn.

KERAVYS Sr. de keruague en la Paroisse de Bocoho Evesché de Treguier, porte . . .

Kerazgan en ketmaria Sular Evesché de Treguier, d'argent à vne fasce de gueulle chargée d'vn V autour d'Or. Cette Maison est contiguë & des dependances de celle de kergoanton.

Kerazmant en Treguier, de sable à trois bezans d'argent 2. & 1.

Kerazret en Plœcoulm Evesché de Leon C. burellé d'argent & de gueulle de dix pieces, auec deux Guiures affrontées d'azur en pal entrelassées dans lesdites fasces & pour deuise Pa Elly, quand tu pourras. Cette Maison est vne des plus considerables du Menihy de Saint Paul, qui a fourny vn Capitaine d'hommes d'Armes & Preuost de l'Hostel de l'vne de nos Duchesses en l'an 1489.

Kerazyou en Trebreden Evesché de Treguier, pour armes antiques voyez Clisson keranfault, modernes Goazuen le Borgne idem.

Kerbain, gironné d'argent & de sable de 8. pieces.

Kerbalanec prés Guingamp, du Largez idem.

Kerbaul Paroisse de Chastelaudren en Treguier, voyez du Dresnay.

Kerbelec en Plœmeur Gautier Evesché de Treguier, Ploësquellec, kerpreuost idem.

Kerberiou en Plestin Evesché de Treguier, porte comme Coetlogon.

Kerberuet à Lomaria Evesché de Vennes, de gueulle à trois Macles d'Or.

Kerbiguet Lesmelchen prés Lesneuen Evesché de Treguier, d'argent à vne Quintefeille de sable percée d'argent.

Kerbiguet en Plougaznou Eves. de Treguier, ancien voyez le Lyorsou, moderne Tremenec Traouanrun idem.

Kerbihan Glizargant en Pluzunet Evesché de Treguier, le Pouilladou en Prat & autres, d'argent à trois bandes d'azur au franc canton de mesme chargé d'vne Quintefeille d'argét.

KERBIIC en Plouenan Evesché de Leon, losangé d'argent & de sable en pal & vne fasce en deuise de gueulle, il y a déja longues années que cette Maison a donné vn Chantre de Treguier.

KERBILOT en Sizun Evesché de Leon.

KERBIRIOV prés Landerneau Evesché de Leon, écartelé au 1. & 4. d'Or à trois Rolés de gueulle, au 2. & 3. de sable à trois Molettes d'argent, c'est au Sieur du Hellez Mocazre.

KERBORIOV en Treguier, de synople au Lion, morné d'argent.

KERBORONNE en Leon, ancien d'argent au chevron de gueulle accompagné de trois Hures de Sanglier de sable 2. & 1. moderne Penancoët *idem*.

KERBOVRAN en Lanmeur, voyez Lescoire.

KERBOVRY jadis audit lieu en Seruel Evesché de Treguier & à present au Cosquer en Lohanec, Pontgaultier, & autres, d'argent au sautoir de gueulle accompagné de quatre Quintefeilles de mesme, au Goazuen prés Lannion la Riuiere en Treduder, Traouantrez en Plouguiel, Kerloas en Plouleeh & autres *alias idem*.

KERBOVTIER prés Pontiuy Evesché de Vennes, d'argent à vn Pin de synople fruitté d'Or chargé au pied d'vn Sanglier de sable.

KERBRAT Montafilant en Seruignac au Comté de Boiseon C. portoit comme Montafilant.

KERBRAT en Plœbennec Evesché de Leon, de gueulle à trois Quintefeilles d'Or 2. & 1. & vne teste de Liepvre de mesme en abîme, Coëtelez *alias idem*.

KERBRAT Calloët de Lannion Evesché de Treguier, pour les Armes voyez Calloët, il a esté Avocat General de la Chambre des Comtes de cette Prouince.

KERBRAT Fontenay en Guicsezny Evesché de Leon, porte . . .

KERBREDER en Plouyen Evesché de Leon, écartelé au 1. & 4. d'azur à vne main gantée d'argent tenant vn Eperuier de mesme, contrescartelé d'argent à six Tourteaux de sable 3. 2. & 1. & vn Croissant de mesme en abîme.

KERBREZEL en Plouärzel Evesché de Leon, le Brignou *idem*.

KERBRIDOU en Plouzoch Evesché de Treguier, jadis de Quelen, maintenant Kerscaou Kerenec *idem*.

KERBRIGENT Kermabon en Plougaznou Evesché de Treguier, écartelé au 1. & 4. d'argent à trois fasces de gueulle, contrescartelé de sable fretté d'Or de six pieces.

KERBRIGENT en Botsorcher Evesché de Treguier.

KERBUOCH en Plouyen Evesché de Leon, d'argent à vne bande de sable chargée de trois Estoilles d'argent.

KERBUZIC en Treguier, ancien surnom de cette Maison en Locquemeau, de sable fretté d'Or de six pieces, brisé en chef d'vn Annelet de mesme, à Keranglas & à kerlaouenan *alias idem*.

KERCABIN en Plouër prés Pontrieu Evesché de Treguier C. ancien de gueulle à trois Croix pattées d'argent 2. & 1. moderne voyez Lanloup.

KERCADORET en Leon, d'azur à trois Cyprés d'Or 2. & 1. brisé en chef d'vn Croissant d'argent surmonté d'vne Fleur de Lys de mesme.

KERCHARO C. ancien, de gueulle au Massacre de Cerf d'Or, maintenant de Plœuc, il est chef de nom & d'armes de ce nom.

KERCHOENT en Leon, d'argent au Lion de sable, brisé d'vne fasce en deuise de gueulle.

KERCOENT prés Saint Paul C. losangé d'argent & de sable en pal sans nombre & pour deuise *sur mon honneur*, à Kerjan en Leon *alias idem*, maintenant à Coëtanfaou, auec differentes Armees.

kerdalaës

KERDALAës en Plouneuez Evefché de Treguier, pour les Armes voyez le Lay.

KERDALAës en Cornoüaille Paroiffe d'Iruillac écartelé au 1. & 4. de Gouzillon, contrefcartelé d'argent à vne tefte de Morre tortillée d'Or, qui eft Coëttridiou.

KERDANET en Taolé E. de Leon, Penchoadic *idem*.

KERDANET Lefuerzault en Treguier, voyez du Parc Locmaria.

KERDANIEL Sr. dudit lieu en Crunuhel E. de Treguier.

KERDANOT Lefquelen de Morlaix, & autres

KERDANOÜARN, prés Penpol en Gouëlo, d'azur à trois Eftoilles d'Or.

KERDAOVLAS, pour les Armes Buzic, kerdaoulas *idem*.

KERDELANT en Guiclan E. de Leon, voyez kerbijc.

KERDERIEN jadis audit lieu en Tredarzec Evef. de Treguier, au Modeft & kerozern prés Lannion, Guergadiou, kerfalaun, kerroudault, & autres, écartelé au 1. & 4. d'azur au Griffon d'Or, contrefcartelé d'Or à vne Croix engreflée de fable cantonnée de quatre Alerions de mefme.

KERDREAN, de fable à fept Macles d'argent 3. 3. & 1.

KERDREANT Mezuillac, de gueulle au Leopard femé d'Hermines.

KERDREIN, d'Hermines au chef endanté de fable.

KERDV en Ploumillieau Evefché de Treguier, à prefent Coëtanfcours *idem*, pour Armes antiques

KERDVAL en Ploumillieau E. de Treguier, kergrift *idem*.

KERDVEL en Plœmeur-Bodou Evefché de Treguier, ancien furnom de cette Maifon, de gueulle à fix Annelets d'argent 3. 2. & 1. au chef coufu de gueulle, chargé de trois Quintefeilles d'argent; à kerjan, Lohanec *alias idem*.

KERDVTE' en Plouyan Evefché de Treguier, pour Armes prefentes voyez Boëxiere kerfulguen anciennes.

KERDINAM en Treguier, ancien d'argent au Croif-

R

sant de sable en abîme accompagné de trois Tourteaux de mesme 2. & 1. moderne Cleuz Descarein *idem*.

KEREDEC du Garo en Plouzane Evesché de Leon, pour les Armes voyez du Garo keredec.

KERELEC en Leon, porte comme Gourio.

KERLEEC en Guineuez Evesché de Leon, pour les Armes Penmarch *idem*.

KERELLEAV en kermaria-Sular Evesché de Treguier, ancien voyez de Quelen, à present Trogoff.

KERELLON, kerpilly, & autres, pour les Armes Quelennec du Pont *idem*.

KEREMAR prés Quintin, d'argent à trois Choüettes de sable membrées de gueulle.

KERENEC en Leon, d'azur au Lion morné d'argent.

KERENEEC au Menihy de Saint Paul, ancien d'azur au Lion vairé d'argent & de gueulle, moderne voyez kerscao, & pour deuise *Dieu m'ayme*.

KERENGAR en Lanilys Evesché de Leon, à Madame de Coëtjenual, porte d'azur au Croissant d'argent.

KERENNY audit lieu en Plougonuelen E. de Leon...

KERENOR jadis au Helo en Bourbriac Evesché de Treguier, portoit . . .

KERENOT en Plougaznou Evesché de Treguier, pour Armes modernes Traouhual, Poulmic *idem*, anciennes .

KERENOV prés la Ville & Chasteau de Brest en Leon, pour les Armes voyez Cornoüaille, Lossulien & Keruern: Cette Maison possede des Droicts & Priuileges hors le vulgaire en ladite Ville par concession de nos Ducs.

KEREPOL en Ploüaret Evesché de Treguier, porte à present comme kergariou.

KERERAVLT *alias* audit lieu en Plougastel Evesché de Cornoüaille, Kergoff prés Landerneau E. de Leon, Tremedern en Guymeac Evesché de Treguier, & autres, maintenant à Kergoumarch en ladite Paroisse, & autres, d'azur

BRETON.

fretté d'argent de six pieces, brisé en chef d'vne Fleur de lys mesme, le penultiéme Seneschal de Lanmeur estoit de cette famille là.

KERESPERZ audit lieu en Tredarzec Evesché de Treguier, d'Or à six Quintefeilles de gueulle 3. 2. & 1.

KERESTAT en Leon, d'azur à vne main appaulmée d'argent en pal, accompagnée de trois Estoilles de mesme 2. & 1. à Carcaradec prés Lannion Evesché de Treguier, Kerguelen, & autres *alias idem*.

KERESTOT au Menihy de St. Paul de Leon, pour les Armes voyez Kergoët Troniolys.

KEREVEN Porzanparc en Treguier, kergariou *idem*.

KEREVZNOV en Leon, porte comme St. Goüeznou.

KERFAREGVIN Sieur dudit lieu prés Pontlabbé d'argent au chesne de synople englanté d'Or, le tronc chargé d'vn Sanglier de sable en furie, ayant les lumieres & defenses d'argent.

KERFAVEN en Plouneuenter E. de Leon, d'argent à vne fasce de gueulle, c'est vn annexe de la Maison de Brezal.

KERFICHANT ancien en Treguier . . . moderne voyez Fleuriot kerlouët.

KERFLOVX kerazan prés Pontlabbé, de gueulle à trois Croissans d'argent 2. & 1 brisé en chef d'vn Lambeau à trois pendans de mesme.

KERFORS, d'argent à vn Cor de Chasse d'azur enguisché de mesme en sautoir.

KERFRAVAL prés Morlaix Evesché de Treguier, ancien surnom de cette Maison auant Gilouärt, d'azur à vne Croix d'argent chargée au centre d'icelle d'vne billette de gueulle cantonnée de quatre Molettes de mesme.

KERGADALAN au Dreuerz en Cornoüaille, d'argent à vn Cor ou Trompe de sable lié en sautoir de mesme.

KERGADARAN en Plœbian E. de Treguier, d'argent au Pin de synople, le tronc chargé d'vn Cerf passant au naturel.

R 2

Kergadeau en Treguier, d'argent à trois fasces de gueulle, au baston d'azur brochant à dextre sur le tout & vn Lambeau à trois pendans de gueulle en chef.

Kergadiov en Bourbriac Evesché de Treguier, pour Armes antiques voyez Cleauroux kerauffret, modernes Rumen Begaignon *idem*.

Kergadiov Sieur dudit lieu en Plourin Evesché de Leon, fasces ondées d'Or & d'azur de six pieces, au franc canton d'argent semé d'Hermines, enuiron l'an 1578, il y auoit vn Secretaire du Duc François II. de cette Maison-là.

Kergadiov en Goudelin Evesché de Treguier, pour les Armes voyez le Goff.

Kergadiov Ledinec en Plougaznou Evesché de Treguier, ancien de sable à vne Tour crenelée d'Or, moderne voyez Kerlech.

Kergadiov Leingoüez en Guymeac Evesché de Treguier, pour Armes anciennes Hemery, Kerurien *idem*, & vn Annelet de mesme en abîme, modernes voyez Coëtmen, Kerangoüez.

Kergadiov en Lanmeur, voyez du Parc en Lanmeur.

Kergadiov en Plestin Evesché de Treguier, ancien Treufcoët, keranpuil *idem*, maintenant kergrist en surnom.

Kergadiov en Treguier, d'argent à deux fasces de gueulle.

Kergadoret en Taolé Evesché de Leon, pour les Armes voyez Thomas kergadoret.

Kergadov pour Armes presentes, voyez du Parc Locmaria, il est Conseiller en la Cour de Parlement de ce pays, antiques Huon kerauffret-Mesle *idem*.

Kergalic en Treguier, porte . . . .

Kerganov en Treguier, d'azur au chevron d'argent accompagné de trois Molettes de mesme 2. & 1.

BRETON.

KERGARADEC en Leon, d'azur à vne main d'argent & vne Estoille d'Or au bout du poulce, comme Marot.

KERGARIC en Langoat Evesché de Treguier, portoit . . .

KERGARIOU en Plouyan *alias* audit lieu, C. keruoulongar, & autres, à present à kergrist, kerepol, Porzanparc, Penanprat, & autres en l'Evesché de Treguier, d'argent fretté de gueulle de six pieces, au franc canton de Pourpre chargé d'vne Tour crenelée d'argent & pour deuise *là ou ailleurs Kergariou*. Cette premiere Maison a donné le deuxiéme Gouuerneur de Morlaix, depuis que cette Ville a esté erigée par nos Roys en titre de Gouuernement.

KERGARO en Quemper-Guezenec Evesché de Treguier, portoit jadis . . . maintenant du Bourblanc, Appreuille *idem*.

KERGAROC en Plouyen Evesché de Leon, pour les Armes voyez Kernezne.

KERGAZAN Sieur de kergadegan & de kerpleust en Treguier, portoit . . .

KERGLAN en Plougonuer Evesché de Treguier, d'Or à dix Annelets de gueulle 4. 3. 2. & 1.

KERGLEZREC en Trebreden Evesché de Treguier, portoit de gueulle à vne Croix d'argent fleuronnée d'Or & cantonnée de quatre Annelets d'argent, maintenant Ville-nefve, Cresoles *idem*.

KERGOËT prés Cathaix C. d'argent à cinq fusées de gueulle en fasce surmontées de quatre Roses ou Quintefeilles de mesme, au Guilly à present *idem*. Cette famille a fourny vn Docteur en Medecine, Medecin ordinaire des Ducs Iean IV. & Iean V. qui ensuite fut esleu & sacré Evesque de Treguier l'an 1401.

KERGOËT Troniolys en Cleder Evesché de Leon, d'azur au Leopard d'Or brisé en l'Epaulle d'vn Croissant de gueulle auec cette deuise *si Dieu plaist*, Kerestot au Menihy de Saint Paul, & autres *idem*.

Kergoët kerhuidonez en Treguier, d'Or au Pin de synople chargé de Pommes d'Or.

Kergoët kermoru prés Quimpercorentin C. porte pour dernieres Armes, comme Penfenteunyou, antiques

Kergoët en Guiclan Evesché de Leon, ancien de gueulle à vne Croix d'Or frettée d'azur, moderne voyez Runiou, Oriot.

Kergoët au Treffuou en Leon, d'Or à vn Cyprés d'azur.

Kergoët Coëttridiou en Cornoüaille, de gueulle à six bezans d'argent 3. 2. & 1.

Kergouzi prés Lantreguier, portoit d'Or au Lion de sable.

Kergolbav en Saint Brieuc, d'argent à trois fasces de gueulle au Lambeau d'azur.

Kergomar kerguezay en Loguiuy prés Lannion, C. d'Hermines à vne fasce de gueulle chargée de trois Molettes d'Or, cette Maison se peut vanter d'auoir fourny des Seigneurs d'vne haute estime dans le pays tant en temps de troubles que de paix, la pluspart desquels ont par leur insigne doctrine porté courageusement les interests & priuileges de cette Prouince en chaque tenuë de nos Estats, Madame de Gouezbriand est heritiere des biens & de la gloire de cette Maison.

Kergongar en Guineuez, d'azur à trois Cloches d'Or 2. & 1.

Kergoüall en Ploüescat Evesché de Leon, d'azur à vne fasce d'Or surmontée d'vne main d'argent soustenant vn Oyseau de mesme, kernaour en ladite Paroisse au Brehonic, Gourreploüé, & autres *idem*.

Kergovll en Leon, d'azur à vne fasce d'Or, au

franc canton d'argent chargé d'vne main d'azur tenant vn Oyseau de mesme.

KERGOVMARCH en Guymeac Evesché de Treguier, pour Armes presentes voyez kererault.

KERGOVNOVARN en Plouuorn Evesché de Leon, surnom ancien de cette Maison, à present au Rosmeur en ladite Paroisse, & autres, portoit pour Armes antiques . . . modernes voyez Symon Tromenec écartelé de Penfenteunyou.

KERGORLAY ou Guergorlay B. pour les Armes, voyez Guergorlay.

KERGOVNYOV prés Lesneuen Evesché de Leon, écartelé au 1. & 4. d'Or à vne fasce d'azur accompagnée de trois Oyseaux de mesme sans pieds ny bec, qui est Gouzillon, contrescartelé de fasces d'Or & de sable de six pieces, brisé en chef d'vn Croissant de sable.

KERGOVNYOV en Treguier, pour les Armes voyez Boëxiere, Plourin.

KERGOVRNADECH en Cleder Evesché de Leon C. à Monsieur le Marquis de Rosmadec, porte échiqueté d'Or & de gueulle à six traits & pour deuise *en Dieu est*. Ce seroit vne des plus belles Maisons de la Prouince, si le dessein estoit paracheué.

KERGOZOV Sieur dudit lieu prés Pontrieu, & autres, de gueulle à vne Croix d'Or au baston d'azur brochant à dextre sur le tout.

KERGRAVAN en Treguier, de sable à vne fasce d'argent accompagnée de trois Croisettes de mesme 2. & 1.

KERGREACH en Plougrescant Evesché de Treguier, ancien d'argent au chesne de synople, sommé d'vne Pye au naturel : moderne Goüezbriand *idem*.

KERGRECH kerbabu en Plouëbennec Evesché de Leon, de sable à vne fasce d'argent chargée de trois Quintefeilles de sable.

KERGREGVEN en Plouneuenter Evesché de Leon, de synople à trois Coquilles d'Or 2. & 1.

KERGRESCANT en Camlez Evesché de Treguier, le Lay, Kercham *idem*.

KERGRIST en Ploubezre Evesché de Treguier, ancien surnom de cette Maison, d'Or au Croissant de sable en abîme accompagné de quatre Tourteaux de mesme 3. en chef & 1. en pointe, maintenant de Kergariou, dont il y a eu deux Seneschaux de Morlaix consecutifs.

KERGROADES en Plourin Evesché de Leon C. porte fascé d'argent & de sable de six pieces & pour deuise *en bon espoir* : Les derniers Seigneurs de cette maison ont notoirement pareu en chaque tenuë de nos Estats pleins de zele & de ferueur pour la manutention des Priuileges, Franchises & Immunitez de cette Prouince.

KERGROAS - d'Auaugour C. d'argent au chef de gueulle chargé d'vne Macle d'Or.

KERGROAS, en Tredarzec pres Lantreguier, d'argent à vne Croix pattée de gueulle, cantonnée de quatre Macles de mesme.

KERGROAS en la paroisse de Gouëznou Evesché de Leon, pour les Armes voyez Gouzillon.

KERGROAS, ou Kergroix en Treguier, jadis au Treuzuern en Plougounuer, Pennern de Morlaix, & autres d'azur à vne Croix Floronnée d'argent: Le surnom de Thomas est à present audit lieu du Treuzuern.

KERGVEHENEVC, en Vennes, d'argent couppé de gueulle à vn Lion de l'vn en l'autre.

KERGVERIS, Coëtriuoaz pres Hennebond, d'argent à six annelets de gueulle, 3. 2. & 1.

KERGVELEN en Plougaznou, Kerbrigét Kermabon *idem*.

— KERGVELEN au mandy en Plubennec, escartelé au 1. & 4. d'Or à vn Houx de Synople, au 2. & 3. eschiqueté d'argent & de gueulle à six traicts.

KERGVEN

BRETON.

KERGVEN audit lieu en Ploudaniel Evesché de Leon, porte d'azur à vne Croix au pied fiché d'argent, accompagné de trois Coquilles de mesme, deux sous les bras de la Croix, & l'autre au pied.

KERGVERN d'argent au Pin de Sinople.

KERGVERN d'azur fretté d'argent.

KERGVEZANGOR en Vennes, de gueulle à la Croix pattée à l'aize d'argent.

KERGVEZEC audit lieu en Tredarzec, le Carpont Evesché de Treguier C. escartelé au premier & 4. d'argent à vn arbre d'azur, contrescartelé d'azur plein Kericu en Plouezal, & autres *idem*.

KERGVIDV d'argent au Lyon d'azur Couronné d'Or, armé & lampassé de gueulle, Launay Coëtmeret *idem*.

KERGVIEN en Perros-guirec, ancien surnom de cette maison, d'azur à vne Pomme de Pin d'Or en abîme, accompagnée de trois Quintefeuilles de mesme 2. & 1. maintenant le Borgne Goasuen *idem*.

KERGVILLY en Plouëgat, Chastelaudren Evesché de Treguier, voyez Boëxiere, Fontaine-Platte.

KERGVINIOV en Ploubezre Evesché de Treguier, d'argent au Lion de gueulle, couronné armé & lampassé d'Or à l'Escorre en Lanmeur *aliàs idem* & autres.

KERGVINIOV *aliàs* Evesché de Treguier, à Keruranguen en Ploëlech prés Lannion, d'argent à trois Tourteaux de gueulle 2. & 1.

KERGVISEC, escartelé au premier & quatre vairé d'or & d'azur au 2. & trois de gueulle plein.

KERGVIVINEC, d'argent a trois fasces de gueulle, la premiere desdites fasces surmontée de trois Hermines de sable.

KERGVIZIO jadis audit lieu, en Plouzané Evesché de Leon à present à Kerscao Vijac en Bas-Leon, Keruastoué & autres d'azur à trois testes d'Eperuier arrachées d'or 2. & 1.

S

KERGVVELEN à kercaradec en Guyneuez, keruoua en Plouescat Evesché de Leon, & autres, de gueulle à vne main dextre appaumée d'argent en pal.

KERGVZ jadis audit lieu en Taolé, à present à Troffagan de Saint Paul, & autre Troffagan en bas-Leon, Mezambez en Guymeac, & autres, d'argent, à vne Trompe ou Cor de Chasse, d'azur, enguisché de gueulle en sautoir.

KERHALLIC sieur dudit lieu, en Taolé, E. de Leon d'arg. à vne fasce d'azur, surmôtée d'vne merlette de mesme.

KERHALLON en Treguier C. ancien voyez Penchoët, moderne du Groësquer *idem*.

KERHALZ en Ploubennec, Evesché de Leon d'Or à vn Cor de sable, lié en sautoir de mesme.

KERHAM Guernizac Evesché de Leon, pour les armes voyez Guernisac.

KERHAM-Lisle, E. de Leon d'arg. à vne Fleur de Lys d'azur en abîme, accompagnée de trois Roses de gueulle 2. & 1.

KERHAMON en seruel ancien surnom de cette maison, de gueulle au sautoir d'argent, accompagné de quatre Annelets de mesme. Cette maison est fonduë en celle du Cruguil, il y a longues années.

KERHARO en Cornoüaille, de gueulle à la rencontre, ou massacre de Cerf d'Or.

KERHELON en Guineuez, E. de Leon pour armes voyez le Bihan, kerhelon.

KERHELOV, pour les armes voyez Penmarch.

KERHELOVRY, en Goëlo . . . . Il y a eu vn Evesque de ce Diocese de cette maison-là.

KERHERVE' en Ploubezre, portoit jadis comme Quelennec en Cauan, moderne, voyez Quelen du Dresnay & Chasteau-fur.

KERHERVE' en Direnon Evesché de Cornoüaille d'argent à deux fasces de sable comme Tromelin.

KERHIR en Tredarzec prés Lantreguier, jadis Trolong

en surnom, maintenant voyez Kerouzy.

KERHOS en Ploebian E. de Treguier, pour les Armes voyez Quelen comme deuant, le dernier Seigneur de cette Maison estoit Alloüé du Presidial de Rennes.

KERHVEL Boisriou prés Lanuolon, pour Armes antiques voyez Ruffault, maintenãt Ploësquellec Boisriou *idem*.

KERHVIDONNE' en Plestin Evesché de Treguier, jadis audit lieu auant Begaignon portoit cette Maison est à present possedée par la famille des Guillouzou de Morlaix, pour leurs Armes voyez Guillouzou.

KERHVNAN en Taolé Evesché de Leon, pour ses Armes voyez le Gac.

KERHVON de bas-Leon, kerlean *idem*.

KERHVON en Tonquedec Evesché de Treguier, pour les Armes voyez de Meur.

KERIACOB en Ploebian Evesché de Treguier.

KERIAGV *alias* à Keruanon en Plouigneau Evesché de Treguier, Goazouillat, & autres, de sable au Cygne d'argent.

KERIAN en Saint Vouga Evesché de Leon, C. pour Armes & deuise, voyez le Barbier ; On peut auec iustice passer cette Maison au rang des belles & des plus acheuées de la Prouince.

KERIAN keruerder en Lohanec Evesché de Treguier, de gueulle au chevron d'argent accompagné d'vne teste de Bœuf de mesme en pointe, qui est keruerder.

KERIAN-Mol en Ploumauguer Evesché de Leon, voyez Mol.

KERIAN-Perret en Plouëgat-Chastelaudren Evesché de Treguier, voyez Perret.

KERIAN-Richard en Plestin Evesché de Treguier, ancien de sable fretté d'Or de six pieces, au franc canton de gueulle chargé d'vne Croix d'argent, plus moderne voyez Richard Kerriel.

Kerian en ladite Paroisse contigu à l'autre, pour Armes antiques du Dresnay *idem.* maintenant au Sieur de Goazmap.

Kerianvily en Ploüaret Evesché de Treguier, pour Armes antiques c'estoit kerlan, kercabin, modernes voyez Calloët Procureur du Roy de Lannion.

Keriar en Plourin Evesché de Leon, portoit . .

Keriar prés Lantreguier.

Keriber en Guitelmezel Evesché de Leon C. ancien d'argent au Lion de sable, maintenant de Sansay.

Keriblan en Goëlo, d'argent au chef endanté d'azur, c'est au Sieur de kernargant.

Kericv prés Saint Iean du Doigt en Plougaznou Evesché de Treguier, Lanloup, kercabin *idem.*

Kericv en Plouzal Evesché de Treguier, voyez kerguezec *idem.*

Kericv-Verger prés Lantreguier, pour armes anciennes voyez Kergreach, à presét le Sparler Coëtcaric *idem.*

Kericv en Plougaznou Evesché de Treguier, pour dernieres armes c'estoit kermoysan, maintenant Pastour en surnom.

Keridec-Rigolet en Treguier, kerleuerien, & autres de Morlaix portent . . . .

Keridrivin en Seruel Evesché de Treguier, pour armes antiques Morisur, *idem,* modernes voyez du Fresne la Vallée.

Kerieffroy en Penuenan Evesché de Treguier, voyez Trolong.

Kerieffroy, d'argent à dix Treffles d'azur 4. 3. 2. & 1.

Kerigov en Ploüecolm Evesché de Leon, ancien losangé d'argent & de sable, moderne le Ny Coëtudauel, & Lezirsin *idem.*

Kerillas en Leon, porte comme kermeidic, & pour deuise, *tout vient de Dieu.*

Kerilly, en Taolé, Evesché de Leon, Kermellec en Plouenan *idem*.

Kerilly en Treguier, jadis à Kermoruau en Guymeac, portoit . . . .

Kerilly en Plouguerneau Evesché de Leon.

Kerimerch prés Quimperlay, B. d'argent au Croissant de gueulle surmonté d'vn Escu d'Or, chargé de trois Tourteaux de gueulle 2. & 1.

Kerinan, de gueulle à la fasce noüée d'argent chargée d'vne Merlette de gueulle.

Kerincuf-keredan en Plouuenan Evesché de Leon, *alias* d'argent à deux fasces de gueulle, surmontées de deux Roses ou Quintefeilles de mesme, le surnom de Crechquerault est à present en cette maison-là.

Kerinizan, en Leon, escartelé au 1. & 4. de gueulle à cinq Treffles d'Or posées en Sautoir, au 2. & 3. d'argent à vn Arbre de Synople.

Kerinizan, en Plougasnou Evesché de Treguier, ancien . . . . . . maintenant la Forest Guicaznou *idem*.

Kerioce, d'Or à dix Coquilles d'azur 4. 3. 2. & 1.

Keriolys C. Quelennec Baron du Pont *idem*.

Kerivrelay, d'argent à vne fasce de gueulle, brisé en chef d'vn Croissant d'azur.

Kerizit, prés Daoulas, d'azur à vne fasce d'Or surmontée d'vne Estoille de mesme.

Kerlan-kercabin en Ploumerin, Evesché de Treguier, pour les armes voyez kercabin.

Kerlan, en Sibiril Evesché de Leon, ayant le surnom de Lambezre, portoit d'argent à six Macles d'azur posées en Orle, & vn Escu de gueulle en abîme, maintenant Quelen Chasteaufur *idem*.

Kerlast, en Quimper-guezenec, Evesché de Treguier, anciennement c'estoit Fleuriot, maintenant de Kerboury.

KERLAST en Quemperuen, Evesché de Treguier, Rosmar Kerdaniel *idem*.

KERLAVAN prés Saint Paul de Leon, fascé d'Or & de gueulle de six pieces, brisé d'vn Cheuron d'argent sur le tout : C'est l'vne des anciennes maisons du Menihy dudit Saint Paul.

KERLAVAN en Plouuorn Evesché de Leon, porte comme Kergounouarn.

KERLAZREC prés Pont-labbé, d'azur à vn Aigle esployé d'Or.

KERLEAN prés Saint Renan, fasces ondées d'Or & d'azur de six pieces, Kerhuon en Bas Leon, Kerassel en Taolé, Kermerien & autres *idem*.

KERLEAV Goazanharant en Pedernec prés Guingamp Evesché de Treguier & autres, d'azur à vn Cerf, saultant d'Or. Cette maison a donné vn Evesque de Leon Conseiller du Duc François II. qui fut Chancelier de Bretagne, & par ledit Seigneur Duc employé en plusieurs commissions & ambassades honorables.

KERLECH en Guitalmezel Evesché de Leon, B. portoit pour armes antiques d'azur à dix grillets ou sonnettes d'argent 4. 3. 2. & 1. maintenant celles du Chastel, & pour deuise *mar char doué*, si Dieu veut, depuis qu'vn Seigneur de cette maison obtint lettres du Roy, pour reprendre à l'aduenir le nom & armes du Chastel, lesqueles furent verifiées & enterinées en la Cour de Parlement, le 27. de Septembre 1578. Monsieur du Rusquec en Cornoüaille, est à present Chef de nom & d'armes de cette maison-là, celle de Tresiguidy, Resseruo en bas-Leon, Quistinic, Kergadiou, Ledinec, & autres sont aussi de ce nom.

KERLEGVER prés Saint Renan, ancien, d'argent à trois Croix alaizées de gueulle 2. & 1. & vne Quintefueille de sable en abisme, moderne, voyez Mescam.

KERLESSY en Plougaznou Evesché de Treguier,

BRETON.

pour les armes, voyez Trogoff.

KERLEYNOV en Bourbriac Evesché de Treguier, de sable à trois Esperuiers d'argent, campanez d'Or 2. & 1. à la bordure de gueulle.

KERLEZROVX en Leon jadis audit lieu, & à Landeguiach, portoit . . .

KERLIGONAN prés Carhaix C. de gueulle à trois mains armées d'argent semées d'Hermines en Pal 2. & 1.

KERLIVER prés le Faou C. d'azur au sautoir engreslé d'Or, accompagné de quatre Lionceaux de mesme, auec cette deuise, *meilleur que beau*.

KERLIVIAN en Leon, d'argent, à trois gerbes de gueulle liées de mesme. 2. & 1.

KERLIVIOV en Leon.

KERLIVIRY en Cleder Evesché de Leon, ancien surnom de cette maison, Porte au 1. & 4. d'Or au Lion d'azur, brisé en l'épaulle d'vne Tour portée sur vne Rouë d'argent, contrescartelé d'azur à vne fasce d'argent semé d'Hermines, accompagnée de trois feuilles de Laurier d'Or, 2. & 1. & pour deuise *y oul doué*, la volonté de Dieu soit. Maintenant Tromelin, dont il y a eu vn Senechal de Lesneuen, qui ensuitte fut President en la Chambre des Comtes de cette Prouince.

KERLOAGVEN jadis audit lieu en Plougounüen, Evesché de Treguier, & à Rosampoul C. maintenant à Keruezec Plourin, & autres, d'argent à l'Aigle esployé de sable, becqué & membré de gueulle auec la deuise *sans effroy*, l'an 1447. cette seconde maison a donné vn President en la Chambre des Comtes, & sous le Regne du Duc Pierre vn Guillaume de Kerloaguen de cette famille estoit Grand-Prouost des Mareschaux de Bretagne és Parties inferieures de cette Prouince.

KERLOSCANT en Cauhennec, Evesché de Treguier, de gueulle à trois besans d'argent 2. & 1.

KERLOASSEZRE en Plougounuen Evesché de Treguier, le Leuyer *idem*.

KERLOÜAN en Leon ancien surnom de Kerhom prés Saint Paul, portoit d'argent à vne Colombe ou Pigeon d'azur, becqué & membré de gueulle, escartelé d'argent à deux Cheurons d'azur.

KERLOÜENAN C. de gueulle à la Bande fuselée d'or.

KERLOVENAN en Ploulech Evesché de Treguier pour armes anciennes, voyez Kerbuzic, modernes le Roux kerninon *idem*.

KERLOZREC en Guitelmezel Evesché de Leon, pour armes antiques, voyez Garlan, maintenant Kersulguen.

KERMABON Sieur dudit lieu, en Plougaznou Evesché de Treguier & autres, d'Or à trois fasces d'azur, chagées de huict Estoilles d'Or 3. 3. & 2.

KERMABON en Cornoüaille, d'Or à la Croix de sable.

KERMADEC en Ploudiry Evesché de Leon, pour les armes, voyez Huon Kermadec.

KERMAREC ou Keranmarec en Ploubezre Evesché de Treguier, de gueulle à six bezans d'Or 3. 2. & 1. au Chef d'argent semé d'Hermines, à Kerbilquoit en seruel, *aliàs idem*.

KERMAREC en Buhulien Evesché de Treguier, de gueulle à six Annelets d'argent 3. 2. & 1. au Chef d'argent, chargé de trois Roses ou Quintefeüilles de gueulle, boutonnées d'Or l'an 1411. il y auoit vn Evesque de ce Dioceze de cette maison, sous le Regne du Duc Iean V.

KERMAREC en Treguier, de gueulle à vne fasce d'argent comme Cheruel.

KERMARQVER leshardrieu, en Ploëmeur-Gaultier Evesché de Treguier, C. pour Armes antiques voyez l'Evesque, plus Recentes Arrel.

KERMARQVER

KERMARQVER, Kercabin en Treguier, de fable à trois epées d'argent en pal d'vne hauteur aux gardes d'Or, les pointes fichees en bas: Le dernier Seigneur de cette Maifon eftoit Confeiller en ce Parlement.

KERMARQVER en Lanmaudez, furnom ancien de cette Maifon, portoit d'azur à vne fafce d'Or chargée de trois Molettes de fable, maintenant Cliffon eftant poffedée par le Sieur de Lancerf.

KERMARQVER en Penguenan Evefché de Treguier, pour Armes antiques voyez Caourem, modernes...

KERMARTIN prés Lantreguier dont eftoit iffu ce grand SAINT YVES parfait Miroir & illuftre Modelle des Ecclefiaftiques, Pere & Avocat des pauures Vefues & Orphelins, Patron vniuerfel de cette Prouince & principalement de l'Evefché de Treguier, qui pour fa grande Sainteté de vie & Zele extraordinaire enuers DIEV, a merité d'eftre infcript au Catalogue des Saints par le Pape Clement IX. le 19. de May 1347. cette Maifon portoit en Armes d'Or à la Croix engreflée de fable, cantonnée de quatre Alerions de mefme & pour deuife *à tout dix*, qui eftant fort enigmatique & defireux de la rendre la plus conforme qu'il m'eft poffible à l'inclination naturelle des Seigneurs de cette Maifon, que l'on tient communement de pere en fils auoir efté en la haute pieté & deuotion, fe doit à mon fens expliquer, que pour paruenir à la gloire des Bien-Heureux dans le Ciel, il conuient *a tout* fidelle Chreftien de garder & obferuer les *dix* Commandemens de DIEV.

KERMARZEIN Lofangé d'Hermines & de gueulle en pal Marzein *idem*.

KERMEIDIC en Leon, d'argent à deux chevrons d'azur, furmontez d'vne jumelle de mefme Kerillas *idem*.

KERMEL *alias* audit lieu en Pommerit-Iaudy Evefché de Treguier, kermezen en ladite Paroiffe, le Pleffeix

T

en Plurunet, & autres, de gueulle à vne fasce d'argent accompagnée de deux Leopards d'Or, l'vn en chef & l'autre en pointe, le dernier Alloüé de Lannion estoit de cette premiere Maison là.

KERMELEC jadis à Chasteau-Gal C. de gueulle à trois Chasteaux d'Or 2. & 1.

KERMELEC en Guiclan Evesché de Leon, Ramage de Penchoüat C. d'Or à vne fasce de gueulle accompagnée de trois Estoilles de mesme 2. & 1. kerineuff en Ploüenan au mesme Evesché, Maëshelou, & autres *alias idem*, maintenant à Kerilly en Taolé, & autres.

KERMELEC en Ploüaret Evesché de Treguier, vairé d'argent & de gueulle à la bordure engreslée d'azur, kervoennou lez Lannion, keroman, keranguriec prés Landerneau *alias idem*.

KERMELEC en Ploëmahorn Evesché de Leon, écartelé au 1. & 4. d'Or à vne Coquille de gueulle au 2. & 3. losangé d'argent & de sable, Lestang *idem*.

KERMELIN en Tresslaouenan Evesché de Leon, C. pour Armes antiques, voyez Coëtmeur & Landiuizieau: C'est à Madame la Marquise de Neuf-Bourg.

KERMELIN en Plougaznou Evesché de Treguier, ancien . . . . moderne Guissos Toulbodou *idem*.

KERMENGVY Sieur dudit lieu en Cleder Evesché de Leon, porte losangé d'argent & de sable brisé d'vne fasce de gueulle, & pour deuise *tout pour le mieux*. C'est vn Gentil-homme des mieux versez en cette Science Heraldique, qui par ses memoires & recherches a beaucoup contribué à l'acheuement de ce trauail.

KERMENGVY en Ploumillieau Eves. de Treguier, ancien . . . . moderne voyez Quemper Lanascol.

KERMENGVY en Ploemeur-Gautier Evesché de Treguier, le Merdy, Kermeury *idem*.

KERMENO Seigneur du Garo en Vennes C. de gueulle à trois Macles d'argent 2. & 1.

BRETON.

KERMENO jadis audit lieu en Plougounuer & au Lojou en Bourbriac, d'argent à cinq Macles d'azur 2. 2. & 1.

KERMENOU en Leon, fasces ondées d'Or & d'azur de six pieces, Pliuern en Cleder, kermaluezan, & autres *idem.*

KERMERCHOU en Garlan prés Morlaix Evesché de Treguier, ancien surnom de cette Maison, d'argent à vne Croix de sable perie en Treffle, chargée de cinq Estoilles d'Or, maintenant Arel.

KERMERIEN kerlean en Leon, d'Or à trois chevrons d'azur brisé en chef d'vn Lambel à trois pendans de gueulle.

KERMERIEN en Trezelide Evesché de Leon, voyez le Moine Treuigny.

KERMEUR en Treguier, de sable fretté d'Or de six pieces.

KERMEUR en Leon, Lescoat Kergoff *idem.*

KERMILON en Rospez prés Lannion Evesché de Treguier, pour les Armes voyez Milon.

KERMOAL en Plouïan Evesché de Treguier, pour Armes anciennes c'estoit kergournadech, maintenant Toulbodou Guiffos *idem.*

KERMOALEC, d'azur à vne main gantée d'argent tenant vn Eperuier de mesme.

KERMODEST en Ploemeur-Bodou Evesché de Treguier, pour les Armes voyez kermarrec en Buhulien.

KERMORIN en Pleiber Saint Hegonec, du Chastel Coëtangars *idem.*

KERMORVAN C. d'Or à trois fasces d'azur chargées de huict Estoilles d'argent 3. 3. & 2.

KERMORVAN Poënces en Ploumoguer prés Guingamp ancien de sable à trois testes de Levrier d'argent aux Coliers de gueulle clouttez d'Or, qui est le Penuec, plus moderne voyez Poënces, maintenant le Gualles Mezaubran *idem.*

T 2

KERMORVAN en Trebabu prés Saint Renan Evesché de Leon, portoit pour armes antiques d'argent à vne Croix neillée d'azur, maintenant Penfenteunyou, vn puisné de cette maison est Senechal de Saint Renan.

KERMORVAN Loz en Treguier auant le surnom de Loz, Portoit d'argent à vne fasce d'azur, accompagnée de trois oyseaux de mesme 2. & 1.

KERMORVAN en Plougaznou, Evesché de Treguier, Ramage de Kergournadech, porte presentement comme le Coëtlosquet.

KERMORVAN en Tresezny Euesché de Treguier portoit pareilles armes que les anciennes de Kersaliou.

KERMORVZ au Menihy de Saint Paul de Leon, porte Burelé de gueulle & d'argent de dix pieces, qui est Penfenteunyou. Cette maison à donné enuiron l'an 1571. vn General de l'ordre des Cordeliers sous le nom du Pere de Chef-des-Fontaines, qui ensuite fut creé Archevesque titulaire de Cesarée sous les Papes Pie 5. & Gregoire 13. il a escrit plusieurs doctes liures, entr'autres de la Reélle presence du Corps de IESVS-HRIST au saint Sacrement de l'Autel, du Franc & Liberal Arbitre, du Point-d'Honneur contre les Duels, & autres, qui rendent sa memoire recommandable parmy les sçauans du siecle.

KERMOVSTER en Langoat, Evesché de Treguier, pour Armes antiques voyez Hengoët, plus moderne Loz kergoanton *idem*.

KERMOVSTER en Lanmur Coadallan *idem*. *aliàs* le Borgne en surnom.

KERMOYSAN *aliàs* audit lieu en Penharz prés Quimpercorentin C. à present à Goazmap en Pommerit le Vicomte, & autres de gueulle à 7. Coquilles d'argent, 3. 3. & 1.

KERNABAT prés Guingamp, pour armes anciennes

BRETON.

c'estoit Fleuriot, modernes assigné Carnaualet *idem*.

KERNAOV prés Lesneuen Evesché de Leon : anciennement c'estoit Gouzillon, maintenant le Barbier comme Kerian.

KERNASQVIRIEC en Tregroum, Evesché de Treguier, d'argent au Chevron de sable, accompagné de trois annelets de mesme. 2. & 1. le Naz en surnom.

KERNATOVX prés Saint-Renan Evesché de Leon, pour les Armes, le Barbier *idem*.

KERNAVDOVR en Guenezan Evesché de Treguier, pour les Armes voyez Coëtarel.

KERNAZRET en bas Leon, d'argent à trois fasces de gueulle, & deux Guiures d'azur affrontées en Pal & entrelassées dans les deux fasces.

KERNECH en Plouguerneau Evesché de Leon.

KERNECHAM Evesché de Treguier, portoit....

KERNECHRIOV Evesché de Treguier, portoit en Armes d'argent escartelé de sable.

KERNEGVES Léz Morlaix Evesché de Treguier, Coëtquis Kernegues *idem*.

KERNEGVES en Goudelin Evesché de Treguier, pour Armes antiques voyez Poënces, plus recentes le long Keranroux *idem*.

KERNEGVES en Loguiuy prés Lannion, Ploësquellec *idem*.

KERNELIEN Evesché de Treguier, de gueulle au Lyon d'argent couronné d'Or.

KERNEZNE Marquis de la Roche & de Coëtremoal, d'azur à vne main gantée d'argent soustenant vn Esperuier de mesme aux Longes & Sonnettes d'Or, escartelé d'azur à deux espées d'argent aux gardes d'Or, posées en sautoir, qui est Kernezne.

KERNICOT prés Vennes de gueulle à trois mains d'argent 2. & 1.

KEKNONEN en Plouëcoulm Evesché de Leon, pour les armes voyez Guenan Kersauson.

DE KERNO d'Or à la fasce d'azur accompagnée de trois Cannes de mesme.

KERNVZ en Perros-Guirec, ancien voyez le Baillif du Tourrault, moderne Kerprigent Alloué de Lannion, *idem*.

KERNVZ prés Pont-labé, d'Or à deux Chevrons de gueulle, l'vn sur l'autre, surmontez d'vne jumelle de mesme.

KERODERN en Plouguerneau Evesché de Leon pour les armes voyez Nobletz.

KEROMNES en Taolé Evesché de Leon, ancien Boutoüiller *idem*. moderne voyez Kergroades.

KEROPARZ-Gouzabatz en la Paroisse du Treffuou Evesché de Leon, Escartelé d'argent & d'azur au premier vne Croix pattée de gueulle, chargée de cinq Coquilles d'argent.

KEROPARZ prés sainct Michel en greve Evesché de Treguier, auant le surnom de du Boys, portoit d'azur au chevron d'Or, accompagné de trois molettes de mesme 2. & 1.

KEROVAL en la parroisse de Cleder Evesché de Leon, d'Or à trois Coquilles de gueulle 2. & 1.

KEROVAL en Pleiber-Crist Evesché de Leon, portoit jadis . . . Maintenant Kergroas Beusidou *idem*.

KEROVARA en Plouëscat Evesché de Leon, d'argent au Chesne de synople le tronc chargé d'vn Levrier courant de sable.

KEROVARZ en Lanilis Evesché de Leon, d'argent à vne Roüe de sable en abisme, accompagnée de trois Croix pattées de mesme 2. & 1. le dernier Seigneur de cette maison estoit Seneschal du Siege Presidial de Quimpercorentin.

KEROVAZLE en la Paroisse de Guiler, Evesché de Leon, C. pour les armes voyez Pennancoët, auec la deuise, *à Bep Pen Lealdet*, fidelité par tout.

KEROVCHANT en Tregastel Evesché de Treguier, portoit auant d'estre tombée en celle de Cruguil.

KEROVCHANT Leurandenuen en Leon.

KEROVCHANT en la Paroisse de Hanuec en Cornoüaille, pour les armes voyez Quelen Vieux-Chastel.

KEROVDAVL en Guipauaz Evesché de Leon, d'argent à trois hures de Sanglier, de sable 2. & 1. & vn Huchet de mesme en abîme, Keroudren Pestiuien *idem*.

KEROVFFIL en Leon, voyez Cosquerou en Guiclan.

KEROVGANT d'argent à vne Fleur de Lys d'azur en abîme, accompagnée de trois Coquilles de gueulle, 2. & 1.

KEROVLAS en Plourin Evesché de Leon, fascé d'argent & d'azur de six pieces.

KEROVLLAY, de vair, au Chef de gueulle Chargé d'vn Lion nayssant d'Or Couronné, armé & l'ampassé d'azur.

KEROVLLE d'argent à trois Pommes de Sinople 2. & 1.

KEROVMAN en Treguier, jadis à kerdoudet en Quemper-Guezenec portoit.

KEROVRGVY en la Paroisse de Prat Evesché de Treguier d'azur à d'eux Chiens courans, d'argent & vn Leurier de mesme, entre d'eux au Colier de gueulle, cloufté d'Or au Poullou prés Lantreguier & autres *idem*.

KEROVRIOV Lochan en Plouider Evesché de Leon, Porte.

KEROVYANT en Leon, d'azut à vne main d'extre, apaumée d'argent, mise en Pal.

KEROVZERE en Sibiril Evesché de Leon, B. Porte de Pourpre au Lion d'argent auec la deuise, *List, List*.

c'est à dire laisse faire, vn Seigneur de cette Maison en consideration des bons & fidels seruices rendus par son feu pere & pour auoir aussi de sa part contribué de ses soins & peines au recouurement de la personne du Duc Iean de la Forteresse de Paluau en Poictou, où il estoit detenu prisonnier auec Richard son frere à l'instance de la Comtesse de Penthievre & de ses enfans, obtint à titre de viage & par bienfait dudit Seigneur Duc cinquante liures de rente sur la Terre de Chastelaudren l'an 1420.

KEROVZIEN en Lanilis Evesché de Leon, porte comme Penchoadic.

KEROVZLAC en Leon, ancien d'Or au chevron d'azur, chargé vers le haut d'vn massacre de Cerf d'Or accompagné de trois Treffles de gueule 2. & 1. moderne le Bihan du Roudour *idem*.

KEROVZY en Plouguiel prés Lantreguier C. d'Or au Lion de sable auec cette deuise *pour le mieux*. Cette Maison passe pour vne des plus anciennes du pays & se peut preualoir d'auoir fourny en diuers temps des personnes de valeur & de renom sous les Ducs.

KEROZERN en Ploubezre prés Lannion, pour Armes antiques voyez Broustal, maintenant Thepaut Treffalegan *idem*.

KERPERENES en Leon, de sable à vne fasce viurée d'argent accompagnée de six Bezans de mesme 3. en chef & 3. en pointe.

KERPOISSON jadis audit lieu en la Paroisse de Saint André Evesché de Nantes & à Kerfrezou en ladite Paroisse, maintenant à Treuenegat d'argent au Lion de sable.

KERPONDARMES, d'azur à deux fasces d'argent & vn Croissant de mesme entre lesdites fasces.

KERPRIGENT sieur dudit lieu en Seruel Evesché de Treguier, d'azur au Leopard d'Or, accompagné de trois quinte-fueilles de mesme 2. & 1. Il est à present Alloüé Royal de Lannion.

Kerprigent

BRETON.

Kerprigent en Plounerin Evesché de Treguier, ancien d'azur à trois Pigeons, ou Colombes d'Or, 2. & 1. modernes voyez Quelen-Guerian.

Kerprigent, d'azur à six Molettes d'argent 3. 2. & 1.

Kerradenec prés Guerlisquin en Treguier à Mr. le Marquis de Locmaria C. ancien d'argent à vne Tour crenelée de gueulle, surmontee d'vne Croix d'azur, plus moderne c'estoit du Dresnay.

Kerraot en Leon, escartelé au premier & dernier de sable, au dextrochere d'argent tenant vn oyseau de mesme, contrescartelé d'argent à vn Cor de chasse d'azur, lié de gueulle en sautoir.

Kerraovl prés Peinpoul en Goelo, kernarchant, & autres, portoit anciennement de gueulle au chef endenché d'argent à cinq pointes, maintenant Lestic en surnom.

Kerraovl prés Landerneau Evesché de Leon, le Gac Coëtlespel *idem*.

Kerraovl prés le Pont-Labbé, de gueulle à 6 Fleurs de Lys d'argent, brisé en chef d'vn Lambel à trois pendans de mesme.

Kerrest en Lanmeur, pour les armes, voyez Comboult.

Kerret, jadis audit lieu en Saint Seuo Evesché de Leon, Guerguiniou en Ploubezre, Evesché de Treguier, le Val-kerret, Kersetchou prés Morlaix, & autres: à present au Quilien en Cornoüaille, Keruern en Ploumiliau, Kerauel, & Kerambars prés Saint Paul, le Buors de Guingamp, Tromoruan en Ploubezre, & autres, d'Or au Lion morné de sable, & vn Baston de gueulle brochant à dextre sur le tout, & pour deuise, *faire & taire*.

Kerret en Guerlesquin E. de Treguier, pour armes antiques voyez Guezenec, modernes du Parc Locmaria *idem*.

Kerriec prés Lantreguier, portoit d'azur à vne Fleur de Lys d'Or, costoyée en pointe de deux Macles de mesme comme Coatanfao, & pour deuise *Pa Garro Doué*, quand

V

il plaira à Dieu. Enuiron l'an 1405. vn Seigneur de cette maison estoit Capitaine de la Forteresse de Lesneuen, sous nos Ducs, le surnom du Treuou possede à present cette maison-là.

KERRIEL prés Lesneuen, pour les armes voyez Richard.
KERRIMEL en kermaria Sular E. de Treguier, C. maintenát à Mosieur de Barach Rosambo, portoit d'argent à 3. fasces de sable, à Coëtfrec & à Coëtinizan *alias idem*. Cette famille à produit vn Geffroy de Kerrimel Mareschal de Bretagne, qui fut Partizan & associé de ce vaillant chef de Guerre, Bertrand du Glesquin en la plus part de ses exploits militaires.

KERRIOV en Quemper-Guezenec Evesché de Treguier, de gueulle à vne Croix engreslée d'Or.

KERRIOV en Loquenaoulé Evesché de Leon, pour les armes voyez Perrot Traoüanuelin.

KERRIVOAL, de sable à trois bouteilles en forme d'Estamals d'argent 2. & 1.

KERRIVOAL en Treffgondern, au Menihy de Saint Paul, pour armes antiques voyez Pontantoul, moderne Lannorgar le Gac *idem*.

KERROIGNANT trezel en Ploëbian Evesché de Treguier & autres.

KERROIGNANT en Plouuorn Evesché de Leon, d'azur à vne main dextre appaulmée d'argent en Pal, kerlosquet au Menihy de Saint Paul, & autres *alias idem*.

KERROMP, ou Kerhom prés Saint Paul, pour armes & deuise, voyez Kerloüan.

KEROVALLAN en Ploëbian, Evesché de Treguier, ancien d'azur à dix Estoilles d'argent 4. 3. 2. & 1. moderne, voyez Rosmar Kerdaniel *supra idem*.

KERROVDAVLT en Treguier, d'argent à trois bandes d'azur, Coëtrouzault *idem*.

KERROVE' prés Guerlisquin Evesché de Treguier, pour les armes voyez du Dresnay.

BRETON.

KERROZ en Guitalmezel Evesché de Leon d'argent à vne fasce d'azur, accompagnée de trois Coquilles de mesme 2. & 1.

KERSABIEC en Leon escartelé au 1. & 4. de sable au Lion d'argent, contrescartelé d'argent à la fasce eschiquettée de sable & d'argét à trois traicts, qui est le Blonzart.

KERSACH en Ploubalanec, pour les armes voyez Folevays.

KERSAINTGILY, Cosquerou en Plouuorn Evesché de Leon, Kerauel prés Saint Paul & autres, de sable à six treffles d'argent 3. 2. & 1. à Keruzoret en ladite Parroisse de Plouuorn, Kerdalaes en Guipauas, keryuoas, Kerenes, & autres *alias idem*. Tous ceux de ce nom ont pris leur origine de cette premiere maison, laquelle a donné des Cheualiers de Rhodes & de Malthe puis longues années,

KERSALAVN-Tromenec en Ploüyen Evesché de Leon, pour les armes voyez Guergorlay.

KERSALAVN en Cornoüaille, d'azur à deux épées d'argent passées en sautoir les pointes fichées en bas.

KERSALIOV ancien surnom de cette maison, en Pommerit-Iaudy Evesché de Treguier, d'argent à 3. fasces de gueulle, au Lion de sable couronné, armé & l'ampassé d'Or brochant sur le tout auec la deuise, *tout pour Dieu*, de cette maison par succession de temps, ont sortys de vaillans & renommés personnages, qui ont constámént tenu le party de nos Ducs leurs Princes naturels, & ont esté par eux employez en plusieurs commissions honorables. Cette maison est à present tombée en celle de Carcaradec prés Lannion & porte le surnom de Bois-gelin.

KERSALIOV prés Saint Paul, pour armes presentes voyez Kersaint-Gily, anciennes.

KERSALOV Guimarch, d'Or à vne bande de gueule & vn Oyseau de mesme montant sur ladite bande.

KERSALOVX en Lanmodez E. de Treguier d'azur à

trois tours Crenelées d'Or iointes enſemble, celle du milieu vn peu plus haute, ſommée d'vne poulle de ſable.

KERSAVSON en Guielan Eveſché de Leon, C. de gueulle à vne boucle ronde, ou fermail d'argent hardillonnée de meſme. C'eſt vne des bonnes & anciennes maiſons du Pays, que l'on tient prendre ſa premiere origine & Etimologie d'Angleterre.

KERSAVSON en Penguenan Eveſché de Treguier, ancien ſurnom de cette Maiſon & de Baloré, portoit de ſable au Chaſteau d'Or, ſommé de trois Tourillons de meſmes, maintenant du Treuou, dont il y a eu deux Seneſchaux Royaux de Treguier conſecutifs.

KERSAVTE' Lez Saint Paul, pour les armes voyez le Gac Coëtleſpel.

KERSCAO-Vijac en Plouzané Eveſché de Leon, d'azur à trois teſtes arrachées d'Aigle, ou d'Eſpervier d'or 2. & 1.

KERSCAOV jadis audit lieu en Ploüjan Eveſché de Treguier, à preſent à kerenec, au Roſneuez prés Saint Paul, & autres d'argent à deux Barz adoſſées d'azur, à chef du Bois-troniolys, keruent Poulpiguet, & autres *alias idem*.

KERSCOVACH en Loüanec Eveſché de Treguier, ancien d'argent au Lion de ſable, plus moderne c'eſtoit Loz.

KERSENT en Plougaznou, Eveſché de Treguier, pour armes antiques, voyez Crechquerault, maintenant le Bihan du Roudour *idem*.

KERSERVANT en Vennes, C. de gueulle à dix Billettes d'argent 4. 3. 2. & 1.

KERSVLEC en Guicſezny Eveſché de Leon, pour les armes voyez Keruen.

KERSVLGVEN en Treguier, la Boëxiere en Ploujan prés Morlaix, kerlozerec en Leon, Pratguen, Coët-

BRETON.

romach, Kergoff & autres, d'Or au Lion de gueulle Couronné armé & L'ampassé d'azur, au Franc-Canton, escartelé d'Or & de gueule.

KERSY, endanché d'argent & de sable en Pal.

KERSYMON en Bas-Leon, C. portoit escartelé d'Or & de gueulle, il y eu vn Capitaine & Gouuerneur de Brest de cette maison, qui en l'an 1558. auec assez peu de secours, repoussa genereusement plus de dix mille Anglois, qui ayants descendus en la coste de Leon brûlerent & Pillerent le Bourg du conquest & autres circonuoisins, faisant vn grand rauage sur le Plat-Pays.

KERSYMON en Leon, appellé le Petit kersimon, pour armes presente voyez kerlech resseruo, antiques.

KERTANEAV en Plouguiel Evesché de Treguier, Dronyou de Luzuron *idem*.

KERTANGVY-Tauignon en Treguier, de sable à vne Croix alaizée d'argent en abîme, accompagnée de trois treffles de mesme 2. & 1.

KERTANGVY-Rochuël en Treguier, fascé d'argent & de gueulle de six pieces.

KERVALANEC en Plouenan Evesché de Leon, ancien d'Or à vn arbre de Synople, sommé d'vne Pye au naturel, moderne voyez Botloré.

KERVANON-Masson en Plouigneau Evesché de Treguier, d'argent au Lion de sable, arme & Lampassé de gueulle, le surnom de keriagu estoit anciennement en cette maison.

KERVASTAR C. d'argent à trois cheurons de sable.

KERVDOT en Plouunorn Evesché de Leon, pour armes presentes voyez Cosquerou, Kersaint-Gily.

KERVDOV en Ploumauguer Evesché de Leon, voyez Kermoruen prés Saint Renan, portant kermoruen en surnom.

KERVEATOVX en Leon, pour les armes voyez Tourronce.

Kervegan en Cornoüaille, voyez Foucaut, Lescouloüarn.

Kervegan-Pelinec en Treguier, Ville-Neuue, Caloüet idem.

Kervegant en Seruel Evesché de Treguier, pour armes antiques, voyez du Tertre, modernes du Bois-Gelin idem.

Kervegven ancien surnom de la maison de Curru en bas-Leon C. de gueulle à trois Coquilles d'argent 2. & 1.

Kervegven en Plouëselempe Evesché de Treguier, C. pour dernieres armes, c'estoit Coëtlogon, maintenant le Bigot Keriegu idem.

Kervegven en Guimeac Evesché de Treguier, pour armes antiques voyez Estienne, moderne Goüez Briand Rossan idem.

Kervegven en Ploüigneau Evesché de Treguier, anciennement c'estoit Porzposen, maintenant kergariou, kergrist.

Kerven jadis, audit lieu en Ploudaniel Evesché de Leon, Kersulec & autres, d'azur à vne Croix potencée d'argent portée sur vn cheuron de mesme accompagné de trois Coquilles aussi d'argent, deux en chef & vn sous l'angle du Cheuron.

Kervengar-Harscoët de Morlaix, d'argent à trois Choüettes de sable 2. & 1.

Kervennec jadis audit lieu en Plouuorn, E. de Leon & à Lesquiffiou, de sable au Lion d'argent, l'Escu semé de Billettes de mesme, Rochanheron idem.

Kervenniou en Ploüigneau Evesché de Treguier à Monsieur le Comte de Grand-Bois, voyez Toupin.

Kerveno en Vennes, Marquis, d'azur à dix Estoilles d'argent 4. 3. 2. & 1.

Kervennov en Seruel E. de Treguier, estoit l'ancien partage des Borgnes du Goasuen, maintenant possedée par le sieur de chef du Bois-Saliou Conseiller en la Cour.

BRETON.

Kervennov en Ploubezre Evesché de Treguier, pour les armes voyez Rosmar.

Kervennov en Breleuenez lez Lannion, pour armes anciennes, voyez Kermellec en Ploüaret, modernes le Borgne de ladite maison du Goazuen *idem*.

Kerveny en Plougaznou Evesché de Treguier, pour armes antiques voyez Goëtanscours, plus modernes Arel Kermerchou *idem*.

Kervent prés Saint Paul, portoit jadis comme Kerscao kerenec, maintenant Poulpiguet auec cette deuise *de peu assez*.

Kerver, Guitelmezel Evesché de Leon, des dépendances de kergroades.

Kerverder en Ploümillieau Evesché de Treguier, kerian keruerder *idem*.

Kerverien, d'Or à trois Cheurons d'azur, il a esté Advocat General au Parlement de Bretagne.

Kervern en Guipauaz Evesché de Leon, C. pour les armes voyez Cornoüaille Lossulien & keruern.

Kervern en ladite Parroisse de Ploumillieau Evesché de Treguier, pour les armes voyez kerret.

Kervern-Lanuillieau en Direnon, d'azur à trois Annelets d'argent 2. & 1. escartelé de Treanna.

Kervern, d'azur à 6. Coquilles d'argent 3. 2. & 1.

Ker vescontov en Plougaznou Evesché de Treguier, portoit pour armes antiques. . . . . . . maintenant cette maison est possedée par la famille des Corollers de Morlaix, qui porte de sable au Cerf passant d'Or accompagné de trois Tourteaux de mesme 2. & 1.

Kervezec en Plourin Evesché de Treguier, pour les armes voyez kerloaguen.

Kervezelov en la Paroisse du Treffuou Evesché de Leon, Penchoat, kersauson, le Guermeur en Ploudiry & autres, portent escartelé au 1. & 4. d'argent à 3. Merlettes de fable 2. & 1. contrefcartelé d'agent à trois fafces ondées d'azur.

KERVEZIN en Guitelmezel Evefché, de leon d'Or à trois Rofes de gueulle boutonnées d'Or 2. & 1.

KERVHEL-kerberiou, prés Saint Michel en Greve, Evefché de Treguier C. pour armes antiques c'eftoit Ploëfquellec, plus modernes du Bois keruhel, & keroparts *idem*, à prefent poffedée par le Sr. de kerberiou Coëtlogo.

KERVIDOV en Lanmeur, portoit pour armes antiques, comme l'Ifle en Plougaznou, & depuis le Borgne Lefquiffiou *idem*.

KERVILLIOV en Cornoüaille C. pour les armes voyez Iegou keruilliou.

KERVILSIC en Treguier, de fable à vne fafce d'Or, accompagnée de cinq Coquilles de mefme 3. & 2.

KERVILY en Pleiber-Crift, Evefché de Leon, ancien d'argent à vne Croix efchiquettée de gueulle & d'argent, modernes voyez Maillardiere Crouëzé, keruily. &

KERVIZIC prés Peinpoul en Goelo, du Halgoët-Cargré, & Loftang *idem*.

KERVLAOÜEN prés le Conquet, Evefché de Leon, lofangé d'argent & de fable, & vne Bande en deuife d'argent fur le tout, chargée de trois Hermines de fable, à prefent Cornoüaille en furnom.

KERVOAZOV en Plougounuen, Evefché de Treguier, voyez keranguen.

KERVRACH en Pleiber-Crift Evefché de Leon, pour les armes voyez la Roche Rochanheron prés Landerneau.

KERVRIEN prés Guingamp, iffuë en ramage des anciens Seigneurs de Cauan C. pour les armes voyez Hemery Cauan, cette maifon eft fonduë il y a longues années en celle de kergoüanton.

KERVZAOÜEN en Plourin Evefché de Leon, de fable au Lion Leopardé d'argent.

keruzas

BRETON.

KERVZAS prés Saint Renan Evesché de Leon C. de gueulle à cinq Fleurs de Lys d'argent 2. 2. & 1. cette Maison est au Marquis de la Roche.

KERVZEC en Ploëmeur-Podou Evesché de Treguier, C. portoit pour Armes antiques comme Goëtmen, modernes Barach Rosambo *idem*.

KERVZEC jadis à Keranpuncze prés Lantreguier, Chef du Boys Boiseon *idem*, pour dernieres Armes plus antiques de sable à dix Billettes d'argent 4. 3. 2. & 1.

KERVZORET en la Paroisse de Plouuorn Evesché de Leon, le Borgne Lesquiffiou *idem*.

KERVZOV en Leon, d'argent à vne Croix anillée d'azur, comme Kermoruan prés Saint Renan.

KERYVEN-MAO en Leon, d'azur à trois Pallerons d'argent becquez & membrez de sable 2. & 1. Poulpiguet *idem*.

KERYVEN en Leon, d'azur à vne teste de Leopard d'Or.

KERYVINIC en Cornoüaille prés l'abbé de Landeuenec ancien . . . moderne Kerscaou Vijac *idem*.

KERYVON en Rospez prés Lannion pour Armes antiques c'estoit le Gualles, modernes voyez Rogon Carcaradec.

KERYVON en Leon, jadis Kereozen en Idiome du pays en Ploëneuenter, eschiquetté d'Or & de gueulle sans nombre, il est Seneschal de la Principauté de Leon à Landerneau.

KERYVON du Parc en Tremel Paroisse de Plestin Evesché de Treguier, & autres de mesme famille, pour les Armes voyez du Parc Kergadou.

KERYVOT en Milizac Evesché de Leon, annexée à la Maison de Coëtangarz portoit . . .

KERYZNEL le Vayer, Preuosté des Reguaires de Leon prés la Ville de Saint Paul C. pour Armes antiques voyez le Vayer, il y a longues années qu'elle est annexée à la maison de Carman. X

L.

AMBALLE Ville du Duché de Penthievre Diocese de Saint Brieuc ancien, d'azur à trois Gerbes d'Or 2. & 1. moderne de Bretagne à la bordure de gueulle comme Penthievre.

LANDERNEAV Ville Capitalle de la Principauté de Leon à Madame la Duchesse de Rohan, pour les Armes voyez plus bas Leon & Rohan.

LANMEVR Barre Royalle anciennement appellée *Kerfeunteun*, portoit d'argent à trois Hermines de sable 2. & 1. & vne fasce en devise de gueulle, comme ayant esté donnée en appanage au pere du Glorieux Saint Mellar issu des anciens Roys de Bretagne & Comtes de Cornoüaille, Patron & Protecteur tutelaire de cettedite Ville & Paroisse qui pour vne singuliere marque d'antiquité & de gloire ne se peut vanter à present d'autre chose, que d'auoir le Corps Glorieux de ce Saint Patron & sous l'estenduë de son ressort ce precieux Gage l'Index de la main dextre du Glorieux Precurseur Saint Iean Baptiste, lieu assez renommé par toute la Prouince pour les voyages & peregrinations qui s'y font tous les ans de toutes parts auec vne ardente devotion.

LANNION Ville Maritime & Siege ordinaire des Iuges Royaux de Treguier, porte d'azur à l'Aigneau couché d'argent tenant de l'vn de ses pieds de deuant vne Croix de Triomphe d'Or, sur la croisée de laquelle il y a vn Guidon ou Banderolle de gueulle à deux pointes.

BRETON.

LANTREGVIER Ville Episcopalle & Capitalle du Comte de Treguier, porte d'azur à trois Fleurs de Lys d'Or formees d'Epics de bled de mesme 2. & 1.

LANVAVLX A. B. d'argent à trois fasces de gueulle, l'an 1464. cette Terre fut creé em Baronnie aux Estats tenus à Dinan par le Duc François II. en faueur d'André de Laual Seigneur de Loheac, Lanuaulx & de Guergorlay Mareschal de France.

LAVAL d'ancienne creation B. depuis erigé en Comté par le Roy Charles VII. en Iuillet 1429. en faueur dudit André de Laual Seigneur de Loheac Mareschal & Admiral de France, qui portoit d'Or à la Croix de gueulle, chargée de cinq Coquilles d'argent, accompagnée de seze Allerions d'azur 4. à 4. Monsieur le Duc de la Trimoüille est Seigneur & Chef de cette Maison-là, qui est des mieux marquées en nos Chroniques, comme l'vne des plus anciennes & illustres Maisons du Royaume.

LEON A. B. depuis erigé en Principauté, porte d'Or au Lion morné de sable, qui sont les Armes d'vn Iuueigneur de Flandres qui épousa l'heritiere d'vn des anciens Vicomtes de Leon, qui portoit auant cette alliance, d'Or à vne fasce de gueulle comme Penchoüet.

LESNEVEN Ville & Barre Royalle de grande estenduë Siege ordinaire des Iuges Royaux de Leon, porte pour Armes celles de France & de Bretagne . . . .

LEVY Duc de Ventadour Maison que quelques Historiens font passer pour l'vne des plus anciennes du monde, d'autant qu'elle fait voir sa descente & origine de l'vne des douze lignées d'Israël nommée *Leuy*, de laquelle estoit issuë la Glorieuse VIERGE MARIE, que les Seigneurs de cette Maison nomment leur Cousinne, Elle se peut vanter auec raison d'auoir produit des Ducs & Païrs de France, des Gouuerneurs de Prouinces, vn Mareschal de France sous le Roy Charles VI. des Cheualiers de Saint

Esprit, & a pris alliance en la Royalle Maison de Bourbon, & celle Montmorency. Elle porte d'Or à trois Chevrons de sable, écartelé d'autres puissantes Alliances.

LIMOGES Ville & Vicomté, ancien Patrimoine des Ducs d'Albret, jadis Roys de Nauarre, autrement appellé Estempes Limoges, portoit de Bretagne à la bordure de gueulle.

LOHEAC B. porte de vair.

LONDRES Ville Capitalle d'Angleterre, porte pour Armes d'argent à la Croix de gueulle, le franc quartier chargé d'vne espée de sable en pal.

L'ABBE' au Cloz-Labbé, d'argent à vne fasce de gueulle accompagnée de trois Macles d'azur 2. & 1.

LACHIVER en son temps Evesque de Rennes originaire de la Paroisse de Plouëzoch prés Morlaix Evesché de Treguier, qui estant Penitencier des Bretons à Rome, quoy qu'il fust d'assez mediocre condition, pour sa seule vertu & merite personel fut promeu audit Evesché par resignation du Cardinal Olliuier, il portoit d'argent à vn double ancre de sable, au chef d'azur chargé d'vn Croissant d'Or.

LACHIVER Kerualanec en Gouelo, & autres

L'ADVOCAT à la Crochaye Evesché de Saint Malo, d'azur à la cottice dantelée d'argent, accostée de deux Coquilles de mesme, ladite cottice trauersant vne autre Crosille vers la pointe.

LAGADEC jadis à Kernabat pres Lantreguier, Kerueguen en, Kergreis, la Salle en Lanmelin, Kericuff en Plouzal, & autres, d'argent semé d'Hermines & vne Quintefeille de gueulle en abîme.

LAGADEC Sieur de Mezedern en Plougounuen Evesché de Treguier, & autres, d'argent à trois Treffles d'azur 2. & 1. au Pradigou en Lanmeur *alias idem*.

LAISNE' ou Lesné jadis à Kerhamon en Plouzal Eves-

BRETON.

ché de Treguier, Penfeunteun, & autres, d'azur à trois demy vols d'Or en Pal 2. & 1.

LAISNE' *alias* à Keranguriec prés Landerneau, d'azur à trois cœurs d'Or 2. & 1.

LALLVNEC, de fable à trois Maffacres de Cerf d'argent 2. & 1.

LAMBERT au Coftang en Leon & à Traouuern en Trebreden porte efchiquetté d'argent & d'azur à fix traits le premier Efchiquier chargé d'vne Molette de fable.

LAMBEZRE jadis audit lieu & à Kerlan prés Saint Paul, pour les Armes voyez Kerlan.

LAMBILY, prés Ploërmel, d'azur à fix Quintefeilles d'argent 3. 2. & 1.

LAMOVREVX, d'argent à trois Macles de fable 2. & 1.

LAMPRAT Sieur dudit lieu dernier Senefchal de Carhaix, portoit d'azur à vne Croix florencée d'argent cantonnée de trois Fleurs de Lys de mefme & au chef vne Eftoille de gueulle.

LE LAN jadis à Penauern en Treguier, & autres, d'azur au Lion couronné d'Or.

LANCE' prés Rennes, de gueulle au fautoir d'Hermines cantonné de quatre teftes de Loup d'argent.

LANCELIN en Ploumauguer Evefché de Leon, d'argent à vne Quintefeille de gueulle.

LANCHALLA en Ploüarzel Evefché de Leon, portoit jadis lofangé d'argent & de fable en pal, à la bande en deuife d'argent chargée de quatre Hermines, maintenant Kerlech en furnom.

DE LANDAL prés Dol, B. pour les Armes voyez Aubigné.

LA LANDE jadis Vicomte de Guignen, la Drianaye, & autres, d'azur au Lion d'argent couronné, armé & lampaffé d'Or à l'Orle de huict Fleurs de Lys d'argent.

LA LANDE prés Rennes à Monfieur le Marquis de

Coëtlogon, portoit d'argent à trois Trefcheurs ou Effoniers de fable 2. & 1.

LA LANDE *alias* au Reftmeur en Pommerit le Vicomte Evefché de Treguier, Guernachanay en Ploüaret, Penanuern en Plougaznou, & autres, d'Or au Lion de gueulle couronné d'argent.

LA LANDE jadis à Kerueguen en Ploëzelempe Evefché de Treguier, d'argent à trois Cottices de gueulle au canton dextre auffi de mefme, il y a eu vn Capitaine de Morlaix de cette Maifon fous le Regne de nos Ducs.

LA LANDE en Ploumilieau Evefché de Treguier, pour Armes antiques . . . modernes Quemper Lanafcol *idem*.

LANDEBOCHER en Plouzeuede Evefché de Treguier, ancien d'Or à trois Choüettes de fable, becquées & membrées de gueulle, moderne voyez Kermenguy en Cleder.

LA LANDELLE Rofcanuec, d'argent à trois Merlettes de fable 2. & 1.

LANDIFFERN en Ploudaniel Evefché de Leon, d'azur à trois Gerbes d'Or 2. & 1. c'eft au Baron de Penmarch.

LANDOVZAN en Leon, partage de Lefcoët le Barbier, portoit comme le Barbier.

LANFEVST en bas-Leon, porte . . .

DE LANGAN Baron de Boisfevrier, de fable au Leopard d'argent armé, lampaffé & couronné d'Or.

LANGARZEAV, pour les Armes voyez la Feillée.

DE LANGLE Kermoruen en Vennes d'azur au fautoir d'Or accompagné de quatre Billettes de mefme : Il eft Confeiller en la Cour de Parlement.

LANGOÜEZNOV en Leon C. voyez Saint Goüeznou.

LANGOVRLA prés Moncontour, C. d'Or à trois Cottices d'azur, maintenant l'Evefque en furnom.

LANGVENAN en Treguier, pour les Armes voyez Bozec.

LANGVENOEZ C. fasces ondées d'Or & d'azur de six pieces au chef de gueulle, à Quinipilly en Vennes *alias idem.*

LANHACA en Treguier, portoit comme Gouëzbriand auec marque de juueignerie.

LANHARAN en Plestin Evesché de Treguier, pour Armes antiques voyez Derjan, modernes le Borgne, Keruidou *idem.*

LANHVIC en Treguier, pour les Armes voyez Boëxiere Kerazroüant.

LANIAMET Sieur dudit lieu & Conseiller en la Cour de Parlement, porte d'argent à vn Aigle epoyé de sable à deux testes, becqué, membré & couronné de gueulle.

LANILIS en Cornoüaille, d'azur à trois Macles d'Or 2. & 1.

LANLEYA en Ploüigneau Evesché de Treguier, Toupin Keruenniou *idem.*

LANLOVP jadis audit lieu en Ploëlo Evesché de Saint Brieuc C. d'azur à six Annelets d'argent 3. 2. & 1. maintenant à Kercabin, & autres en Treguier *idem.*

DE LANNION *alias* au Cruguill pres la Ville de Lannion C. maintenant Baron du Vieu-Chastel & de Camor Seigneur de Quinipilly, le Cruguill &c. Gouuerneur pour le Roy des Villes de Vennes & d'Auray porte d'argent à trois Merlettes de sable 2. & 1. au chef de gueulle chargé de trois Quintefeilles d'argent & pour deuise *prementem pungo.* Cette Maison a fourny des Chambellans & vn Me. d'Hostel ordinaire de l'vn de nos Ducs qui ont signalez leur valleur en diuerses manieres, entr'autres vn Briand de Lannion Conseiller & Chambellan du Comte de Montfort Lamaury qui assista le Connestable du Glesquin en la pluspart de ses Conquestes & Exploicts Militaires en France; notament à la prise de la Ville de Manthe sur les Anglois l'an 1363. ou à l'ayde de quelques autres Cheualiers Bretons dénommez en l'Histoire, il prist à rançon Messire Leger Dergexsy Capitaine Anglois fort renommé parmy eux, les Seigneurs de ce Nom tirent leur descente originelle d'vne Maison noble en la Paroisse de Buhulien prés Lannion, maintenant appellée la Porte-Verte & de toute antiquité *Pontspiritum*, dont vn Seigneur épousant Margueritte du Cruguil Dame heritiere dudit lieu, porta le surnom de Lannion en cette Maison enuiron l'an 1360.

LANNORGANT en Ploëmahorn Evesché de Leon, d'azur au Leurier rampant d'argent au Colier de gueulle bouclé & clouté d'Or.

LANNORGAR en Tresslaouenan Evesché de Leon, portoit anciennement comme Chasteaufur, maintenant le Gac Lannorgar & Coëtlespel *idem*.

LANNOSTER en Plabennec Evesché de Leon, d'argent à deux Haches d'Armes ou Consulaires de gueulle, addossées en pal, au chef d'Or, comme Gourio.

LANNOSNOV Coëtiuelec en Leon, & autres, eschiquetté d'Or & de gueulle, brisé d'vne fasce en deuise d'azur chargée d'vne Estoille d'argent.

LANRINOV en bas-Leon . . . .

LANRIVINEN Sieur de Brignen au Menihy de Saint Paul, & autres, d'azur à vne Croix d'argent, écartelé d'argent à vn Arbre d'azur auec cette deuise *Espoir me conforte*.

LANROS en Cornoüaille C. d'Or à vne grande Molette de gueulle.

LANTILLAC anciennement à Carcaradec prés Lannion, d'argent à vne fasce de sable frettée d'Or, accompagnée de trois Roses de gueulle 2. & 1.

LANVALLAY C. d'azur à sept Losanges d'argent 3. 3. & 1.

LANVAON, C. fascé d'argent & d'azur de six pieces.

LANVENGAT en Guiclezny prés Lesneuen en Leon, Poulpry *idem*.

Lanuilieau

BRETON.

LANVILIEAV, de fable au fautoir d'argent accompagné de 4. Fleurs de Lys de mesme, écartelé auec les armes de Treanna, qui est à present le surnom de cette maison-là.

LANVRIEN en Plouescat, Evesché de Leon, d'azur à vne Tour crenelée d'Or, costoyée d'vne Epée d'argent mise en pal, la pointe fichée en haut vers le costé senestre, à present du Chastel en surnom.

LANVRIEN, prés Landerneau, Evesché de Leon...

LANVZOÜARN, ancien surnom de cette maison, en Plouënan, Evesché de Leon C. portoit d'argent à l'Escu en abîme d'azur, à l'orle de six annelets de gueulle, & pour deuise, *endurer pour durer*. Cette maison est à Madame la Boronne de Penmarch, qui depuis n'agueres en est deuenuë heritiere.

LARCHER, en Campaignac, Evesché de Saint Malo, de gueulle à trois fleches d'argent, 2. & 1.

DV LARGES, Sieur dudit lieu, en Loüargat Evesché de Treguier, Guerdeuolé, Porzancoz, Coëtbian, & autres, d'argent au Lion de Synople.

LARGOÜET, d'Or à deux fasces de gueulle.

DE LARLAN Sieur de la Nitré, Conseiller en Parlement, & autres, porte d'argent à la Croix de sable, chargée de Macles d'argent.

LARLO prés Guerrande, au Comté Nantois, d'Or au sautoir de gueulle, chargé de cinq Fleurs de Lys d'argent.

DE LARMOR, jadis à Treueznou en Langoat, E. de Treguier, Keriualan en Seruel, Keralsy, Kermaes-Kerouspy, Coëtrannou, & autres, d'argent semé d'Hermines, à vne fasce en deuise de gueulle accompagnée de six Macles de mesme 3. 2. & 1.

LARMORIQVE en Plouian, Evesché de Treguier C. pour armes antiques voyez Foucault-Lescouloüarn, modernes voyez Goüezbriand.

DE LARY, escartelé en sautoir, d'argent & d'azur.

Y

DV LATTAY jadis audit lieu, d'argent à la fasce de gueulle accompagnée de sept Quintefeilles de mesme 4. en chef & 3. en pointe.

LAVALOT en la Paroisse de Taoulé Evesché de Leon, anciennement portoit comme Launay-Marrec, maintenant voyez Penchoadic, le dernier Theologal de Leon estoit de cette Maison-là.

LAVENTVRE écartelé au 1. & 4. losangé d'Or & de gueulle au 2. & 3. d'argent à 3. Aiglons de gueulle becquez & membrez d'Or.

LAVNAY Botloy en Treguier, pour les Armes voyez Botloy Lesardrieu.

LAVNAY-Neuet en Breleuenez prés Lannion, C. portoit d'argent au Croissant de gueulle accompagné de trois Pommes de Pin de mesme 2. & 1. l'an 1364. Geffroy de Kerrimel & Adelice de Launay Seigneur & Dame de cette Maison-là fonderent le Conuent des Augustins de Lannion, vulgairement appellé le Porchou.

LAVNAY-Troguindy en Camlez Evesché de Treguier pour les Armes voyez Troguindy.

LAVNAy-Coëtmeret en Leon, Chastelenec en Taoulé, Parcoz prés Landiuizieau, & autres, d'argent au Lion d'azur armé, lampassé de gueulle & couronné d'Or, à Keralsy en Lanmeur *aliàs idem*.

LAVNAY-Pentreff en Landouzan Evesché de Leon, d'Or à vn Arbre d'azur.

LAVNAy en Ploubezre E. de Treguier, ancien voyez le Mignot audit lieu, maintenant Coëtanscourre en surnom.

LAVNAY-Mesanegen en Treleuern Evesché de Treguier, ancien de gueulle à vne Croix, au baston d'argent brochant à dextre sur le tout, moderne voyez Kerjan Pastour.

LAVNAY-Trogoric en Seruel Evesché de Treguier, pour les Armes le Roux Kerninon *idem*.

LAVNAY - Tremel en Pleſtin Eveſché de Treguier, voyez Tremel ancien ſurnom de cette Maiſon.

LAVNAY en Langoat Eveſché de Treguier, pour Armes antiques voyez Peillac, modernes Trolong Troffenteun *idem*.

LAVNAY de Paſſé Eveſché de Rennes, d'argent à ſept Macles de gueulle 3. 3. & 1.

LAVNAY-Gelin, d'argent au Chevron engreſlé de ſable.

LAVNAY-Rauilly, d'argent à vn Arbre de ſynople.

LAVNOY jadis à Keruran en Plœbian prés Lantreguier, Kerſon, & autres, maintenant à Treuoëzel, au Tourrault, Pencrech, & autres, de gueulle à vne Croix d'argent cantonnée de dix Coquilles de meſme ; 3. en chaque canton du chef 2. & 1. & deux en chaque canton de la pointe; le dernier Seneſchal de Lanmeur eſtoit de cette derniere Maiſon-là.

LAVRENS, d'argent au Laurier de ſynople au chef d'azur chargé de trois Eſtoilles d'Or.

LAVRENS, d'Or au Sanglier de ſable.

LE LAY Kercham en Leon, Kermabon en Ploüaret E. de Treguier, Kerdalaez en Plouneuez, Goazyrec, & autres, d'argent à vne faſce d'azur ſurmontée de trois Annelets de gueulle & vn Aigle eſployé de ſable en pointe.

LE LEAC, d'argent à trois faſces ondées de gueulle, accompagnées de ſix Quintefeilles d'azur 3. 2. & 1.

LEBART, d'azur à vn Leopard d'argent.

LECOËT prés Lamballe . . .

LEDINEC en Treguier, pour les Armes voyez Kerlech.

LEHEC prés Landerneau Eveſché de Leon, ancien d'Or à trois Treffles de gueulle, moderne Kerlech Treſiguidy *idem*.

LE LEIZOVR jadis à Lanaſcol, & à Pontreuzou,

Evefché de Treguier, de gueulle à trois Coquilles d'argent 2. & 1. & vn Croiſſant de meſme en abîme.

DE LENTIVY Sieur du Coſcro en Vennes C. & autres d'azur à huict Billettes d'Or 3. 2. 2. & 1. au franc canton de gueulle chargé d'vne eſpée d'argent en pal, la pointe fichée en bas.

DE LEON dernier ſurnom du Bourgerel en Plougounuer Eveſché de Treguier, portoit d'argent à trois Chevrons de gueulle briſez d'vne faſce en deuiſe de meſme, maintenant . . .

DE LESBIEST C. d'argent à vne bande de gueulle chargée de trois Coquilles d'Or : c'eſtoit vn Cheualier natif du pays de Flandres, qui pour les fideles & importans ſeruices par luy rendus au Duc Iean VI. du nom, le fiſt Capitaine & Gouuerneur des Ville & Chaſteau de Nantes.

LESCARVAL faſcé d'Or & de gueulle de ſix pieces au canton dextre d'argent à trois Chevrons de gueulle.

LESCOËT *alias* audit lieu, Kergoff prés Leſneuen, & autres, de ſable à vne faſce d'argent chargée de trois Quintefeilles percées de ſable.

LESCOËT en bas-Leon, d'argent à ſix Croix recroiſettées d'azur en orle & vn Ecuſſon de gueulle en abîme, maintenant au Baron de Rouët, pour les Armes voyez Belaudiere.

LESCOVËT Vicomte du Boſchet, la Guérande, & autres, de ſable à trois Coquilles d'argent 2. & 1. & vn Eperuier de meſme en abîme, campané d'Or. Cette ſeconde Maiſon a donné vn Preſident en la Chambre des Comtes de cette Prouince.

LESCONDAM en Leon, d'argent à vn Arbre de ſynople.

LESCONVEL en Plouzané prés Saint Renan Eveſché de Leon, pour les Armes voyez Pezron . . .

LESCORRE jadis audit lieu en Lanmeur Eveſché de

BRETON.

Dol ez Enclaues de Treguier, à present au Gliuiry & à Kerbouran en ladite Paroisse, d'argent à deux fasces de sable frettées d'Or.

LESCRECH en Taoulé Evesché de Leon, pour Armes presentes voyez Coëtlogon, antiques . . . .

LESENOR en Ploulech prés Lannion, pour Armes antiques voyez Guerrand, modernes le Roux, Kerninon *idem*.

LESGASQVENET, d'argent à vne Croix engreslée de gueulle, le quartier senestre chargé de cinq Macles de mesme 2. 2. & 1.

LESGVEN en Lanpaoul Evesché de Leon . . .

LESGVERN ou Lesuern audit lieu en Saint Fregan Evesché de Leon, Traoumeur, & autres, d'Or au Lion de gueulle à la bordure engreslée d'azur.

LESGVIEL en Plouguiel prés Lantreguier, pour les Armes voyez Arel.

LESGVY prés Landerneau partage de Mesarnou, pour Armes antiques voyez Perceuaux, modernes Mescaradec *idem*.

LESHARDRIEV en Treguier, C. d'argent au Lion de gueulle couronné, armé & lampassé d'Or. Cette terre est à Monsieur le Comte de Grand-Bois.

LESHERNANT en Plougrescant Evesché de Treguier, d'azur à six Macles d'argent 3. 2. & 1.

LESIREVR en Taoulé Evesché de Leon C. pour Armes antiques, c'estoit Guicaznou, maintenant Gourio, & pour deuise *Dieu me tuë*.

LESLECH en Plestin Evesché de Treguier, ancien voyez le Splan, moderne Kermoysan Goazmap *idem*.

LESLECH en Treleuern Evesché de Treguier, voyez les anciennes Armes de Coëtgourhant.

LESLEM en Plouneuenter Evesché de Leon, à Madame du Bertry, losangé d'argent & de sable en pal.

LESMABON prés Carhaix C. pour Armes antiques, d'argent à deux Perroquets de synople affrontez & vne Pomme de Pin aussi de mesme entre deux, plus modernes d'Or à trois Haches d'Armes, ou Consulaires de gueulle posées en pal d'vne hauteur, maintenant le Bigot Kerjegu *idem*.

LESMAYS & Plestin Evesché de Treguier, Vicomté, porte pour dernieres Armes d'argent à vn Cor de Chasse de sable, lié en sautoir de mesme en abîme, accompagné de trois Merlettes aussi de sable 2. & 1. & de precedent d'argent à trois fasces d'azur, accompagnées de dix Hermines de sable 4. 3. 2. & 1. qui sont les anciennes Armes du surnom de Lesmays.

LESMELCHEN en Leon, d'argent à vne Quintefeille percée de gueulle.

LESMELEUC en Leon, de gueulle à vn Eperuier d'Or grilletté de mesme en abîme, accompagné de trois Coquilles d'argent 2. & 1.

LESMOÜAL en Plounerin Evesché de Treguier, pour Armes antiques voyez de Meur, maintenant le Rouge Guerdauid & Penajun *idem*.

DE LESNEVEN jadis à Kerell en Loüanec Evesché de Treguier, d'azur à trois Estoilles d'azur, au baston de gueulle brochant à dextre.

LENOÜAN, d'argent au sautoir de gueulle cantonné de quatre Billettes de mesmé.

LESORMEL Sieur dudit lieu en Plestin Evesché de Treguier, & autres, porte d'argent à trois Cottices d'azur, & pour deuise *le Content est riche*.

LESPERENEZ C. de sable à trois jumelles d'Or. Cette Maison a donné vn Conseiller & Chambellan du Duc Iean VI. qui fut President de ses Comptes & Maistre General de ses Monnoyes, & en outre vn Evesque de Cornoüaille, qui ensuite fut creé Archeuesque de Cesarée.

BRETON.

LESPERVIER, d'azur au sautoir engreslé d'Or, accompagné de quatre Bezans de mesme.

LESPHELIPPES en Treguier, d'azur à vn Cor ou Trompe d'argent sans ligature.

LESPLOËCOVLM en Plouëcoulm Evesché de Leon, ancien . . . moderne Ville-nefve Coëtjenual *idem*.

LESPLOVËNAN en Plouënan Evesché de Leon, portoit écartelé au 1. & 4. d'argent semé d'Hermines au sautoir de gueulle, contrescartelé d'argent à vn Arbre de synople, maintenant le Rouge Kergounouarn *idem*.

LE LEPVROVX en Saint Malo, de sable à vne Crosille d'argent surmontée de trois Molettes de mesme.

LESQVELEN Coëtinec en Leon, & autres . . .

LESQVEN prés Saint Renan Evesché de Leon . .

LESQVERN en Lanmeur Evesché de Dol ez Enclaues de Treguier, Ramage du Guerrand, du Parc Keranroux *idem*.

LESQYIFFYOV en Pleiber-Crist Evesché de Leon C. portoit pour Armes antiques d'argent à trois soûches déracinées de sable 2. & 1. quelques-vns les mettent d'azur, modernes voyez le Borgne Lesquiffyou. L'an 1563. vn Seigneur de cette Maison du nom d'Adrien le Borgne fut nommé & designé par le Roy Charles IX. pour estre Capitaine & Gouuerneur des Ville & Chasteau de Morlaix, & de nos iours nous auons veu les Seigneurs d'icelle suiure les Guerres & les Armées, ou la pluspart d'iceux sont morts au lict d'honneur aprés auoir rendus de bons & fideles seruices à leur Prince tant aux Sieges de Bordeaux, Saint Niel en Loraine, qu'ailleurs en diuerses occasions en qualité de Capitaines consecutifs au Vieu-Regiment de Champagne & d'Enseigne, de là Mestre de Camp dans le Regiment de feu Monsieur le Mareschal de Brezé: mesme Monsieur de Lesquiffyou d'aprésent en cette qualité de

Capitaine audit Regiment, a eu des employs bien considerables sous le defunt Roy Louys le Iuste, de glorieuse memoire, qui l'à eu en particuliere estime.

Lesqvildry sieur dudit lieu, en Plouguiel prés Lantreguier, d'azur à trois Besans d'argent, 2. & 1. & vn Croissant de mesme en abîme.

Lesqvivit en direnon, Evesché de Cornoüaille, Plessix-Coëtjenual *idem*.

De Lesrat sieur des Briotieres, d'azur à vne teste de Loup arrachée d'Or, au chef d'argent, il est Conseiller en ce Parlement.

Lestang *alias* audit lieu, en Guicourueft Evesché de Leon, au Rusquec en Plouuorn, Keraugon, & autres, à present *idem*, escartelé au premier & dernier d'Or à vn Vanet ou Coquille de gueulle: au 2. & 3. losangé d'argent & de sable en pal.

Lestang-Kerlean, ou Lestang au Soleil en Guitalmezel, Evesché de Leon, escartelé au premier & quatre d'azur, au Soleil d'Or, contrescartelé d'argent, au Rocher de sable.

Lestang-Dourdu, en Ploëcolm Evesché de Leon, d'azur à deux Carpes d'argent en fasce.

Lestang-Keropars en Leon, voyez Gouzabatz.

Lestang en Leon, de gueulle à deux pals de vair.

Lestevennec, jadis audit lieu en Plouyder Evesché de Leon, d'argent à vne Choüette de sable, becquée & membrée de gueulle, maintenant. . . . .

Lestiala, escartelé au premier & quatre d'azur, à vne Croix d'Or, contrescartelé d'argent à vne Rose de gueulle boutonnée d'Or.

Lestic-Ville-Durand, Kerraoul prés Peinpoul-Goelo, & autres, d'argent au Cheuron de gueulle, accompagné de trois Tourteaux de mesme, 2. & 1. L'an 1561. ceux de cette famille obtindrent Lettres d'Anoblissement du Roy,

verifiées

BRETON.

verifiées en la Cour en la mesme année aux points & conditions que par les verifications ordinaires sur pareil fait.

LESTOURDU en Guicsezny Evesché de Leon, d'Or à trois coquilles de gueulle, & vne Quintefeille de mesme en abime.

LESTREMEUR en Guitelmezel Evesché de Leon, pour les Armes Lesuen *idem*.

LESTRENEC en Ploüigneau Evesché de Treguier, pour les Armes voyez Cazin Quenquisou.

LESTREZEC en Treguier pour les Armes voyez Crechriou.

LESTRIDIAGA en Cornoüaille . . . .

LESVEN, jadis audit lieu, à present au Lestremeur, Evesché de Leon, Rosueny, & autres, d'Or à vn Pin d'azur, escartelé d'autres aliances. Le dernier Archidiacre de Leon estoit de cette famille.

LESVENNEC Crechquerault en Leon *idem*, auec marque de juueignerie.

LESVERN, en Saint Fregan, jadis audit lieu, Evesché de Leon, pour les armes voyez Lesguern, ou Lesuern.

LESVERSAULT en Brelidy Evesché de Treguier, ancien surnom de cette maison, C. portoit de gueulle à vne fasce fuselée d'argent accompagnée de six Besans de mesme trois en chef & trois en pointe, 2. & 1. Maintenant du Parc Locmaria, & Keranroux *idem*.

LESVREC en Cornoüaille, porte d'azur à vne Croix alaizée d'Or, brisée au câton dextre d'vn dextrocher d'argét.

LESVZAN en Direnon, pour armes antiques, d'azur au Cheuron d'argent accompagné de trois Huppes, ou Aigrettes de mesme, 2. & 1. modernes voyez Pappe-Vieubourg, auec cette deuise, *point gehenne & point gebennant*. Mausurie jadis en cette maison là.

LE LEVIER, jadis à Kerochyou en Plouian, Evesché de Treguier, Penastang & Kerloassezre en Plougounuen

Keranpreuost, Meshir, & autres, d'argent à vne fasce d'azur, surmontée d'vne Merlette de mesme, accompagnée de trois Treffles de gueulle, 2. & 1. Cette famille a donné vn Conseiller en la Cour de Parlement de ce païs, & vn Seneschal de Morlaix.

Lezec, anciennement au Roudour, paroisse de Seruel prés Lannion, d'azur à deux Cheurons d'argent entrelassez, brisez en chef d'vn Croissant de gueulle.

Lezenet, de sable à trois coquilles d'argent 2. & 1.

Lezerec en Lanmaudez Evesché de Treguier, Goazuen Cyllard idem. ancienement c'estoit loz.

Lezerec, Keroüara en Plouëscat Evesché de Leon, & autres d'rgent à vn Arbre de synople le tronc chargé d'vn Levrier courant de sable.

Lezergve de gueulle à la Croix potencée d'argent, cantonnée de quatre Croisettes de mesme.

Lezit de sable au sautoir d'Or.

Lezivy Paroisse de S. Diuy prés Landerneau, ancien d'argent à 3. Chevrons de sable, moderne voyez Mescam.

Lhonnore Sieur du Leslem en Plouneuenter Evesché de Leon, Kerambiguette, Penfrat prés Quimpercorentin & autres, losangé d'argent & de sable en pal, au canton dextre de pourpre chargé d'vne main gantée d'argent tenant vn Esperuier d'Or campané de mesme au Mesqueau en Plougasnou E. de Treguier aliàs idem auant periou

De L'hospital Sieur de la Rouardaye, d'argent à vne bande d'azur & vne merlette de sable montant sur ladite bande.

Libovron jadis à Coëtheloury en la Paroisse de Cauan Evesché de Treguier, portoit.

Lidic prés Quimpercorentin, Coëtgral en Plouïan Evesché de Treguier, & autres aliàs idem, d'Or à vne fasce de gueulle chagée de trois Treffles d'argent accompagnée de trois Merlettes de gueulle 2. & 1.

BRETON,

LIGOVYER C. pour les armes voyez Saint Pern.

LIMEVR en Treguier, portoit jadis . . . maintenant Trogoff Kerelleau *idem*.

LIMOËLAN, C. pour les armes voyez Rousselot.

LE LIMONIER, d'argent au Lion de gueulle, à la Cotice d'azur sur le tout chargée de trois Croisettes d'Or : Il y a eu vn Conseiller en Parlement de ce nom.

LINIAC C. fascé d'argent & de gueulle de six pieces.

DE LINIERES, d'argent à vne fasce de sable.

LINIERES, Sieur de la motte Rougé de sable fretté d'Or de six pieces.

LIORSOV ou LUORZOU Sieur dudit lieu en Leon, Kerbiguet en Plougaznou Evesché de Treguier & autres *alias idem*. d'argent à deux fasces de sable, au canton dextre de gueulle chargé d'vne Quintefueille d'argent.

LISANDRE', en Goëlo, C. portoit comme Taillard Lisandré, auec cette deuise Espagnole, *antè quebrar que doblar*, plustost rompre que plier.

LISAY, la Mothe, & autres, d'argent à trois fasces ondées de sable.

LISCOËT, en Botcazou prés Guingamp, C. d'argent au chef de gueulle, chargé de sept Billettes d'argent 4. & 3. Bois-de-la-Roche en Bourbriac, & autres, *idem*. Cette premiere maison a donné vn Capitaine & Gouuerneur de Loches, & Maistre d'Hostel du Roy Charles VII.

LISLE-Goazanharant prés Guingamp, portoit jadis de gueulle à dix Billettes d'Or, 4. 3. 2. & 1. l'Isle-Saint-Ioüan, Villemario, le Verger, Penamprat en Guymeac, & autres, *alias idem*. Maintenant voyez Kerleau Goazanharant.

LISLE anciennement audit lieu en Plougaznou Evesché de Treguier, Keruidou en Lanmeur Evesché de Dol ez enclaues de Treguier, & autres. Bandé d'Or & d'azur de six pieces, au canton dextre de gueulle chargé d'vne Fleur de Lys d'argent.

LISLE-Kerancham, en Treguier, d'argent à trois Quintefueilles de gueulle 2. & 1. & vne fleur de Lys d'azur en abîme.

LISLE-YVON en Ploüdiry Evefché de Leon, pour les Armes Cornoüaille Kerenou *idem*.

LISTRE', d'argent à trois Efcus de gueulle chargez chacun de trois fufées d'Or.

LIVINOT prés Quimpercorentin C. de gueulle à vne fafce d'argent accompagneé de trois Truictes de mefme 2. & 1. cette maifon eft à prefent fonduë en celle du Cleuzdon.

LOAISEL Seigneur Marquis de Brie & de Chambiere, &c. comme il paroift par la verification de fes Lettres patentes du Roy, en datte du   Porte d'argent à trois Merlettes de fable 2. & 1. la charge de Prefident au Mortier en ce Parlement, eft hereditaire de pere en fils en cette maifon, que l'on peut auec juftice paffer pour l'vne des plus illuftres & mieux marquées de la Prouince, tant à raifon de fes parentez & alliances auec les maifons d'Affigné, Maleftroict, Montauban, Molac, Goulaine & plufieurs autres, que pour les beaux emplois & Charges confiderables, dont les Seigneurs d'icelle ont efté honorez en diuers temps fous nos Ducs & Roys de France, & fingulierement Iean Loaifel Seigneur defdits lieux, qui en l'an 1457. fut honoré de la charge de Prefident & Iuge vniuerfel de Bretagne, ainfi qu'il confte par fes lettres de prouifion dattées du 17. Decembre audit an, fignées Artur.

LOCMARIA en Ploümoguer prés Guingamp C. pour Armes antiques, voyez Coëtgourheden, modernes voyez du Parc Locmaria.

LOCRENAN en Pleftin Evefché de Treguier, ancien furnom de cette maifon, portoit fafcé d'argent & d'azur de fix pieces, maintenant Hamon en furnom.

Locrist en Cornoüaille ancien furnom de cette maifon, Quiftillic en Ploügounuen & autres portoit....

Logdu en Loüargat Evefché de Treguier, de gueulle à vn Croiffant d'Or en abîme, accompagné de fix Treffles de mefme 3. en chef & 3. en pointe 2. & 1. elle eft des Annexes du Guermoruan en ladite Paroiffe.

Lohennec en Pleiber-Crift Evefché de Leon, ancien fafcé d'Or & de fable de fix pieces, la premiere fafce furmontée d'vn Lion leopardé de fable, moderne le Borgne Lefquiffyou *idem*.

Lohou d'azur à trois Coquilles d'argent 2. & 1.

Le Long jadis à Keranroux en Ploëffur Evefché de Treguier C. Kernegues prés Lanuolon & autres d'argent à trois Cheurons de fable, cette famille a fourny vn Capitaine de Chafteaulin-fur-trieu fous nos Ducs.

Longle en Treguier, d'argent à trois Potteaux ou couppes couuertes de gueulle 2. & 1.

Le Lonqver jadis à Lanciuilien Evefché de Treguier, de fable à vn cor de Chaffe ou Trompe d'argent liée en fautoir de mefme.

De Lopriac, Kermaffonnet & Coëtmadeuc C. de fable au Chef d'argent, chargé de trois Coquilles de gueulle, la charge de Confeiller en la Cour de Parlement de ce Pays eft de pere en fils en cette maifon-là

Lorance jadis à Keranglas en Quemperguezenec Evefché de Treguier, Kercabin an Ploüer & autres, de fable à vn Poignard d'argent en pal, la pointe fichée en bas, accompagné de trois Eftoilles de mefme 2. & 1. au Chef auffi d'argent.

Lorgeril C. de gueulle au Cheuron d'Hermines accompagné de trois molettes d'argent 2. & 1.

La Lorie, gironné d'argent & de gueulle de 8. pieces.

Lostanvern *alias* auditlieu en Botforcher Evefché de Treguier, Keroulas en Tredrez & autres, d'argent à vne contrebande de fable, accoftée de deux Merlettes, en Chef & l'autre en pointe, le dernier furnom de cette maifon eftoit Cozic Kerloaguen.

LOSSVLIEN en Leon C. pour armes antiques voyez Cornoüaille, modernes Guergorlay du Cleuzdon *idem*.

LOVARNEC jadis au Talarmeur en Quemperguezenec, Evefché de Treguier portoit. . . .

LOVAYS C. de gueulle à trois Gantelets d'argent en Pal femez d'Hermines 2. & 1. Kerligonan *idem*.

DV LOÜET à Coëtiunual C. le Vicomte de Piruit, la Ville-nefve en Ploüzoch Evefché de Treguier, Penuern en Saint Seuo, Quijac & autres en Leon fafcé de vair & de gueulle de fix pieces: Monfieur de Cornoüaille eft auffi de cette famille, que l'on tient par tradition ancienne eftre originairement iffuë d'vne maifon bien fignalée d'Angleterre.

LE LOÜET en Treguier, famille noble jadis au Kergoët Paroiffe de Prat, portoit. . . .

LOVMENVEN Paroiffe de Guiclan Evefché de Leon, d'azur à fix Bezans d'argent 3. 2. & 1.

LOVMBRAL en Ploüneuenter Evefché de Leon, au Sieur de Keroüarz, efchiquetté d'argent & de gueulle à fix traicts, le premier efchiquier, chargé d'vn Annelet de fable.

LE LOVP de gueulle à vn Loup rampant d'Or, lampaffé de gueulle.

LE LOVP d'argent à deux fafces de gueulle, chargées de cinq molettes d'Or 3. & 2.

DE LOYVETEL Sieur de Saint Thomas de Normandie habitué depuis quelques années en l'Evefché de Leon, porte. . . .

LA LOYERE C. ramage d'Auaugour, portoit comme Auaugour auec brifeure.

LOZ Kergoanton en Treleuern Evefché de Treguier,

BRETON.

C. Guernaleguen en Trefezny, Coëtgourhant en Lohannec, Lamgar, Pouldouran & autres, de gueulle à trois Esperuiers d'argent campanez ou grilletez d'Or.

Lucas jadis à Kercho en Ploügaznou Evesché de Treguier, d'argent à trois Molettes de sable 2. & 1. & vne hure de Sanglier de mesme en abîme, posée en fasce: maintenant Kergariou Penanprat *idem*.

Lucas, d'argent à vne bande de sinople.

Luce Rocerff & autres, d'azur à trois Coquilles d'argent en pal l'vne sur l'autre.

Luily, d'azur au Lyon d'Or à l'Orle de 8. Fleurs de Lys de mesme.

Luppin, d'argent à 2. Croissans adossez de gueulle.

Luzec en Pleiber-Saint-Hegonec Evesché de Leon, portoit d'argent au Rameau de Palme de synople posé en bande, accompagné de trois Quintefueilles de gueulle 2. & 1. maintenant la Haye des Roches-Kerlaudy *idem*.

Luzouvm, d'Or à vne fasce de gueulle chargée de trois Estoilles d'argent.

De Lys Sieur de Beaucé President & Senechal du Siege Presidial de Rennes, porte de gueulle à vne fasce d'argent, chargée de quatre Hermines de sable, surmontées de deux Fleur de Lys d'argent, au tertre de Lys prés Moncontour *idem*.

M.

ACHECOVL, B. de gueulle à trois cheurons d'argent.

MAILLE', ancienne Baronnie, grande & Illuſtre Maiſon en Touraine, qui a produit vn Mareſchal de France, Gouuerneur d'Anjou, ſous le nom du Mareſchal de Brezé, qui portoit d'Or à trois faſces antées de Gueulle, qui eſt Maillé : Le Marquis de Carman eſt yſſu de cette Illuſtre ſouche, & en porte le nom.

MALESTROICT, B. porte de gueulle à neuf beſans d'Or rangez trois à trois, anciennement ſans nombre. Cette maiſon a produit vne infinité de rares & vaillans Cheualiers & Capitaines ſous nos Ducs, & en l'Egliſe pluſieurs autres perſonnages de grand renom.

MALTHE, Iſle & Seigneurie, ſiſe ſur la Mer Mediterranée ſejour ordinaire des Cheualiers d'icelle tant renommée par toute la Chreſtienté, autrement dicts Cheualiers de Sainct Iean de Ieruſalem, dont l'ordre fut inſtitué enuiron l'an 1104. & confirmé par Baudoüin I. du nom Roy de Ieruſalem, depuis appellez Chevaliers de Rhodes ou ils s'habituerent s'en eſtans emparez dés l'an 1308. Mais ayans eſté malheureuſement expulſez de cette Iſle de Rhodes par l'ennemy juré de la Foy Chreſtienne l'an 1525. le jour de Sainct Iean Baptiſte l'Empereur Charles V. leur donna quelque temps aprés celle de Malthe, & depuis ſont ſurnommez Chevaliers de Malthe, qui arborent

BRETON.

rent pour Armes de leurs ordre, de gueulle à vne croix pattée d'argent à huict longues pointes à raison des huict Beatitudes.

MARTIGVES, Prince, anciennement Vicomté, Lieutenant pour le Roy en cette Prouince, portoit au premier & dernier de Luxambourg, au 2. de gueulle, à la Croix d'Or au trois, de Bretagne.

MATHEFELON, B. partage des anciens Comtes d'Anjou, porte de gueulle à six Ecussons d'Or, 3. 2. & 1.

MATIGNON, il as B. depuis Comte de Torigny, dont il y a eu vn Mareschal de France, Gouuerneur de Guienne, sous le Roy Charles IX. qui portoit pour armes antiques, d'Or à deux fasces noüées de gueulle en deux endroits, accompagnées de neuf merlettes de mesme, 4. 2. & 3. qui estoit Matignon, plus modernes, d'argent au Lion de gueulle, Couronné, Armé, & Lampassé d'Or, qui est Gouyon.

MAYNE, ou Mayenne, anciennement B. depuis erigé en Duché, & Païrie, l'an 1573. par le mesme Roy Charles IX. Porte de France, au Lambeau à trois pendans de gueulle.

MERCŒVR, Duché & Païrie de France, erigé en la mesme année que Penthieure par le Roy Charles IX. portoit jadis de Loraine, au Lambeau à trois pendans d'azur, maintenant Vendosme *idem*.

MILAN, Duché des plus grands & spacieux de la Chrestienté, porte d'argent à vne Guiure tortillée d'azur en pal, deuorant vn enfant de gueulle, depuis que Othon Vicomte de Milan, estant allé à la Guerre de la Terre Sainte auec Godefroy de Boüillon pendant le Siege de Ierusalem, combatit seul vn Admiral Sarrazin nommé Volux des plus renommez parmy ces Infideles, qui à toute rencontre insultoit les Chefs de cette Armée Chrestienne, & les prouoquoit au Combat, à quoy ledit Othon s'estant liuré

A a

par deux diuerses fois, enfin l'ayant vn iour desarmé, pris & terracé, il fut aduisé qu'il prendroit en armes pour marque authentique de cette victoire, la Salade d'Or, sur laquelle estoit esleué pour Cimier vn Serpent ou Couleuure à la queüe ondée en pal, deuorant, ou jettant vn enfant par la bouche.

Montafilant, B. issu d'vn puisné des anciens Vicomtes de Dinan, pour les Armes voyez Dinan.

Montauban, B. porte à present de gueulle à neuf macles d'Or, rangées trois à trois, qui est Rohan, au Lambeau à trois pendans d'argent en chef. Il y a eu vn Admiral de France de ce nom de Montauban qui portoit.....

Montbazon, Duc & Pair de France, portoit anciennement de gueulle au Lion d'Or couronné d'argent, qui estoit Montbazon, maintenant escartelé au premier & quatré de Rohan, comme deuant, contrescartelé de France & de Nauarre, sur le tout de Milan. Cette Terre fut erigée en Duché & Pairie l'an 1588. par le Roy Henry III. dont le dernier Seigneur estoit Gouuerneur de Paris.

Montcontour, ville, l'vn des Membres qui compose le Duché de Penthieure, porte de gueulle au Lion d'argent, couronné, armé & lampassé d'Or, au chef d'argent semé d'Hermines.

Montfort-Lamaury, Comté & partage de France, portoit de gueulle au Lion d'argent, à la queüe fourchée, dés le Regne de Louys VII. Cette maison a donné vn Connostable de France, & plusieurs autres grands & Illustres Personnages, qui ont remply l'Europe de la gloire de leurs faits heroïques.

Montfort, au Diocese de Rennes, B. porte d'argent à vne Croix ancrée de gueulle gringollée d'Or.

Montmorency alias B. depuis erigé en Duché & Pairie par le Roy Henry II. au mois de Iuillet 1552. portoit

BRETON.

pour Armes antiques d'Or à la Croix de gueulle, cantonnée de quatre Allerions d'azur depuis multipliez en seze, 4. à 4. en chaque canton, en memoire des seze Drappeaux qu'vn Seigneur de cette Maison gagna sur les infidelles & ennemys de la Foy Chrestienne & pour deuise plus antique *Dieu ayde au premier Chrestien*, jusques à Anne de Montmorency Connestable de France qui prist pour autre plus rescente *in illo tempore*, & finalement Henry de Montmorency aussi Connestable de France, porta pour deuise & sirnié APLANOS, qui veut dire sans tâche : Les Liures sont pleins de la grandeur & antiquité de cette Maison, qui a donné à la France le premier Baron qui ayt fait profession de la Foy Chrestienne dés le temps de Saint Denys l'Areopagite qui souffrit le Martyre sous le Regne de Sisintus Gouuerneur ou Prefect des Gaules sous l'Empereur Claudius Caligula.

MORLAIX Barre Royalle & Ville Maritime d'vn grand traffic, en laquelle a esté establie vne Iurisdiction de Consulat l'an 1566. par Lettres Patentes du Roy Charles IX. pour juger & decider sommairement les procez & differents d'entre les Marchands trafiquans en ladite Ville laquelle fut enuiron deux ans apres erigée en titre de Gouuernement par le mesme Roy Charles IX. & en fut le premier Gouuerneur Messire Troilus du Mesgoüez Cheualier Seigneur Marquis de la Roche & de Coëtarmoal, elle porte en Armes d'azur à la Nef ou Nauire équipé d'Or, aux Voilles éployées d'argent, mouchettez d'Hermines auec cette deuise *s'ils te mordent mor-les*.

MACHEFER, de sable à trois Fers de Cheual d'argent 2. & 1.

MADEC Sieur des Maisons-nefves, de gueulle à trois Lions de sable mornez d'argent 2. & 1.

MADIC au Dreseuc prés Guerrande, d'Or au Lion de gueulle.

A a2

MAHE' Kermoruan en Taolé Evesché de Leon, & autres, d'argent à deux haches d'Armes de gueulle en pal, brisé en chef d'vn Croissant de mesme.

MAHYEVC, d'argent à trois Hermines de sable 2. & 1. au chef d'Or, chargé de trois Couronnes d'Epines de Synople : Cette famille est originaire de la paroisse de Plouuorn en Leon, dont estoit le Reuered Pere en Dieu Yues Mahyeuc, jadis Evesque de Rennes, qui a vescu en telle estime de sainteté pendant sa vie, que Dieu ayant apres sa mort manifesté la Gloire de ce Saint Personnage par plusieurs grands Miracles, on à toute sorte de sujet de suiure le sentiment commun de l'Eglise Britannique qui le passe au rang des Bien-heureux dans le Ciel, quoy qu'il ne soit pas encore Canonisé.

LA MAIGNANE, C. de sable à cinq Roquets d'argent 3. 2. & 1.

LE MAISTRE, famille noble jadis en Buhulien prés Lannion, d'argent à deux fasces de gueulle accompagnée de trois Tourteaux de mesme deux en Chef & vn en pointe, & vn cor ou cornet de sable lié en sautoir entre lesdites fasces.

MAISTRENES en Treguier *alias* à Kermeluen prés Guingamp, portoit.

MALEMAINS jadis à Sacé en Basse-Normandie C. portoit d'Or à trois mains dextres, de gueulle en pal 2. & 1.

MALENOë C. d'Or à trois Aigles d'azur 2. & 1. becquez & membrez de gueulle.

MALET C. d'Hermines à trois fasces de gueulle,

MALEVILLE, Brehault prés Ploërmel de gueulle à trois épées d'argent les pointes en haut garnies d'Or, surmontées de trois bezans d'Or.

MALOR, jadis à Liniac C. escartelé au premier & quatre, vairé d'Or & d'azur, contrescartelé de gueulle plein.

BRETON.

LA MANCELIERE, d'azur au Croissant d'Or, accompagné de trois Estoilles d'argent 2. & 1.

MAO en LEON, pour les armes voyez Keryuen-Mao

MARANT à Penanuern en Ploürin Evesché de Treguier & autres de mesme famille, d'azur à vne teste d'Esperuier arrachée d'argent en abîme, accompagnée de deux Estoilles de mesme 2. & 1. au quartier dextre, couppé d'argent & d'azur, l'argent chargé de trois Hermines de sable & l'azur de trois Macles d'Or, & pour deuise *bona voluntate*.

MARBOEVF Vicomte de Chemiliers & de Laillé &c. d'azur à 2. épées nuës en sautoir au gardes d'Or, les pointes fichées en bas, la charge de President au Mortier en ce Parlement est successiue de pere en fils en cette maison-là.

MARCE' B. de gueulle à trois LYONS d'argent 2. & 1. c'est à Monsieur le Marquis de la Moussaye.

LE MARCHANT, jadis à Crechleach en Treguier, le Menec en Taolé Evesché de LEON & autres, d'argent à trois testes de Corbeau arrachées de sable 2. & 1.

LA MARCHE B. d'azur à six bezans d'Or 3. 2. & 1. au filet de gueule, brochant à dextre sur le tout.

LA MARCHE jadis aux Tourelles, pour les Armes voyez les Tourelles.

MARCHECOVRT, de gueulle à vne épée d'argent en pal la pointe en bas aux gardes d'Or, accompagnée de deux bezans d'argent en Chef.

LA MARRE de gueulle au Croissant d'argent en abîme accompagné de trois Coquilles de mesme 2. & 1.

MARREC Mont-Barrot C. dont il y a eu vn Capitaine & Gouuerneur de Rennes, portoit d'argent au LION de gueulle brisé d'vne fasce de sable, chargée de trois Estoilles d'argent à Kerbaul en Chastelaudren *alias idem*, auec la deuise *in te Domine speraui non confundar in æternum*.

MAREC jadis à Keroüaziou, Pontangler en Plougasnou & autres, d'argent au fautoir d'azur chargé de cinq Annellets d'argent.

Marrec *alias* à Tremedern, & à Mezambez en Guimeac Evefché de Treguier, bandé d'Or & de fable de fix pieces.

Marrec à Launay en Plougaznou Evefché de Treguier, Lauallot & autres en Leon, d'azur à deux coutelas, ou cimetaires d'argent paffez en fautoir, aux gardes d'Or.

Marrec Kerhoüermaign en Treguier, d'argent à trois rofes de gueulle boutonnées d'Or 2. & 1.

Marrecanbleiz en Leon, d'azur à trois gerbes d'Or 2. & 1.

La Mare'e, d'argent à cinq Tourteaux de fable en fautoir au chef d'Hermines.

Mareil en Nantes, chicté d'Hermines & de gueulle.

Le Mareschal, d'Or à vne bande de gueulle accoftée de fix Coquilles de mefme en Orle.

Marhec jadis à Guicquelleau Evefché de Leon, pour les Armes voyez Guicquelleau.

Maros prés Chaftelaudren Evefché de Treguier, de gueulle à vne Roze double d'argent.

Marot Sieur des Alleuz, d'azur à vne main appaulmée d'argent en pal, brifée en chef d'vne Eftoille d'Or au cofté feneftre, il eft mort Confeiller en ce Parlement.

Marques, d'argent à vn fautoir de gueulle accompagné de quatre Billettes d'azur.

Le Mars jadis au Bodriec en Cornoüaille C. de gueulle au chef d'argent, à prefent du Chaftel Mezle.

Martigne' B. de gueulle au Lion d'Or, l'Ecu femé de Fleurs de Lys d'argent.

Martin dernier furnom de la Maifon du Pleffix en Pluzunet Evefché de Treguier, d'azur à trois Eftoilles d'argent 2. & 1. à prefent Kermel en furnom.

Martin de la famille des Martins de Bordeaux, jadis

BRETON.

Evefques de Vennes, portoit d'azur à vn Chasteau d'argent maſſonné de ſable.

MARTIN jadis au Maros prés Chauſtelaudren, pour les armes voyez Maros.

MARZEIN Kermarzein, pour les armes voyez Kermarzein.

MARZEIN jadis au Vieu-Launay en Ploüian Eveſché de Treguier auant Thorel, d'argent à vn Arbre de ſynople ſommé d'vn Croiſſant de gueulle.

MARZELIERE alias C, depuis Erigée en tiltre de Marquiſat en Iuin 1618. verifié en Parlement au mois de Février 1619. en faueur de Meſſire François de la Marzeliere Seigneur dudit lieu, Baron des Baronnies de Baign & de Bonnefontaine, Vicomte du Fretay & qui portoit eſcartelé au premier de ſable à 3. Fleurs de Lys d'argent qui eſt la Marzeliere au 2. d'Or à trois Fleurs de Lys d'azur deux en chef & vn en pointe & vne faſce d'Hermines, qui eſt Porcon au trois pallé d'Or & de gueulle de ſix pieces qui eſt Giffart au 4. d'argent à la Croix engreſlée de ſable qui eſt du Gué, par ſucceſſion de temps, cette maiſon a produit & eſleué des Seigneurs qui ont eſté Chambellans ordinaires de nos Ducs, & encore d'autres qui enſuite ont eſté auantagez de beaux emplois & charges bien releuées ſous nos Roys de France, comme Lieutenans en leurs armées, Gouuerneurs & Capitaines des Villes, Chaſteaux & Forterreſſes du Pays, cette maiſon eſt à preſent tombée en quenoüille, Madame la Marquiſe de Coëtquen en eſt heritiere.

DV MAS en Guipauaz Eueſché de Leon, d'argent fretté de gueulle de ſix pieces au chef échiquetté d'Or & de gueulle à trois traits.

DV MASLE, de gueulle à trois Cignes d'argent 2. & 1. becquez & membrez de ſable.

MATHEZOV Kerganan en Landeda Eveſché de Leon,

& autres, d'argent à vne bande de sable chargée de trois Estoilles d'argent.

MAVEVRIC, jadis à Lesuzan, pour armes antiques, voyez Lesuzan.

MAVGORET, prés Quintin, d'argent à trois Poissons de sable en pal, 2. & 1.

DV MAVGOÜER, Bois-de-la-Salle, & autres, d'azur à dix Coquilles d'argent, 4. 3. 2. & 1.

MAVLEON, C. de gueulle à vn Lion d'argent.

MAVNY, C. d'argent à vn Croissant de gueulle. Cette maison a fleury en grands hommes, beaucoup renommez pour leur valeur, la plus part desquels ont accompagné le Connestable du Glesquin leur parent en toutes les expeditions militaires.

MAVPETIT, à la Ville-Maupetit, du païs de Dinan, d'azur à vn Chasteau d'Or, ayant la porte de gueulle.

MAVRE, *alias* B. depuis erigé en Comté, le 8. de Nouembre 1553. par le Roy Henry II. verifié en parlement en l'an 1554. en faueur de Messire François de Maure, Baron dudit lieu, & de Loheac, Seigneur de Bonnaban, Quehillac, &c. qui portoit de gueulle à vn croissant de vair.

DE MAY, Kerienetal, Leinoudriein, & autres en Leon, d'argent à deux fasces d'azur accompagnées de six Quintefeilles de gueulle. 3. 2. & 1.

MAZEAS d'Or au Chevron d'azur accompagné de trois trefles de mesme. 2. & 1.

MEANFAVTET en Leon C. à Monsieur le Comte de Boiseon, pour Armes antiques, voyez Pontantoul.

MEIVSSEAVME Vicomté, ancien, voyez du Gué, moderne Coëtlogon *idem*. l'Office de Conseiller en ce Parlement est continuée de Pere en Fils en cette maison là.

MELCHONEC en Plouaret ancien . . . . . moderne voyez Courson-Liffiac.

MELESSE

MELESSE C. d'Or à vne bande fuzelée de sable.

LE MENDY en Plœbennec Evesché de Leon, écartelé au 1. & 4. d'Or à vn Houx de synople, contrescartelé à vn Eschiquier d'argent & de gueule.

DV MENÉ ancien surnom de cette Maison C. de gueulle à vne fasce d'argent au Lambeau à trois pendans de mesme, il y a eu vn Morice du Mené Chambellan ordinaire de l'vne de nos Duchesses en l'an 1485. & Capitaine de ses Gardes.

LE MENEVST Seigneur de Brequigny prés Rennes C. d'Or à vne fasce de gueulle chargée d'vn Leopard d'argent accompagnée de trois Roses de gueulle 2. en chef & 1. en pointe : Il est l'vn des Presidens au Mortier en la Cour de Parlement de ce pays.

DV MENEZ en Cornoüaille, d'azur à la Croix d'Or accompagnée d'vne main d'argent au premier canton.

MENEZ Troneuezec en Treguier, de gueulle à trois Papillons volans d'argent 2. & 1.

LE MENGVEN jadis à Trieffuin en Plouëzoch Evesché de Treguier, d'argent à vn Ratteau de gueulle emmanché de sable en pal.

MENGVY jadis au Varch, Kermabusson en Plestin, Penuern en Plœmeur-bodou, maintenant à Saint Drenou prés Lantreguier, Kermoan, & autres, d'argent fretté d'azur de six pieces, au franc canton d'argent chargé d'vne Estoille d'azur.

MENOV jadis à Kertheual au Sieur du Rumen Begaignon Evesché de Treguier, d'argent au Lion de sable accompagné de quatre Merlettes de mesme 3. en chef & 1. en pointe.

MENOV *aliàs* à Kerarmet en Treduder Evesché de Treguier, d'azur à vne épée d'argent en pal aux Gardes d'Or, la pointe fichée en haut.

B b

MERCIER-Beaurepos en Guipauaz Evesché de Leon, & autres, de gueulle au Cheuron d'argent, accompagné de deux Quintefeilles de mesme en chef, & vne Cloche, ou Campanelle d'Or en pointe bataillée de sable.

MERDRIGNAC, B. d'Or à deux fasces noüées de gueulle, accompagnées de neuf Merlettes de mesme 4. 2. & 3.

LE MERDY-Kermeury en Ploebian Lanciuilien en Penuenan, Quillyen en Hengoat Kerhoëlquer, & autres en Treguier, escartelé d'argent & de gueulle, chargé de trois Fleurs de Lys 2. & 1. de l'vn en l'autre : Au Goazuen en Breleuenez, *alias idem.* Cette premiere maison est aujourd'huy fondüe en celle du Parc Thuomelin.

LE MERER à Kerhalet prés Pontrieu, Kermodest en Ploemeur-Bodou, & autres, en Treguier, d'azur à trois Gerbes d'or 2. & 1.

MERIADEC, jadis à Crechronuel en Plouian, Evesché de Treguier, d'argent au fretté d'azur de six pieces, à la bordure engreslée de gueulle.

MERIEN, jadis à Kerysac prés Guingamp, d'Or à vn Saglier passant de sable sans furie, au Melchonnec *alias idem.*

MEROV, ancien surnom de Kergomar en Loguiuy prés Lannion, portoit . . . . . .

MESAMBEZ, en Gvymeac Evesché de Treguier, Ramage de Tremedern, pour armes presentes voyez Kerguz.

MESANHAY, ancien surnom de cette maison, en Ploemeur-Bodou, Evesché de Treguier, d'argent à vne fasce de sable, surmontée de deux Quintefueilles de gueulle, & vne pomme de Pin aussi de gueulle en pointe.

MESANRVN en Leon, de gueulle à la bande d'Or à vn Renard de mesme montant sur icelle.

MESANVEN, en bas Leon, d'azur à vn Gland d'Or, auec fa coque de mefme en abime la pointe en bas, accompagné de trois fueilles de Chefne d'argent 2. & 1. & pour deuife, *amy du.*

MESCAM, *alias* audit lieu en Lanilis, à prefent à Mefcaradec, Ville-neufue-Kerleguer, Landegarou, & autres en Leon, de gueulle à vne double Roze d'argent, boutonnée d'Or.

MESCANTON, en Plouzeue de Evefché de Leon, d'argent au Lion morné d'azur, brifé en l'efpaule d'vne Treffle d'argent.

MESCARADEC, en Lanilis Evefché de Leon, d'azur à trois teftes d'Eperuier arrachées d'Or, 2. & 1.

MESCOÜEZ, en bas Leon, C. d'Or au Cheuron d'azur, accompagné de trois Treffles de gueulle, deux en chef, & vne en pointe. Le premier Marquis de la Roche eftoit de ce nom.

MESCOÜIN, en Guicourueft, Evefché de Leon, pour armes antiques voyez Perceuas, maintenant Kercoent, Coëtanfaou *idem.*

MESGRAL, prés Landerneau, Evefché de Leon ancien, portoit efcartelé au premier & 4. d'azur, fretté d'argent de fix pieces: contrefcartelé d'argent, à trois Hures de Sanglier de fable, 2. & 1. moderne voyez Penfenteunyou.

MESGVEN-Poulpry, en Ploudaniel Evefché de Leon, d'argent à vne poulle de fable.

MESHELOV, en Plouenan Evefché de Leon, Kermelec Guiclan *idem.*

MESHVEL, en Ploëbian Evefché de Treguier, pour armes antiques Kerleau Goazanharant *idem;* modernes voyez le Du au Bot Kerinou.

MESMELEGAN, en Plouien Evefché de Leon, d'azur à l'Aigle d'Or.

Mesnavlt en Leon C. iſſuë de la maiſon de taillebourg, portoit d'azur au Lyon d'argent armé & lampaſſé de gueulle : c'eſt à Monſieur le Comte de Boiſeon.

Mesnovalet en la paroiſſe de Guiler Eveſché de Leon, d'azur à vn Aigle éployé d'Or.

Mesperenez en bas Leon, eſcartelé au 1. & 4. d'or, au Lion couronné de gueulle, contreſcartelé d'azur à la Croix d'argent Touronce en ſurnom.

Mesperenez, prés Leſneuen, Eveſché de Leon, Kerſauſon idem.

Mesprigent, en Plouuorn, Eveſché de Leon, le Borgne Keruſoret, & leſquiffiou idem.

Mevr, jadis à Keruegan en Goelo, d'argent à vne faſce de gueulle, accompagnée de trois Quintefeilles de meſme. 2. & 1.

De Mevr aliàs à Kerarchan en Guerliſquin, Leſmoüalh, & autres en Treguier, maintenant Coetanroux, Lez, Lannion, Kerigonan, Kerhuon, & autres, d'argent à vne faſce d'azur. Cette derniere maiſon à donné vn Eſcuyer ordinaire de la petite Eſcurye de ſa majeſté, qui eſt mort depuis peu Capitaine & Gouuerneur de Lannion & nous fourniſt encore vn Eccleſiaſtique de rare ſçauoir Docteur en Sorbonne ſous le nom du Sieur de Saint-André de Meur.

Le Mevr jadis à Crechriou, le Goazuen en Seruel, & autres en Treguier, d'argent à vn mouton de ſable en abîme, accompagné de trois Quintefeilles de gueulle 2. & 1.

Le Mezec, Ponthallec en Treguier, & autres portoit. . . . . .

Mezle C. ancien de gueulle à trois mains dextres appaulmées d'argent ſemées d'Hermines. 2. & 1. moderne voyez du Chaſtel.

BRETON.

LE MEZOV en Plouyen Evesché de Leon, escartelé au 1. & 4. le Drenec, contrescartelé d'Or à trois fasces ondées d'azur, & 2. Coquilles de gueulle en chef.

MICHEL Kerdaniel en Cauan Villebasle, & autres en Treguier d'argent à vne teste de More de sable tortillée d'argent.

LE MIGNOT anciennement à Launay en Ploubezre Evesché de Treguier, d'argent à vn sautoir de gueulle.

LE MIGNOT jadis à Rossalie prés Lannion, Kerlan en Seruel, & autres, d'argent à vn Oyseau essorant de sable, becqué, & membré de gueulle: des Fresnays en Rennes *idem*.

LE MIGNOT Goazhamon, & autres en Treguier, d'argent au sautoir de gueulle, accompagné de trois treffles d'azur au chef de gueulle.

MILIEAV en Trebreden Evesché de Treguier, d'argent au Lyon de gueulle.

MILLE' d'Hermines à trois chesnes de gueulle 2. 1.

MILON jadis à la Ville-Morel C. la Touche, & autres d'azur à trois testes arrachées de Levriers, d'argent 2. & 1. Cette premiere maison a donné vn Seneschal de Ploërmel puis President & Iuge vniuersel de Bretagne sous nos Ducs.

MILON, jadis à Kermillon en Rospez Evesché de Treguier, d'azur à vn Belier d'Or.

LE MINEC jadis au Clezrin en Quemperguezeneé Evesché de Treguier portoit . . .

LE MINTIER jadis à Kerguien en Petroz-Guirec en la maison de Carmené & celle des Granges prés Moncontour, la Pommeraye, & autres *idem*, d'argent à vne croix engreslée de gueulle.

MINVEN portoit d'azur au Lyon d'Or, à present Boisguehencuc en surnom.

MISSIRIEN prés Quinpercorentin: porte d'argent au

Chefne de Synople, englanté d'Or, au franc canton de gueulle, chargé de deux haches d'Armes en pal, adoſſées d'argent: ie ne ſçay s'il écartele les armes que vous trouuerez ſur Autret Kerguiabo en Leon, comme eſtant de ce nom.

Le Moal jadis à la Ville-neſve Parroiſſe de Coëtreuan Eveſché de Leon à Kerloas en Ploelech, & autres d'azur à deux Cignes d'argent affrontez, becquez & membrez de ſable: maintenãt Trogoff Boiſguezenec, en ſurnom.

Mocazre, ou Maucazre au Hellez, *alias* audit lieu, Kerbiriou prés Landerneau, le Carpont en Lâpaul, Kerualanec & autres en Leon, d'or à trois Tourteaux de gueulle 2. & 1.

Moëlien, en Cornoüaille, porte d'azur à vne Bague d'argent, & trois fers de Lance de meſme, joignans ladite Bague en triangle.

Le Moënne, jadis à Saint Eloy en Ploeuc à preſent au Quellenec en Merleac Eveſché de Cornoüaille, porte de gueulle à trois Croiſſans d'argent, & vne Fleur de Lys d'Or en abîme.

Mogverov, d'argent à vne Fleur de Lys de ſable, ſurmontée d'vne Merlette de meſme, Coëtanlem *idem*.

Le Moign, jadis à Kertanguy, & à Keranroux en Ploubezre Eveſché de Treguier, portoit . . . . .

Mol, ſieur de Kerjan en Ploüemauguer Eveſché de Leon, & autres, eſcartelé au premier & dernier d'azur à vn Faiſant d'Or, qui eſt Guernelez, contreſcartelé d'argent à trois Ancres de ſable, 2. & 1. qui eſt Kerjan Mol.

Molac B. de gueulle à neuf Macles d'argent, 3. 3. & 3.

Dv Molant, d'argent à quatre Fuzées de ſable, au chef de gueulle chargé de trois Fleurs de Lys d'Or.

Molant, en l'Eveſché de Rennes, ancien d'argent fretté de ſable de ſix pieces, moderne voyez Boberil.

Molesne au Sieur de Keryuon Seneſchal de Landerneau portoit . . . . .

BRETON.

DE MONCEAVX, d'azur à la fasce d'argent, accompagnée de trois Estrieux d'Or, deux en chef & vn en pointe.

MONDRAGON C. d'Or au Lion de sable, armé & lampassé de gueulle.

MONTAGV C. d'argent à trois Aigles esployez de gueulle 2. & 1.

MONTAIGV B. d'argent à deux bandes de sable accompagnées de dix Coquilles de mesme 3. 4. & 3.

MONTBOVRCHER, Marquis du Bordage, Seigneur de Saint Gilles, &c. suiuant les Lettres du Roy verifiées en la Cour le... porte d'Or à trois Chaunes de gueulle 2. & 1. Monsieur de la Maignane, dont le pere estoit Conseiller en ce Parlement, est aussi de ce nom.

MONTEIAN C. d'Or fretté de gueulle de six pieces.

MONTERFIL, de sable à vne Epée d'argent la pointe en bas.

MONTEVILLE, Iadis à Launay prés Runan Euesché de Treguier, d'vn des Chevaliers qui combatit auec aduantage en la Bataille de Trente, portoit burellé d'argent & de gueulle de dix pieces, à la bordure de sable.

MONTFORT, Kersecham prés Lantreguier, Kermeno en Tresezny, & autres, portent d'azur à vne Croix engresleé d'argent, Cantonnée de quatre Oyseaux de mesme.

MONTFOVRCHER, d'Hermines à la bande de gueulle.

MONTGERMONT, lozangé d'Or & de gueulle, à la fasce d'azur frettée d'argent.

DE MONTIGNY, Sieur de Beauregard, d'argent au Lion de gueulle accompagné de sept Coquilles d'azur en orle : Il est Advocat General en ce Parlement.

MONTMARTINAYS, d'azur à trois Croissans d'argent.

MONTMARTIN, d'argent fretté de gueulle, au chef checté d'Or & de gueulle.

Montrelaix B. d'Or à trois bandes jumelles d'azur.

Mordelles *alias* audit lieu C. Chasteaugoelo, Launay-Mordelles, & autres, *idem*, de gueulle à vn Croissant d'Or.

Moreac, d'azur à trois Croissans d'Or, 2. & 1.

Moreau, Ville-bougault prés Saint Brieuc, & autres, escartelé d'Or au Lion de sable, contrescartelé de gueulle à vn Croissant d'Or.

Morel, d'azur au Lion naissant d'argent en abîme à l'orle de huict Fleurs de Lys de mesme.

Morice, anciennement à Kerpaué en Ploumillieau à present à Guernarchant en Plougounuen, & autres, en Treguier d'argent à trois bandes de gueulle, au franc canton de gueulle chargé d'vne Coquille d'argent.

Morice en Vennes, de gueulle à trois Coquilles d'argent, 2. & 1.

Morice, d'argent à la Croix ancrée de Synople.

Moricquin, jadis au Mousterou en Plouian Evesché de Treguier, & autres, escartelé au premier & 4. d'argent à vne Hure de Sanglier de sable en furie, armée & allumée d'argent, couronnée d'Or, au deux & trois fascé d'argent & de gueulle de six pieces.

La Moriniere en Montauban, d'azur à vne Fleur de Lys d'argent, au canton de gueulle à la fasce bretessée d'argent.

Morin, d'Or au Cheuron d'azur, accompagné de trois testes de Mores de sable, tortillées d'argent deux en chef & vne en pointe.

Morisur, en Plouyder Evesché de Leon, pour armes antiques Perceuaulx *idem*, modernes voyez Coëtanfao en Vennes.

La Morlaye, jadis à Seixploé au Marquis de Carman, & à Kerliuiry en Cleder Evesché de Leon *idem*, d'Or à vn Lion d'azur, brisé en l'espaulle d'vne Tour crenelée d'argent

BRETON.

d'argent portée sur vne Rouë de mesme.

LA MORLAYE prés Maleſtroit, de gueulle à la Croix d'argent cantonnée de quatre Epics de Bled de meſme.

MORO, d'argent au Renard paſſant de ſable accompagné de cinq Hermines 3. en chef & 2. en pointe.

MOTTAY C. de gueulle à deux faſces d'Hermines.

LA MOTTE de Broon C. d'azur au fretté d'argent de ſix pieces.

LA MOTTE, de vair au Lambeau à trois pendans de gueulle en chef.

LA MOTTE Trezy, de gueulle à trois fuzées d'argent en faſce.

LA MOTTE Vauclair C. de gueulle à trois bandes engreſlées d'argent.

LA MOTTE Leſquiffyou en Leon, d'argent à vn Chaſteau de gueulle.

LA MOTTE, d'Or au chef de ſable chargé d'vn Lambeau à trois pendans d'argent.

LA MOTTE du Reu, de gueulle à deux faſces de vair.

LA MOTTE d'Or à vne grande Quintefeille de ſable percée d'Or.

LA MOTTE-Lize, d'Or à trois faſces ondées de ſable.

LA MOTTE du Parc, d'argent au Croiſſant de gueulle.

MOVLIN-Bleot, d'Or à dix Billettes de ſable 4.3.2. & 1.

MOVRAVD du Iaroſſaye Eveſ. de Saint Malo, la Sauuagere, & autres *idem*, d'argent à 3. Poteaux de gueulle 2. & 1.

MOVRAVLT Sieur du Deron, d'argent à cinq Hermines da ſable en ſautoir.

LA MOVSSAYE *aliàs* C. depuis érigée en Titre de Marquiſat par le feu Roy Louys XIII. d'heureuſe Memoire l'an 1615. verifié au Parlement en ladite année en faueur de Meſſire Amaury Gouyon Seigneur de la Mouſſaye, Ploüer Baron de Marcé &c. qui portoit écartelé au 1. & 4. d'argent

C c

au Lion de gueulle couronné, armé & lampaſſé d'Or, qui eſt Gouyon-Matignon, contreſcartelé d'Or au fretté d'azur de ſix pieces, qui eſt la Mouſſaye, Monſieur de Carcouët Conſeiller en la Cour de Parlement & le Sieur de Lorgeril de Vennes ſont auſſi de ce nom.

Movsterov en Plouïan prés Morlaix, ancien ſurnom de cette Maiſon, le Penity prés Lantreguier, & autres, d'azur à trois Pommes de Pin d'Or 2. & 1.

Le Moyne Cheualier Seigneur de Treuigny, & Kergoët, Vicomte de Leſmays & Pleſtin &c. Gouuerneur pour le Roy des Ville & Chaſteau de Dinan, porte d'argent au Croiſſant de gueulle en abîme accompagné de trois Coquilles de meſme 2. & 1. au Vieu-chaſtel, Kermerien, & autres en Leon *idem*, & encore les meſmes Armes & ſurnom jadis aux Maiſons de Coëttudauel-Coëttedrez en Plouuorn, Rannorgat en Plouguerneau, Kerfauen en l'Eveſché de Leon, Trobezeden en Lanmeur, & pluſieurs autres. Cette premiere Maiſon a donné vn Capitaine des Ville, Chaſteau & Forterreſſe de Breſt ſous nos Ducs & enſuite de Leſneuen.

Le Moyne C. d'Or à trois faſces de ſable: Cette famille a fourny vn grand Eſcuyer du Duc Pierre qui commandoit les Ville & Chaſteau de Vennes ſous nos Ducs enuiron l'an 1486.

Le Moyne Ramblouch prés Saint Paul, d'Or à ſix Merlettes d'azur 3. 2. & 1.

Le Moyne Keruren en Plougoulm, de ſable à vne épée d'argent en pal, la pointe fichée en bas.

Le Moyne Briardiere, d'azur à vn Chevron d'argent chargé de trois feilles de Houx de ſynople, accompagné de trois Renardeaux d'Or.

Moysan Kerbino Alloüé Ducal de Guingamp, & autres de meſme famille portent bandé en ondes d'Hermines & de gueulle de ſix pieces.

BRETON.

MVNEHORRE en Ploumoguer prés Guingamp, surnom ancien de cette Maison, de gueulle à vn Croiſſant d'Or en abîme accompagné de ſix Eſtoilles de meſme 3. en chef & 3. en pointe 2. & 1. la Maiſon de la Roë prés Cran *idem*.

DV MVR *alias* audit lieu en Ploüigneau Eveſché de Treguier, Liuinot en Cornoüaille, & autres *idem*, de gueulle au Chaſteau d'argent ſommé de trois Tourillons de meſme.

LE MVR, d'azur à vne Croix engreſlée d'Or au canton dextre de gueulle chargé de quatre Macles d'Or 2. à 2.

LA MVSSE ſurnom ancien de cette Maiſon C. . . . . voyez Bruſlon.

LA MVSSE en Vennes C. d'argent à trois Tourteaux de ſable.

LA MVSSE Ponthus C. de gueulle à neuf Bezans d'argent 3. 3. & 3.

MVSVILLAC C. vairé d'Or & d'azur au baſton de gueulle brochant à dextre ſur le tout.

MVSVILLAC en Vennes, de gueulle au Leopard d'Hermines.

L'ARMORIAL

N.

ANTES Ville Episcopalle & Comté des plus anciennes de la Prouince, puis que l'on la tient fondée par Nanner l'vn des Arriere-nepueux de Noé Pere de Rheme qui bastit la Ville de Rheims, c'estoit anciennement le Siege plus ordinaire de nos Ducs de Bretagne, & en icelle se tient la Chambre des Comtes de cette Prouince, elle porte pour Armes de gueulle au Nauire d'Or aux voiles éployées d'argent semé d'Hermines au chef aussi d'argent chargé de cinq Hermines de sable.

NAVARRE Royaume acquis à l'Auguste Royalle Maison de France par le Mariage d'Anthoine de Bourbon, qui épousa Ieanne d'Albret fille vnique & seule heritiere de Henry d'Albret Roy de Nauarre & de Margueritte de Valoys sœur de François I. Roy de France. Ce Royaume portoit pour Armes antiques, d'azur à la Croix pommettée d'argent. Mais SANCE le Fort VIII. du Nom & XXI. Roy de Nauarre voulant laisser à la posterité vne sensible marque de la Bataille *Muradal* qu'il emporta sur les Morres en 1212. où il rompit la Palissade enchesnée *d'aben Mahomad grand Miramomelin d'Affrique* qui ayant fait amas de trois cents mille hommes de guerre, faisoit garder son Chariot en forme de Thrône par quatre-vingt mille Morres à cheual entourré d'vne Palissade de bois garnie de chaisnes de Fer, ledit Sance le Fort Roy de Nauarre parmy vn grand nombre de Princes Chrestiens qui se trouuerent à cette Bataille fut celuy qui premier fist bresche & rompit cette Palissade enchaînee, tua plus de vingt-mille Morres, & se rendit Maistre du Thrône de *Miramomelin*, & afin de perpetuer de plus en plus la memoire d'vne Victoire si glorieuse, deliberà de porter à l'auenir pour Armes de l'auis vnanime des plus Eminens de cette Armée Chrestienne, l'Ecu de gueulle au Raix d'Escarboucle pommetté & accollé d'Or à la double chaîsne en sautoir de mesme, lesquelles Armes ont esté depuis continuées & conseruées par les Successeurs Roys de Nauarre.

NORMANDIE Prouince anciennement dite Neustrie erigée en Duché & Pairie par le Roy Louys XII. au mois d'Octobre l'an 1499. qui porte de gueulle à deux Leopards d'Or l'vn sur l'autre armez & lampassez d'azur.

NARVEZEC ancien surnom de Pontguenniec en Perros-Guirec Evesché de Dol ez Enclaues de Treguier, portoit . . .

LE NAS jadis à Kernasquiriec en Tregrom Evesché de Treguier, & à Kergolhay *idem*. voyez Kernasquiriec.

LE NEPVEV jadis à Crenan C. de gueulle à sept Billettes d'argent 3. 3. & 1. au chef aussi d'argent.

LE NEPVEV, de Morlaix, d'Or à trois Tourteaux de gueulle 2. & 1. au chef d'argent chargé d'vne Hure de Sanglier de sable.

NERET, d'azur à trois bandes d'Or.

NEVENT en Plouzané Evesché de Leon; le Veyer Kerisnel *idem*.

NEVF-BOVRG en Normandie Marquis, porte d'argent à dix Annelets de gueulle 3. 3. 3. & 1.

NEVF-VILLE Seigneur du Plessix Bardoul C. de gueulle à vn sautoir de vair, il y a eu vn Evesque de Leon de cette Maison l'vn des insignes & vertueux Prelats de son temps.

NEVFVILLE, d'argent à trois chevrons de sable.

NEVET B. porte d'Or à vn Leopard de gueulle, les Seigneurs de cette Maison de Pere en Fils ont témoigné notoirement vn zele heroïque & passion inuiolable à conseruer les Droicts & Immunitez de cette Prouince en chaque tenuë de nos Estats

NICOL Kerdalet, Kerualot, & autres en Treguier, portoit de . . .

NICOLAS Sieur de Claye President aux Requestes du Palais, de gueulle à vne fasce d'argent chargée de trois Merlettes de sable accompagnée de trois Testes de Loup arrachées d'Or 2. & 1.

NICOLAS jadis à Keruiziou en Ploubezre, Ruguezec Goazanbleiz, Rocerf, & autres en Treguier, d'argent à vn Arbre de Pin d'azur chargé de Pommes d'Or.

NICOLAS *aliàs* à Triuidy prés Morlaix, d'argent à vne fasce d'azur au franc canton vairé d'argent & de sable.

NINON jadis à Kerprigent & Kermerault Evesché de Treguier, d'azur à sept Estoilles d'argent 3. 3. & 1.

LE NIVIRIT en Treduder Evesché de Treguier, portoit . . .

LE NOAN jadis au Hentmeur en Ploumillieau, Kerdaniel en Ploulech, & autres en Treguier, de gueulle à trois épées d'argent en pal les pointes hautes 2. & 1.

NOBLET jadis au Morlen en Loquenolé à present au Roudour en Saint Seuo Evesché de Leon, & autres, d'Or à vne fasce engreslée de sable. Cette premiere Maison a donné vn Conseiller au Parlement de ce pays, & ceux de cette famille sont originairement issus d'vne Maison noble prés Saint Malo.

NOBLETZ à Kerodern en Plouguerneau Evesché de Leon, d'argent à vn Aigle éployé de sable au chef d'azur surmonté d'vn autre chef de gueulle chargé de trois Annelets d'argent.

BRETON.

La Noë, d'argent à sept Macles de gueulle 3. 3. & 1.

La Noë jadis audit lieu en Pordic Evesché de Saint Brieuc, Coëspeur, & autres *idem*, d'azur au Lion morné d'Or, comme du Halgoët.

La Noë-Seiche prés Quintin, pour Armes modernes voyez Budes, Tertrejoüan, anciennes Queymerch *idem*.

La Noë-Verte en Plouëzoch Evesché de Treguier C. pour les Armes, voyez Gouëzbriand.

La Noë-Verte en Goelo C. pour dernieres Armes Lannion Desaubrays *idem*, antiques voyez Pinart, dont il y a eu vn Conseiller & puis President en la Cour de Parlement de cette Prouince.

Noé, losangé d'Or & de gueulle en pal.

Le Noir jadis à Goazquelen en Taolé Evesché de Leon, pour les Armes Goazquelen *idem*.

Noüel autrement Nedellec jadis à Kerlabourat au Merzer prés Guingamp, Kercoguen en Loüanec, & autres en Treguier, portoit d'argent à vn Pin de synople chargé de pommes d'Or.

Noüel dernier surnom du Keruen en Guymeac, Kermadeza en Plougaznou, & autres, à present à Kermoruan en Ploüigneau, Kersalaun prés Lantreguier, Kerdanet, & autres audit Evesché, de sable au Cerf passant d'Or sommé de mesme. De cette premiere Maison estoit issu le R. Pere Ioseph Capucin Predicateur si celebré par toute la France.

Nosay, de gueulle à vne Croix cantonnée de quatre Lyonceaux de mesme.

Nuz jadis à Kerfauen en Treguier, d'Or à trois Tourteaux de gueulle 2. & 1.

Nuz *alias* à Kergoumarch en Guymeac, Kerhunan en Plougaznou, & autres en Treguier *idem*, d'argent à trois jumelles de sable & vn Annelet de mesme en chef.

LE NY Baron de Coetelez & de Saint Ioüan, Coetudauel en Plouuorn, & autres en Leon, eſcartelé au 1. & 4. de gueulle à vne teſte de Liepvre couppée d'Or, contreſcartelé d'argent à l'Ecu en abîme d'azur à l'Orle de ſix Annelets de gueulle.

O.

ODET, d'azur à trois eſpées d'argent en pal, les pointes fichées en bas 2. & 1.

OVEXANT Iſle en l'Eveſché de Leon, erigée en Marquiſat au mois de Mars 1597. & verifié en Parlement l'année ſuiuante, en faueur de Meſſire René de Rieux Seigneur de Sourdeac, Baron du Bourg-Leueſque, Mont-Martin &c. Cheualier des deux Ordres du Roy, Capitaine de cinquante hommes d'Armes de ſes Ordonnances, & ſon Lieutenant General en cette Baſſe-Bretagne, portoit écartelé au 1. & 4. d'azur à dix bezans d'Or 4. 3. 2. & 1. qui eſt à Rieux, contreſcartelé de Bretagne, ſur le tout de gueul'-s à deux faſces d'Or, qui eſt Harcourt.

OLLIVIER jadis à Keruern en Ploumillieau, la Ville-nefve en Guerliſquin, & autres en Treguier, d'argent à vne faſce de gueulle frettée d'Or, accompagnée de trois Roſes de gueulle 2. en chef & 1. en pointe.

OLLIVIER, d'azur à vn Pigeon eſſorant d'argent & portant vne branche d'Olliuier d'Or en ſon bec.

Olliuier

BRETON.

OLLIVIER, d'argent à la Croix alaizée de fable.

L'OLIVIER à Locriſt prés Carhaix, porte burellé d'argent & de gueulle de ſix pieces, comme les Armes de Quelen.

OMNES, jadis à Keromnes en Leon, loſangé d'argent & de ſable en pal, à la Couppe couuerte d'Or ſur le tout.

ORLY, d'Or à vn Ours rampant de ſable.

ORVAVX-Alaneau, d'azur à deux bandes d'argent.

P.

ENTHIEVRE, anciennement Comté, depuis erigé en Duché & Pairie par le Roy Charles IX. en Septembre 1569. en faueur de Meſſire Sebaſtien de Luxembourg Comte de Penhieure, Vicomte de Martigues, Cheualier des Ordres du Roy, & ſon Lieutenant General en cette Prouince, qui portoit eſcartelé au premier & quatrieſme d'argent, au Lion de gueulle, couronné, armé, & lampaſſé d'Or, la queuë fourchée, & paſſée en ſautoir, qui eſt Luxembourg, au deux de gueulle, à la Croix d'argent, qui eſt Sauoye, au troiſiéme de Bretagne, à la bordure de gueulle, qui eſt Penthieure.

D d

Poictov Comté, ancien d'Or à trois bandes d'azur, moderne de gueulle à cinq Tours crenelées d'Or maſſonnées de ſable & rangées en ſautoir.

Pontchasteav *alias* B. depuis erigé en Duché & Païrie en faueur de Monſieur le Duc de Coazlin, portoit de vair au Croiſſant de gueulle, pour Armes antiques, voyez de Cambout modernes.

Pontlabbe' B. d'Or au Lion de gueulle, Couronné, armé & lampaſſé d'azur.

Pontriev ville des dépendances de la Comté de Goüelo, pour les Armes antiques, voyez Goüelo & Auaugour.

Porhoët *alias* B. dépuis erigé en Comte-porte comme Rohan au Franc-canton d'argent chargé d'vne Hermine de ſable.

De la Porte Duc de la Melleraye Mareſchal de France & dernier Lieutenát general, pour le Roy en ce pays & Duché de Bretagne, portoit de gueulle au Croiſſant d'Hermines rebordé d'Or : Il receut le Baſton de Mareſchal de France extraordinairement de la main du Roy Louys le Iuſte, ſur la breſche de la Ville de Hedin l'an 1639. ou il rendit des illuſtres preuues de ſon courage, & en conſideration de pluſieurs autres grands & ſignales ſeruices par luy rendus à l'Eſtat és Sieges de Landrecy, Arras, Airre, Grauelines & autres lieux, merita d'eſtre honoré du Breuuet de Duc & Païr de France l'an 1645. par le Roy Loüys XIIII. glorieuſement Regnant, Monſieur le Duc Mazarini, ſon fils poſſede les meſmes charges que luy & eſt en outre Gouuerneur & Lieutenant General pour le Roy en la haute & baſſe Alſace, auec tous droits & pouuoir d'admirauté en cette Prouince de Bretagne.

La Palvë prés Landerneau Eveſché de Leon, B. partage des premiers puiſnez des anciens Vicomtes & Barons de Leon, portoit d'Or au Lion morné de ſable au Lambel à trois pendans de gueulle en chef. Cette Maiſon a donné le ſecond Eveſque de Cornoüaille, dont les exemplaires vertus, luy ont fait meriter vn rang glorieux entre les Saints, les anciens Breuiaires de Leon & de Cornoüaille en font office sous le nom de Saint Guenegan.

LA PALVË, surnommé la petite Paluë prés Landerneau, qui joüist de beaux droits & priuileges en ladite Ville, portoit de sable à vn Bar d'argent en pal, l'Escu semé de Billettes de mesme, maintenant au sieur de Triuidy.

LA PALVË-Tromenec en Ploëcolm Evesché de Leon, portoit d'argent au Lion d'azur, brisé au canton dextre d'vne Estoille de gueulle.

LA PALVË-Vaümeloaysel, habitué en l'Evesché de Leon il y a quelques années, voyez Gouyon-Matignon.

PANTIN, en la maison de la Guerre prés Ancenis, d'argent à vne Croix de sable, cantonnée de quatre molettes de gueulle.

PAPPE, jadis au Cosquer & au Coruez, en la paroisse de Plougaznou Evesché de Treguier, à present au Lantrennou, le Cosquerou en ladite paroisse, d'argent à vne Corneille de sable trauersee d'vne Lance de gueulle posée en contrebande.

PAPPE Vieu-bourg prés Landerneau, Lesuzan, & autres, d'argent à vne Roze double de gueulle, boutonnée d'Or.

PAPPIN jadis à la Teuiniere en Vennes C. de gueulle à cinq fuzées d'Or posées en bande, escartelé de Malestroit à Pontcallec *aliàs idem*.

DV PARC jadis à la Roche jagu en Treguier C. la Motte du Parc, & autres, d'azur à vn Leopard d'Or au Lambel à trois pendans de gueulle en chef, cette seconde Maison a donné vn Conseiller & Chambellan de l'vn de nos Ducs Capitaine de Rennes & de Fougeres enuiron l'an 1481.

DV PARC *aliàs* audit lieu, maintenant à Locmaria prés Guingamp, Keranroux, Lesuersault, & autres, de mesme famille, d'argent à trois jumelles de gueulle.

D d 2

DV PARC en Lanmeur Evefché de Dol ez Enclaues de Treguier, portoit pour Armes antiques celles de Boifeon brifez d'vne fafce en deuife de gueulle, comme en eftant iffu en ramage, maintenant Kerfcaou Rofneuez *idem*.

DV PARC Kergouzien ou Thuomelin en Plouëdaniel Evefché de Treguier, & autres, d'argent à vne fafce de fable accompagnée de trois Coquilles de mefme 2. en chef & 1. en pointe.

PARCANPREVOST en Plougaznou Evefché de Treguier, pour Armes antiques voyez le Borgne, Keruidou & Lefquiffyou.

PARCOZ en Guicourueft prés Landiuizieau Evefché de Leon, pour les Armes Launay Coëtmeret *idem*.

DV PARISY jadis à Keriualan, & autres en Treguier, écartelé au 1. & 4. d'argent fretté de gueulle de fix pieces, contrefcartelé d'azur à vne Croix lofangée d'argent & de gueulle.

PARISY d'Angleterre, d'Or au Lion d'azut armé & lampaffé de gueulle.

PARCNEVF, jadis à Loüanec Evefché de Treguier, portoit . . . .

PARTENAY prés Dol C. d'argent à vne Croix pattée de fable.

PARTEVAVX, Porzpozen, la Tour, & autres, en Treguier, d'azur au Cheuron d'argent, accompagné de deux Eftoilles en chef, & vn Croiffant de mefme en pointe.

PASTOVR, à Kerjan en Plouezoch Evefché de Treguier, le Val, & autres, d'Or au Lion de gueulle, l'Efcu femé de Billettes d'azur.

PAVIC-Crechangoez, Troftang en Camlez, Craclan, & autres, en Treguier, d'argent à deux Cheurons entrelaffez de fable, & vn Annelet de mefme en pointe : Cette premiere maifon portoit pour deuife *diffimul ha taou*, qui veut dire diſſimule & te tais.

PEAN, dernier ſurnom de la Rocheiegu en Plouzal, Eveſché de Treguier, qui fut erigée en Banneret aux Eſtats tenus à Vennes l'an 1451. ſous le Regne du Duc Pierre, en faueur de Meſſire Rolland Pean, Seigneur de la Rocheiegu & de Grand-Bois, qui portoit de gueulle & cinq Billettes d'argent paſſées en ſautoir, eſcartelé de gueulle à cinq Annellets d'Or auſſi rangez en ſautoir : Il y a eu des Seigneurs de cette maiſon qui ont eſté compagnons du bon-heur de ce Vaillant chef de guerre Bertrand du Gleſquin, & ont participé à ſa gloire, l'ayant accompagné en la pluſpart de ſes exploits militaires, tant en France qu'en cette Prouince.

PEAN Coëtglazran en Penuenan, & autres en Treguier de ſable à trois faſces d'Or, accompagnées de ſix Quintefeilles de meſme, 3. 2. & 1. Porzanlan en Penuenan *idem*.

PEAN jadis à Coëtluz en Guineuez Eveſché de Leon, pallé d'argent & de gueulle de dix pieces.

PEILLAC jadis à Launay en Langoat Eveſché de Treguier, d'argent à trois Tourteaux de gueulle 2. & 1.

DV PELLEN jadis Seigneur de Saint Nicolas du Pellen en Cornoüaille C. d'argent à vne bande de gueulle chargée de trois Macles d'Or.

PELISSIER Chauigné habitué en cet Eveſché de Treguier, porte de gueulle au Lion eſuiré d'Or.

PENAIVN prés Carhaix, voyez le Rouge Guerdauid.

PENANBLOE' jadis à Ploeguiel prés Lantreguier d'extraction noble portoit . . .

PENANCOET *alias* audit lieu prés Saint Renan à preſent à Keroüazle en bas Leon, Quilimadec, & autres, faſcé d'argent & d'azur de ſix pieces eſcartelé d'Or au Lion de gueulle couronné armé & lampaſſé d'azur.

PENANCOET en Plougaſtel Eveſché de Cornoüaille, d'argent à trois ſouches arrachées de gueulle 2. & 1.

PENANDREZ prés Lesneuen pour les Armes Kersauson en Leon *idem*.

PENANEACH- Ponteon en Plouënan Evesché de Leon C. d'argent à vn Ecu en abîme d'azur à l'Orle de six Annelets de gueulle, cette Maison est contiguë à celle de Lanuzoüarn dont les Armes sont synonimes.

PENANECH en Guymeac Evesché de Treguier, ancien voyez Kerboury, moderne . . .

PENANECH- Lescatual en Plouyen Evesché de Leon, Kerlech *idem*.

PENANHERO, d'argent à vne Teste de Morte, au Tortil d'argent.

PENANPONT lez Saint Paul de Leon, de gueulle à la bande d'argent chargée de trois Quintefeilles de gueulle.

PENANQVENQVIS prés Landerneau voyez Douget.

PENANROS au Treffuou Evesché de Leon, d'Or à vne main gantée d'azur mouuante du costé senextre & tenant vn Epervier de mesme.

PENARV en Guerlisquin Evesché de Treguier, du Parc Lesuersault *idem*.

PENARV en Loguiuy prés Lannion, ancien d'azur à vn chevron d'argent accompagné de trois poyres d'Or les bouts en haut, modernes voyez Tremen.

PENARV en Direnon Evesché de Cornoüaille, pour les Armes voyez Hellez tout en outre.

PENARV prés Saint paul, pour Armes antiques voyez Hamon du Bouuet, modernes du Dresnay *idem*, auec cette deuise *en bon espoir*.

PENARV lez Morlaix ramage de Gouëzbriand, pour les Armes voyez Quintin Kerozerch.

PENARV en Lanmeur ramage du Gliuiry du Gratz, Bois de la Ripve *idem*.

PENCHOADIC en Guiclan Evesché de Leon, de

BRETON,

sable au Lion d'argent, l'Escu semé de Billettes de mesme Vn Seigneur de cette maison fut vn des enuoyez en Ecosse pour conclure & arrester le Traité du mariage en secondes nopces d'entre le Duc François I. auec Ysabelle seconde fille du Roy d'Ecosse.

PENCHOËT, prés Morlaix B. portoit d'Or à vne fasce de gueulle, elle est reputée pour l'vne des plus anciennes maisons du païs, qui tire son origine des anciens Vicomtes & Barons de Leon, & dont il y a eu vn Admiral sous nos Ducs, si souuent rechanté dans nos Croniques, cette terre est à present à Monsieur de Coëtanfaou.

PENCHOËT-Chef-de-bois en Leon, d'Or au Lion d'azur.

PENCHOËT, Poulpry ancien, Kersauson *idem*.

PENFENTEVNYOV, *alias* audit lieu en Sibiril Evesché de Leon C. maintenant à Kermoruz au Menihy de Saint paul, au Penchoüat en Plougonuen, Evesché de Treguier, burellé de gueulle & d'argent de dix pieces.

PENGVERN de Lopezret Evesché de Leon, de gueulle à vne Fleur de Lys d'Or en abîme, accompagnée de trois pommes de Pin de mesme, deux en chef & vne en pointe.

PENGVILLY C. d'azur à la Croix pattée d'argent.

PENHOËT en Grand-Champs, Evesché de Vennes, d'azur à trois Croix pattées au pied fiché d'Or.

PENLAEZ prés Carhaix, d'argent au Cheuron de gueulle, accompagné de trois Molettes de mesme, deux en chef & vne en pointe.

PENLAN, en Trebreden Evesché de Treguier C. acquise à l'Abaye de Begar, par donaison d'vn Raoul de Calomnia Espagnol de nation, enuiron l'an 1225. portoit d'azur à trois Roses d'Or 2. & 1.

PENMARCH prés Lesneuen B. d'Or à trois Merlettes d'azur, 2. & 1. anciennement c'estoit de gueulle à vne teste de Cheual d'argent bridée d'Or, le col & le crin auſſi d'argent, & pour deuiſe *preſt ve*, il ſeroit à propos.

PENNAVLT, en Cornoüaille, d'azur à trois Saumons d'argent poſez en faſce l'vn ſur l'autre, c'eſt à Monſieur de Coëtienual.

LE PENNEC en Treguier, de gueulle à trois Buz ou teſtes de pucelles cheuelée d'O 2. & 1.

LE PENNEC, *alias* à Kermoruan poences prés Guingamp, de ſable à trois teſtes de Leurier d'argent accolées de gueulle, & clouſtées d'Or, 2. & 1.

PENNOV, jadis à Troguindy en Tonquedec, Eveſché de Treguier, d'argent à deux faſces d'azur, accompagnée de ſix Hermines de ſable 3. 2. & 1.

PENSEZ, en Taulé C. des dependances de Leon, portoit eſcartelé de Rohan, maintenant . . .

PENSEZ en Plouyen, Eveſché de Leon, pour les armes voyez Symon Tromenec.

PENSORNOV en Taulé Eveſché de Leon, d'argent à vne faſce de ſable, ſurmontée d'vne merlette de meſme.

PENTRE', en Plabennec Eveſché de Leon, ancien d'Or à vne Trompe ou Cor de Chaſſe d'azur lié d'argent en ſautoir, moderne voyez Launay Coëtmeret.

PENTREZ, Roſtellec, Eveſché de Leon, porte d'azur à vne Fleur de Lys d'Or en abîme, accompagnée de trois Eſcus d'argent 2. & 1. Madame de Brezal eſt heritiere de cette maiſon là.

PENVERN Keroüarz en Leon, ancien, d'azur à vn poignard d'argent aux gardes d'Or poſé en bande, & accoſté de deux quintefeilles auſſi d'Or, maintenant comme Keroüarz.

PENVERN, Leſquiffyou en Leon, le Borgne *idem*.

PENVERN-perenno en Cornoüaille, d'azur à la Fleur de Lys d'argent en abîme, accompagnée de trois poires d'Or 2. en chef & 1. en pointe.

Pepin

BRETON.

PEPIN la Coudraye, d'argent au Pin de synople, & vne bande d'azur brochant à d'extre sur le tout chargée de trois pommes de Pin d'Or.

PEPPIN d'azur au Cheuron componé d'argent & de gueulle, accompagné de trois pommes de Pin d'Or 2. & 1.

PERCEVAS jadis à Mescouin en Guicouruest Evesché de Leon, d'Or à vne fasce de sable.

PERCEVAUX à Mesarnou en Plouneuenter Evesché de Leon C. porte d'argent à trois Cheurons d'azur auec cette deuise, *s'il plaist à Dieu*, à Morisur prés Lesneuen *aliàs idem*, à presant à Keranmeal prés ladite Ville.

PERENES ancien surnom de Keroulpy en Cauoenec Evesché de Treguier, d'argent à vn Aigle à deux testes éployé de sable, becqué & membré de gueulle, maintenant de Cameru.

PERRET à Kerian en Ploëgat-Chastelaudren Evesché de Treguier, porte de gueulle à trois Roses d'argent 2. & 1.

PERRIEN en ladite Paroisse Evesché de Treguier C. d'argent à cinq fusée de gueulle posées en bande : C'est vne des plus anciennes maisons du pays, dont sont jssus les Seigneurs de Crenan, de Bresseillac & autres.

PERRIEN-MOR en Leon, de gueulle à deux espées d'argent en Pal la pointe en haut, brisé en Chef d'vne Quintefueille de mesme.

DV PERRIER B. jadis Comte de Quintin, Seigneur du Perrier & de la Roche-Diré en Anjou à Sourdeac & à Kerdauy *aliàs idem*, à present au mesmé, Kermiluen, Boisgarin & autres d'azur à dix Billettes d'Or 4. 3. 2. & 1. cette famille à produit l'an 1393. vn Mareschal de Bretagne sous nos Ducs.

PERROT *aliàs* à Launay-Thorel en Plouian, autrement le Vieu-Launay, portoit de sable fretté d'Or de six pieces au cartier d'extre, d'argent à vne Croix de gueulle

E e

au cartier dextre d'argent à vne Croix de gueulle.

PERROT jadis au Traouneuez en ploüezoch Evefché de Treguier, de gueulle au cheuron d'argent accompagné de trois Coquilles de mefme 2. & 1.

PERROT, *aliàs* à Traoüanuelin prés Morlaix, à prefent à Kerriou en Locquenaulé, & autres, de fable à vne tefte de Belier d'Or.

PERROT, ou Perrault, jadis à Launay prés Rennes, de gueulle, à trois Teftes de Belier d'Or 2. & 1.

DE PERSEIN, Marquis de Montgaillard, & du Tymeur, porte fur le tout . . . . à vn Cigne d'argent, becqué de fable, nageant fur des ondes d'azur, efcartelé d'autres alliances.

PERTHEVAVX, jadis à Crechfent, Kermabuffon en Pleftin, & autres, Evefché de Treguier, de fable à vne Croix alaizée d'argent.

PERYOV, anciennement au Mefqueau en Plougaznou Evefché de Treguier, dont il y a eu vn Capitaine de la Ville & Fortereffe de Lefneuen, qui eftoit bien confideré auprés de l'vn de nos Ducs, enuiron l'an 1402. portoit de fable à vne fafce d'Or, furmontée de trois Coquilles de mefme.

PESTIVIEN, B. ancien, vairé d'argent & de fable, à Glomel, & autres, *aliàs idem*, Moderne voyez Guergorlay.

LE PETIT-BOIS en Piré, d'argent à trois teftes de Loup arrachées de fable, & lampaffées de gueulle 2. & 1.

PEZRON, jadis à Coëtmoruan en Plouian, Kermeluen en Plouify Evefché de Treguier, Lefconuel en Plouzané Evefché de Leon, & autres, de gueulle au Lion d'Or.

PHELIPPES, en Treguier, pour les armes Coëtgourheden *idem*.

PICART-Foffe-dauy prés Lamballe, & autres, d'argent à vn Lion de fable accompagné de trois merlettes de mefme 2. en chef & 1. en pointe.

PICAVLT-Morfoüaſſe, d'argent au fretté de gueulle de ſix pieces, au chef auſſi de gueulle chargé de 3. treſfles d'Or.

PIEDEFER, d'azur à vn Lion d'Or, armé & lampaſſé de gueulle.

PIEDEVACHE, d'argent à trois pieds de Vache de gueulle aux ergots d'Or. 2. & 1.

LA PIERRE B. de ſable à ſix béſans d'argent 3. 2. & 1. de la Voüe *idem*, ſurnom de cette maiſon.

PIERRE, jadis à Keruilgoz en ſeruel Eveſché de Treguier portoit . . . .

PILAVOYNE, à Kerſalaun prés Lantreguier portoit . . .

LA PIGVELAYE, en Rennes C. pour les armes voyez le Chenay Piguelaye.

PILGVEN, Sieur de Kerouriou en Plouider Eveſché de Leon, & autres, d'Or à trois Coquilles de gueulle 2. & 1.

PINART, dernier ſurnom du Val lez Morlaix, Cadoüalan prés Guingamp, Lottermen, le Foüennec, & autres, en Treguier, faſces ondées d'Or & d'azur de ſix pieces, au chef de gueulle chargé au cartier d'honneur d'vne pomme de Pin d'Or.

PINCE', d'argent à trois Merlettes de ſable 2. & 1.

PINYEVC C. vairé d'Or & d'azur, au chef de gueulle chargé de 4. bezans d'argent, & vne Hermine de ſable ſur chaque bezant.

PIREAV au Goazqueau en Plouneuez Eveſché de Treguier, porte . . .

PIRON Sieur du Fretay & de Melean prés Lamballe, d'argent à trois faſces de gueulle accompagnées de dix Molettes d'Eſperon de meſme 4. 3. 2. & 1.

LA PLANCHE, de ſable au Chevron d'argét accompagné de deux Croiſſans en chef & vne Ecreuice d'Or en pointe.

DV PLANTEIS C. d'Or fretté de ſable de ſix pieces.

PLEDRAN Vicomté d'or à ſept Macles d'azur 3. 3. & 1.

E e 2

LA PLESSE, prés Rennes, d'azur à deux Epées d'argent posées en sautoir.

PLESSIX-Balisson C. de gueulle à deux Leopards d'Or l'vn sur l'autre, ou selon d'autres, Lions Leopardez.

PLESSIX Bertrand C. pour les armes voyez du Glesquin.

PLESSIX-Iosso en Vennes C. portoit jadis d'azur à trois Coquilles d'Or 2. & 1 maintenant Rosmadec.

PLESSIX-Coëtjunual en direnon, Evesché de Cornoüaille, d'Or à trois testes de Loup arrachées de sable, 2. & 1. qui est du Loüet.

PLESSIX de Melesse, d'Hermines à trois Channes de gueulle.

PLESSIX-Kersalyou, prés Lanuolon, portoit pour armes antiques . . .

PLESSIX-Herupet, pour les armes voyez la Riuiere Kertoudic.

PLESSIX-EON, en Ploëffur Evesché de Treguier pour armes antiques Tournemine *idem*, comme estant vn ramage de cette maison, modernes voyez Quelen Guerjan.

PLESSIX-Baudoüin, C. d'Or à la Croix pattée de gueulle.

PLESSIX-Bon-Enfant, d'argent à la Croix pattée de sable.

PLESSIX-Bourgonniere. C. d'argent à la Croix dentelée de gueulle, cantonnée de 16. Hermines de sable 4. à 4.

PLESSIX-Cotte en Saint-Brieuc, ancien d'argent au croissant de gueulle, au chef d'Or chargé de trois macles d'azur: moderne Budes, du Tertre-Ioüan *idem*.

PLESSIX-Tresiguidy en Leon, pour Armes antiques la grande Paluë *idem* : modernes voyez Kerlech Tresiguidy.

BRETON.

Plessix-Goafmap prés Lanmeur, pour les armes Kermoyfan *idem*.

Plessix-Grenedan, d'argent à la bande de gueulle chargée de trois Macles d'Or furmôtée d'vn Lion de gueulle, armé lampaffé & couronné d'Or

Du Plessix, *alias* audit lieu en Pluzunet Evefché de Treguier, auant que le furnom de Martin y eftoit, de fable au Cigne d'argent becqué & membré de fable à prefent à Coëtferhou prés Morlaix Evefché de Treguier, Penfaou en Pleiber-Saint-egonec, Kergoff, & autres, en Leon, *idem*.

Du Plessix jadis audit lieu en Pommerit-Iaudy Evefché de Treguier, dont eftoit iffuë la Mere de Saint-Yues, portoit . . .

Le Plessix en Ploüegar Evefché de Leon, Guergorlay Cleuzdon *idem*.

Plessiz-Traouoaz en Treguier, d'argent à trois faffes de gueulle, à la bordure de mefme chargée de dix annelets d'argent.

Plessix-Miuier prés Guerlifquin, d'argent à vn arbre de fable.

Plessix Goazanharant en Pleftin, Evefché de Treguier, pour armes prefentes Kergrift-Kergadiou *idem*, antiques . . .

Plessix au Chat, de fable à vn Chat effrayé d'argent.

Plessix de Cintré, d'argent au Cheuron de gueulle accompagné de trois lofanges de mefme.

Plessix, d'Hermines à trois Chefnes de Synople, 2. & 1.

Plessix au Prouoft, bandé d'argent & de fable de fix pieces.

Ploëgroix jadis à Trogotre en Loguiuy Ploëgroix, C. d'argent à la Croix pattée de gueulle.

Ploënevez, Kerampuneze prés Goarlec, en Cornoüaille, & autres, d'azur au chevron d'Or accompagné de trois Estoiles de mesme, 2. en chef & 1. en pointe.

PLOËSQVELLEC, ou Plusquellec B. issu des anciens Comtes de Pohaër-qui estoient Comtes primitifs du sang & famille des Ducs & Princes de Bretagne, porte d'argent à trois Cheurons de gueulle, à Callac en Cornoüaille Bruillac en Plounerin, Kerhuel Kerberio, Kerhuidonay, & autres, *alias idem*, à present au Boisryou prés Lantreguier, Kernegues prés Lannion, & autres.

DE PLOVEC prés Quintin C. maintenant au Tymeur prés Carhaix, qui fut erigé en Tiltre & dignité de Marquisat au mois de Nouembre 1616. verifié en Iuin l'an 1618. en faueur de Messire Sebastien Seigneur de Ploeuc, & du Tymeur, Baron, de Kergorlay, &c. qui portoit escartelé au premier & 4. Cheuronné d'Hermines & de gueulle de six pieces, qui est de Ploëur, au 2. & 3. vairé de d'Or & de gueulle, qui est Guergorlay, auec cette deuise, *l'ame & l'honneur*.

PLORET C. d'azur fretté d'Hermines de six pieces.

PLOÜER C. au Marquis de la Moussaye, de gueulle à six Quintefeilles d'Or 3. 2. & 1. l'an 1488. il y a eu de cette Maison vn Escuyer ordinaire de l'Escurie du Duc Pierre.

PLOVËZOCH jadis en Quelennec en Plounerin Evesché de Treguier, au Crech en Lanmeur, & autres, de sable fretté d'Or de six pieces à la bordure engreslée de gueulle.

PLVMAVGAT C. d'azur à trois bandes d'argent, la Haye Coëtfer, & autres *idem*.

POËNCES jadis à Kermoruan, prés Guingamp Kertudio prés Chastelaudren, prathingant en Ploüha & autres, de gueulle à vn Esperuier grilletté d'Or, qui se gorge d'vne cuisse de perdrix à present le Gualles, c'est au sieur de Mesaubran.

POILL'E *alias* B. depuis erigé en Comté l'an 1635.

BRETON.

verifié en Parlement au mois de Mars 1636. en faueur de Meſſire Henry Baron de Poillé, Gouuerneur, & Bailly de Mortaing en Normandie, qui portoit party d'argent & d'azur, au Lion Leopardé de gueulle, couronné, armé & lampaſſé d'Or.

DE POIS Sieur de Foüeſnel, Conſeiller en la Cour de Parlement, porte d'Or à vn Vol d'Aigle de gueulle.

POLART dernier ſurnom de la Villeneufue en Ploüezoch, d'argent à vn cheuron de gueulle accompagné de trois Coquilles de meſme, 2. en chef & 1. en pointe, de cette maiſon eſtoit le Bien-Heureux Frere Louys de Morlaix Capucin, dont le Corps repoſe en vne Chapelle lez l'Egliſe de Saint Mathieu de Morlaix, où Dieu a operé de nos iours pluſieurs Miracles par les Merites & Interceſſions de ce Vertueux perſonnage.

PONTAVICE, de gueulle à vn Pont d'argent.

LE PONT-BRIAND, d'azur au Pont à trois Arches d'argent.

DE LA POMMERAYE en Caro Eveſché de Saint-Malo, porte de ſable à trois Grenades d'Or : Kerembar d'Ambon en Vennes *idem*.

POMERIT le Vicomte, au Marquis de la Mouſſaye B. d'Or à ſept Quinte-feilles de gueulle depuis neuf rangées 3. à 3.

DV PONT, B. d'Or au Lion de gueulle, armé & couronné d'azur.

DV PONT ſieur de Chuilly, d'argent à vne faſce pontée de ſable chargée d'vne eſtoille d'Or, accompagnée de trois roſes de gueulle.

PONTANTOVL, *alias* à Meanfautet en Leon, à Monſieur le Comte de Boiſeon C. d'Hermines au ſautoir de gueulle, à Leſploüenan prés Saint Paul, & à Kerriuoal en Trefgondern *alias idem*.

PONTBLANC en Plouaret Evesché de Treguier d'Or à dix billettes de sable. 4. 3. 2. & 1.

PONTBRIAND, C. d'argent à vne fasce carnelée d'azur, massonnée de sable, les creneaux posés vers la pointe de l'Escu.

PONTCALEC, partage de malestroit C. depuis erigé en titre de Marquisat, porte comme Malestroit & pour deuise, *qui numerat nammos non male stricta domus*, fondée sur ce que les Seigneurs de cette maison partageants leurs Cadets sont en pocession jmmemoriale de leur assoir leur droict naturel par argent si bon leur semble.

PONCELIN en plouzané Evesché de Leon, & autres de gueulle à deux fasces d'argent.

PONTCHASTEAV en Leon, jadis Conseiller en la Cour de parlement de ce pays, & depuis Chanoine des Eglises Cathedralles de Leon & de Nantes, portoit comme Richard Kerriel, & pour deuise *Dominus in circuitu*.

PONTECROIX C. d'azur au lyon morné d'argent.

PONTEVEN, jadis audit lieu, Kerlauocze en Tregastel, & autres en Treguier, de sable au Chasteau d'argent.

PONTGLO en Ploëmeur-Gautier Evesché de Treguier, pour les Armes voyez, plus bas Poulglo.

PONTHOV B. portoit jadis, de sable fretté d'Or de six pieces, c'est au Marquis de Locmaria. Il y a vn prieuré en ce Bourg fondé par les anciens Comtes de Penthieure & de Guingamp, enuiron l'an 1214.

PONTOL en Leon, Coëtlogon Lescrech *idem*.

PONTLOSQVET en Coëtreuan Evesché de Treguier, voyez le Campion.

PONTMENOV anciennement en Lanharan paroisse de plestin en Treguier auant Derian portoit pour Armes . . .

PONTPLANCOËT

PONTPLANCOËT prés Saint Paul de Leon, de gueulle à trois fasces ondées d'Or, cette maison est fonduë depuis longues-années en celle du Dresnay & de Chasteaufur.

PONTPLANCOËT en Ploügaznou Evesché de Treguier, portoit jadis, d'argent à vne Fleur de Lys de gueulle, auant le surnō de Quelen, maintenant Kerjan pastour *idem*.

PONTREVZOV en Camlez, Evesché de Treguier, ancien le Leizour *idem*. moderne . . . .

PONTRIVILY, ancien .. moderne voyez Boisgelin.

PONTROVAVLT C. d'azur à vne croix neillée d'argent gringolée d'Or.

PONTZAL C. d'argent à la fasce de gueulle chargée de trois Bezans d'Or, accompagnée de six hermines de sable, trois en chef, & trois en pointe 2. & 1. écartelé d'argent au chevron engreslé de sable.

LE PORC, d'Or au sanglier de sable en furie.

DE PORCARO, de gueulle à vn Heron d'argent becqué & membré de sable.

PORCON C. d'Or à vne fasce d'Hermines accompagnée de trois Fleurs de Lys d'azur 2. & 1.

LE PORTAL en Ploumilieu Evesché de Treguier, Keranglas *idem*.

LA PORTE Seigneur d'Artois & de Mordelles, C. de gueulle au Croissant d'Hermines, il est Conseiller en ce Parlement.

LA PORTE-le Gal Grand-Preuost de Mes-Seigneurs les Mareschaux de France en cette Prouince porte fascé en ondes d'argent & d'azur de six pieces.

LA PORTE jadis à Kerduault portoit . . . .

LA PORTE-Nefve C. pour les Armes & deuise voyez de Guer.

PORZAL *aliàs* audit lieu en Bas-Leon, Keriuault en Ploügaznou, & autres d'argent à trois fasces ondées d'azur, au Chef de mesme chargé de trois Estoilles d'Or.

F f

PORZANPARC en Plouneuez Evefché de Treguier, ancien de fable à vne fafce d'argent accompagnée de trois molettes de mefme 2. & 1. brifé en chef d'vn Croiffant aufli d'argent, moderne Kergariou *idem*.

PORZIEZEGOV prés Saint Michel en Grefue Evefché de Treguier, pour Armes antiques, voyez buzic, modernes Rogon Carcaradec *idem*.

PORZMEVR en Plouegat Guerrand C. voyez Guerrand comme eftant des Annexes de cette maifon.

PORZMEVR en Saint Martin les Morlaix ramage de Lefquifiou, maintenant aux heritiers du feu Sieur de la Belle-Marre, pour les Armes, voyez Tanouarn.

PORZMEVR en Plougaznou ancien. . . . . moderne le Bigot Keriegu *idem*.

PORZMOGVER audit lieu en Plouarzel Evefché de Leon, de gueulle à vne fafce d'Or chargée d'vne Coquille d'azur, accompagnée de fix bezans d'Or trois en Chef & trois en pointe 2. & 1.

LE PORZOV prés le Chafteau de Coëtmen Evefché de Treguier, d'azur à fix Fleurs de Lys d'argent 3. 2. & 1. au Chef de gueulle chargé d'vne Tour crenelée & couuerte d'Or.

LE PORZOV en Langoat Evefché de Treguier, pour les Armes Lanloup *idem*.

PORZPOZEN en Pleftin Evefché de Treguier, ancien furnom de cette maifon, autre-fois iffuë de la maifon de Carman, portoit d'argent au Lion de fable, Kerueguen en Plouigneau & Kerochiou en Ploujan *aliàs idem*.

PORZPOZEN en ladite Paroiffe, pour armes antiques, la Foreft Keruoaziou *idem*, modernes, voyez la Tour Porzpozen & Perteuaux.

DV POV en Vennes, C. ancien de fable au Lion d'argent Couronné Armé & Lampaffé d'Or, moderne. . .

Povence', C. de gueulle à deux Leopards d'Or, l'vn sur l'autre.

Poulain, Ville-Salmon, la Cour-Dandel, & autres en Saint-Brieuc, escartelé au 1. & 4. d'azur à vn Croissant d'argent contrescartelé d'argent à vn houx de synople au franc cartier de gueulle chargé d'vne croix engreslée d'argent.

Poulard jadis à Kergolleau en Goëlo, de gueulle à vne grande rose d'argent boutonnée d'Or: escartelé de synople. l'An 1362. il y auoit vn Evesque de Saint-Malo de cette maison là.

Poulbroch en Ploudiry, Evesché de Leon porte escartelé au 1. & 4. de Keroudault, contrescartelé d'Or au sautoir d'azur.

Pouldouran en la paroisse de Hengoat Evesché de Treguier ancien, d'azur à dix billettes d'Or 4. 3. 2. & 1. au canton dextre de gueulle chargé d'vn Lyon d'argent, moderne Rumen Begaignon *idem*.

Pouldy en Ploumauguer Evesché de Leon . . .

Pontglo en Ploëmeur, Gaultier prés Lantreguier, ancien, d'argent à trois fasces de sable au canton dextre chargé d'vn escartelé d'Or & d'azur, moderne Kerepol Kergariou *idem*.

Poulguiziau en Leon, d'argent au cheuron d'azur, accompagné de trois glands de synople 2. & 1.

Poulmic, en Cornoüaille B. eschiqueté d'argent & de gueulle, à six traicts, auec cette deuise, *de bien en mieux*.

Poulpiguet, au Hallegoët en Plouzané, Rodurant, Keruent prés Saint Paul, Keryuen-Mao, & autres, en Leon, d'azur à trois pallerons d'argent, becquez & membrez de sable: Il y a vn President en la Chambre des Comtes de cette prouince de cette seconde maison là.

F f 2

POVLPRY Sieur dudit lieu en Ploüdaniel, d'argent au massacre de Cerf, de gueulle posé de front. Il a esté Conseiller en la Cour de Parlement de ce pays, & cette charge a esté continuée de pere en fils en cette maison, le Sieur de Keranaoüet Seneschal de Lesneuen est aussi de ce nom.

POVRAPA en Plougolm Evesché de Leon, du sur-nom de Helleau de gueulle à vne fasce ondée d'Or accompagnée de six bezans de mesme trois en chef & trois en pointe 2. & 1.

POVSSAVGES, d'Or semé de Fleurs de Lys d'azur sans nombre au franc cartier de gueulle, chargé d'vne espée d'argent en Pal la pointe fichée en hault.

PRATANLAN en Treguier d'argent à vne fasce de gueulle accompagnée de six macles, d'azur trois en chef & trois en pointe 2. & 1.

PRATANROS C. d'argent à la Croix patée d'azur.

PRATBIHAN en Guiclezny Evesché de Leon, de sable à trois petites Croix pattées d'Or.

PRATCARIC en Ploüneuez Evesché de Treguier, ancien . . . moderne Kerprigent seruel près Lannion *idem.*

PRATHIR en Leon, de synople à trois Coquilles d'Or 2. & 1.

PRATMARIA, de gueulle à trois espés d'argent posées en bande la pointe fichée en bas, pratanraix *idem.*

LE PRE' en Breleuenez, près Lannion anciennement, portoit mesmes Armes que la grande Paluë près Landerneau à present Barrach Rosambo *idem.*

LE PREDIC en Plougounüellen Evesché de Leon.

PRE-DV-CHASTEL, d'argent à vn Chasteau de gueulle.

PRE'-DV-MOVLIN, d'Or à trois Fleurs de Lys d'azur, 2. & 1.

LE PRESTRE, Sieur de Lozonet, Conseiller en la Cour de parlement de ce païs, C. porte de gueulle à trois Escussons d'Hermines, 2. & 1. à la bordeure engreslée d'Or. Le dernier Euesque de Cornoüaille estoit de cette maison là.

LE PRESTRE, jadis à la Loyere prés Vennes C. escartelé au premier & 4. d'argent à vne Quintefeille de gueulle, contrescartellé de sable à 4. fusées d'Or en fasce.

LE PREVOST, anciennement à Locmaria prés Guingamp C. d'Or à vne Tour crenelée de gueulle surmontée d'vne Croix pattée d'azur, c'estoit auant le surnom de Coëtgourheden.

LE PREVOST, jadis à Kerambastard, d'azur à trois Quintefeilles d'argent, 2. & 1. au Penquer en Plouneuez-Quintin *alias idem*, à present le Borgne.

LE PREVOST, *alias* au Squiriou, C. d'argent à vne bande fuselée de gueulle.

LE PREVOST, eschiqueté d'Or & d'azur à six traits, au franc canton d'argent chargé d'vn Griffon de sable.

PRIGENT, jadis Evesque de Treguier, portoit d'azur à vne fasce d'Or accompagnée de trois molettes de mesme, 2. & 1.

PRIGENT, Keruidrou En Treguier, d'argent à trois Tourteaux de sable, & vn Croissant de mesme en abîme.

LE PRINCE, de sable à six Coquilles d'argent 3. 2. & 1.

PRUILLY, d'Or à six allerions d'azur, 3. 2. & 1.

PUSCOET, jadis audit lieu en Botlezan Evesché de Treguier portoit . . . . maintenant Kergrist Kergariou *idem*.

DU PUY, escartelé au premier & dernier d'Or au Lion de gueulle, armé & Lampassé d'azur au 2. & 3. de gueulle à vne fasce d'Or chargée de trois Fleurs de Lys d'azur au Lion d'Or couronné de mesme, naissant en chef.

Q

QVELENNEC prés Quintin C. Baron du Pont & de Rostrenan, Vicomte du Faou, &c. portoit de Bretagne au Chef de gueulle, chargé de trois Fleurs de Lys d'Or.

QVIMPERCORENTIN Ville Capitalle du Comté & Evesché de Cornoüaille des plus anciennes de la Prouince, puisque les Annalistes Bretons la tiennent communement fondée par vn certain Corineus fugitif de Troye, porte pour Armes de ladite Ville, de gueulle au Cerf passant d'Or au Chef d'azur semé de France, car les anciens Comtes de Cornoüaille, portoient d'argent à trois Hermines de sable.

QVIMPERLAY Ville Maritime & Barre Royalle au Diocese de Cornoüaille, porte d'Hermines à vn Cocq de gueulle, barbé, membré & cresté d'Or.

QVINTIN aliàs B. issu en juueignerie des anciens Comtes de Penthieure & Barons d'Auaugour, depuis erigé en Comté, porte d'argent au Chef de gueulle comme Auaugour Brisé en Chef d'vn Lambeau à trois pandans d'Or, cette terre a esté vn long-temps vnie à la maison de la Trimoüille & depuis quelques années acquise par les Seigneurs de la Moussaye.

BRETON.

QVERBRIAC C. portoit jadis, d'azur à trois Fleurs de Lys d'argent dépuis six 3. 2. & 1.

QVEDILLAC C. de gueulle à trois bandes d'argent.

QVEFFARAZRE à Runtannic en Plouëgat-Guerrád, porte d'argent à vn cor de Chasse d'azur en abîme lié en sautoir de mesme, accompagné de trois Tourteaux de gueulle 2. & 1.

QVEHOV, Gorepont & autres en Leon, de sable à trois Treffles d'argent, à la bordure engreslée de mesme,

QVELEN *aliàs* audit lieu en Duault Evesché de Cornoüaille C. à présent fonduë en la Baronnie du Vieux-Chastel à Loguenel, Guernisac en Taulé Evesché de Leon, le Rest en Plouesoch, Kerelleau en Kermaria-Sular, Pontplantcoët en Ploügaznou, Kermouster en Langoat & plusieurs autres en Treguier, *aliàs idem*, à present au Dresnay, Chasteaufur, Saint Bihy, Kerchoz, plessix Guerjan & autres, burellé d'argent & de gueulle de dix pieces & pour deuise antique, *en peb amser quelen*, c'est à dire, en toute saison il fait bon prendre conseil.

QVELEN Broutay, portoit d'argent à trois feüilles de Houx de synople 2. & 1.

QVELENNEC *aliàs* audit lieu en Cauan, & à Kerhezrou en Loüargat Evesché de Treguier, de gueulle à trois Annelets d'argent 2. & 1. à Kerherué en Ploübezre, Coëtarrel & autres audit Evesché *aliàs idem*.

QVELLENNEC, Keroulas en Ploümauguer Evesché de Leon, pour les Armes voyez Keroulas.

QVELENNEC, d'argent à vn Chesne de synople englanté d'Or.

DE QVELO Sieur de Cadouzan prés Guerrande au Comté Nantois, porte d'azur à trois Taux ou Croix de Saint Anthoine, d'argent 2. & 1. son pere estoit Conseiller en la Cour de Parlement de ce pays.

QVEMPER jadis à Keranroux en Ploübezre prés

Lannion, à present à Lananscol en Ploëzelempe & autres en Treguier, d'argent à vn Leopard de sable, au Chef Cousu d'argent chargé de trois Coquilles aussi de sable.

QVEMPERGVEZENEC prés Pontrieu Vicomté, de de gueulle à vne Croix engreslée d'Or, c'est à Monsieur le Comte de Grand-Bois.

QVENECHQVIVILY C. jadis à Kerscoadec, à present à Kerborn Evesché de Cornoüaille & autres, de sable à trois deffences de Sanglier d'argent 2. & 1. il y a eu vn President au parlement, de cette premiere maison.

QVENGO Chevalier Seigneur du Rocher, Vaulquy Vicomte de Tonquedec, &c. d'Or au Lion de sable, armé & l'ampassé de gueulle. Le fils aisné de cette maison est Gouuerneur pour le Roy au Bois de Vincennes, & ont tient cette famille originairement jssuë d'vne maison signalée d'Angleterre.

QVENHAOT C. de Vair au Croissant de gueulle.

QVENQVISOV jadis audit lieu & à Kerprigent en Ploügaznou, à Kernoter en Ploüezoch Evesché de Treguier, de sable fretté d'Or de six pieces, en l'an 1478. il y auoit vn Conseiller au Parlement de l'vn de nos Ducs de cette famille.

QVEROV jadis à Keruerziou au Comte de Goëlo, d'argent à deux Lyons affrontés de gueulle tenants de leurs pattes vne hache d'armes de sable en Pal.

LE QVEVN en Ploüigneau prés Morlais pour les Armes voyez Kergadiou Ledinec.

QVEYMERCH prés Quimperlay B. d'Hermines au Croisant de gueulle en abîme.

QVEYNGOF, de gueulle à vne espée d'argent en pal la pointe haute.

QVIIAC en Bas Leon, ancien voyez Foucault-Lescouloüarn, moderne du Louët, Coëtiunual *idem*.

QVILIDIEN jadis audit lieu en Ploüigniau, au por-
ziou

ziou en Pleſtin, Locrenan en ladite Paroiſſe Eveſché de Treguier & autres *idem.* de gueulle à vne faſce d'argent, accompagnée de ſix Macles de meſme 3. en Chef & 3. en pointe 2. & 1.

Quilien jadis audit lieu en Cornoüaille, portoit de gueulle au Chef endanché d'argent briſé d'vn lambeau à trois pendans d'azur, eſcartelé auec les Armes du Faou, maintenant de Kerret en ſurnom, portant pour deuiſe *teuel hac ober*, qui eſt en françois la deuiſe que vous voyez ſur Kerret.

Quilifvret ou Quillifuret au Comté de Goëlo, de ſable à trois épées d'argent en Pal d'vne hauteur, les gardes d'Or & les pointes fichées en haut, briſé en Chef d'vn Croiſſant d'Or.

Quiligonan, d'argent au Croiſſant de gueulle.

Quilimadec en Ploëdaniel Eveſché de Leon, d'argent au Chef endanté de gueulle, eſcartelé de Penancoët.

Quilivenec en la Paroiſſe du Treſſuou Eveſché de Leon, ancien . . . . . . moderne du Han, du Bertry *idem.*

Quilyov en Cornoüaille C. ancien d'argent au Chef de ſable, moderne, voyez le Barbu.

Quilyov en Hourin, de ſable à trois defences de Sanglier d'argent en faſce 2. & 1.

Quinavlt d'azur au Cheuron d'argent, accompagné de trois Soucys d'Or, tigées & feillées de ſynople 2. & 1.

Quinipilly en Vennes C. pour Armes antiques voyez Languenoez, maintenant de Lannion Baron du Vieu-Chaſtel *idem.*

Quintin jadis à Kerouzerch, Coëtamour & Triuidy prés Morlaix, Coëtanfrotter prés Lanmeur, Leſcoüarch, Kergadio en Loüargat, & autres en Treguier,

G g

maintenant à Kernon en Rospez prés Lannion, le Hellin en Pleiber Saint-Hegonec Evesché de Leon; Kerscao, Penarú lez Morlaix, & autres, d'argent au Lion de sable, accompagné de trois Estoilles de mesme 2. & 1. quelques-vns se sont contentez de mettre le Lion seul.

QUIRISEC, d'argent à six Hermines de sable 3. 2. & 1. au chef cousu d'argent chargé de deux Coquilles de gueulle.

QUIRISIT en Cornoüaille, d'azur à la fasce d'Or surmontée d'vne Molette d'Esperon de mesme.

QUISIDIC jadis à Kerbilsic Evesché de Treguier, de sable à deux fasces d'Or, brisé en chef de deux Coquilles de mesme.

QUISTINIC d'azur à trois Roses d'argent 2. & 1.

QUISTINIT en Serent Evesché de   de gueulle à trois Estoilles d'argent 2. & 1.

QUITYER, d'argent à vn Arbre de synople, au bâton de gueulle brochant à dextre sur le tout.

R.

RAIX *alias* A. B. depuis erigé en Duché & Pairie par le Roy Henry III. enuiron 1581. portoit pour Armes antiques, d'Or à la Croix de sable : modernes voyez de Gondy.

RENNES Ville Episcopalle & Capitalle de cette Prouince honorée d'vn Siege Metropolitain de la Cour de Parlement, qui y fut institué l'an 1551 par le Roy François I. elle porte, pallé d'argent & de sable de six pieces, au chef d'argent chargé de cinq Hermines de sable.

RICHEMONT Comte en son temps Conestable de France, portoit de Bretagne brisé en chef d'vn Lambeau à trois pendans de gueulle.

RIEVX B. porte écartelé au premier & quatre, d'azur à dix Bezans d'Or 4. 3. 2. & 1. contrescartelé de Bretagne, sur le tout de gueulle à deux fasces d'Or, qui est Harcourt & pour deuise *à tout heurt Rieux*. Cette illustre famille tire sa premiere origine & naissance des anciens Roys de Bourgogne qui se peut glorifier auec raison d'auoir produit en diuers temps des Mareschaux de France & de Bretagne, possedé auec honneur & generosité plusieurs autres belles Charges, mesme pris alliance en la Royalle Maison de Bourbon.

ROCHEBERNARD A. B. d'Or à l'Aigle à deux testes éployé de sable becqué & membré de gueulle.

ROCHEDERIEN jadis bonne Ville dépendante de la Comté de Gouëlo, porte comme Auaugour.

ROCHEFORT B. portoit vairé d'Or & d'azur, dont il y à eu vn Chancelier de France qui contribua par son rare esprit à l'vnion des deux Estats de France & de Bretagne.

ROHAN A. B. depuis erigé en Duché & Pairie par le Roy Henry IV. d'jmmortelle memoire au mois d'Aoust 1603. en faueur de Henry Vicomte de Rohan, Prince de Leon, Comte de Porhoët &c. portoit au premier de gueulle au Raix d'escarboucle pommetée d'Or à la double chaisne en sautoir de mesme, qui est Nauarre: au quatrejéme de France au Baston componé d'argent & de gueulle brochant sur le tout qui est Evreux au 2. & 3. de gueulle à nœuf Macles d'Or 3. 3. 3. qui est Rohan, sur le tout d'argent à la Guiure ou Bisse ondée d'azur en Pal jettant vn Enfant de gueulle par la bouche qui est Milan. Cette maison est assés cogneüe pour estre l'vne des plus Eminentes & Illustres du Royaume, voire de l'Europe, puis qu'elle montre vne décente Masculinne & directe de plus de treize cens ans, tirant son origine de Conan Meriadec premier Roy & Conquerant de Bretagne, & d'ailleurs qu'elle fait voir plusieurs alliances magnifiques, auec toutes les maisons Royalles & Augustes Familles de la Chrestienté.

ROSTRENEN B. maison fort renommée & si ancienne, que tous nos Historiens demeurent d'accord qu'elle a donné à la France son premier Conestable du temps de Louys le Debonnaire Empereur, & Roy de France, & produit en outre plusieurs grands Officers de la Couronne: elle porte de Bretaigne à trois fasces de gueulle.

BRETON.

RAGNIER, d'argent au sautoir de sable accompagné de trois Perdrix grises au naturel.

RAGOT, de sable à trois épées d'argent posées en bande.

RAGVENEL C. jadis Seigneur de Chasteloger & depuis Vicomte de la Beliere, portoit escartelé au premier & dernier d'Or au chef endanché de sable, contrescartelé d'autre, escartelé d'argent & de sable : Il y a eu vn Mareschal de Bretagne de cette famille.

RAISON jadis à Kersenant & à Kerdu en Ploumillieau à present au Cleuzyou en Loüargat, & autres en Treguier, d'argent à vn Croissant de gueulle en abime accompagné de trois Quintefeilles de mesme 2. en chef, & 1. en pointe, cette derniere maison a retenu ses anciennes Armes que vous voirez sur Cleuzyon.

RANDREGAR en Vennes de sable à la croix greslée d'argent.

RANNOV anciennement à Keriber en Bas-Leon portoit

RAOVL Sieur de la Guibourgere, de sable au Poisson d'argent posé en fasce & quatre Annelets de mesme 3. en chef, & vne en pointe, il est Conseiller en la Cour de Parlement.

RASCOL en Lanilis Evesché de Leon, pour les Armes voyez Keraldanet.

RASCOL, surnommé le Petit Rascol audit Evesché, Mesnoalet *idem*.

RAVENEL, d'argent à trois Quintefeilles de gueulle, à l'orle de dix Merlettes de mesme.

RAZILLY, d'azur à trois Fleurs de Lys d'argent 2. & 1.

RECHOV *alias* audit lieu en Botlezan Evesché de Treguier, portoit . . . . à present Kersalyou. Les Seigneurs de cette premiere Maison sont à present Chefs de Nom & d'Armes de Kersalyou.

RECHOU Pontnazen en Ploëbian Evesché de Treguier, d'argent à trois fasces de gueulle accompagnées de dix Merlettes de mesme 4. 3. 2. & 1.

REDILLAC, d'argent à trois Cocqs de sable crestez & membrez de gueulle 2. & 1.

DE REFFUGE, d'argent à deux fasces de gueulle à 2. Guivres d'azur affrontées en pal.

REGNARD jadis à la Garde-raison & à Kerdroniou prés Lànnion, d'argent à trois Testes de Regnard de sable arrachées de gueulle 2. & 1.

RENARDIERE, d'azur à trois renards passans d'Or 2. & 1.

RENAULT jadis Sieur de Beauuoys, de gueulle à vne Croix pattée d'Or.

RESPERES ramage de Plusquellec, pour Armes antiques Plusquellec *idem* : Modernes voyez Gaspern du Loiou.

RESSERVO en Guitel-Mezel Evesché de Leon, pour les Armes voyez Kerlech, le dernier Thresorier de Leon estoit de cette Maison-là.

LE REST prés Saint Michel en Grefue, Coëttedrez *idem*.

LE REST en Pommerit-Iaudy Evesché de Treguier, pour les Armes voyez Trolong.

LE REST en Plouezoch Evesché de Treguier, pour les Armes de Quelen *idem*.

LE REST en Breleuenez Evesché de Treguier, Cresoles *idem*.

LE REST en Plouënan Evesché de Leon, pour Armes antiques   Modernes du Louët Coëtjenual & Penanuern *idem*.

LE REST *alias* au Boisriou en Cauan Evesché de Treguier, pour les Armes voyez Boisriou.

LE REST-BAUDIES en Plabennec E. de Leon, d'Or à 3. fasces ondées d'azur brisé en chef de deux Coquilles de gueulle.

BRETON.

Restolles en Ploëgat-Chaftelaudren Evefché de Treguier, ancien voyez Taillart, moderne Boëxiere, Kerouchant & la Fontaine-Platte *idem*.

Rest-Ployenan prés Saint Paul, d'Hermines à vn fautoir de gueulle, efcartelé d'argent à vn Arbre de Pin de fynople chargé de Pommes d'Or.

Revol, d'argent à trois Treffles de fynople 2. & 1. il y a eu vn Evefque de Dol de ce Nom.

Rhetel, de gueulle à trois Ratteaux endantez d'Or 2. & 1.

De Rhvys jadis Seigneur de Sils C. de gueulle à vn Chevron d'argent femé d'Hermines.

Richard jadis à Kerriel & Ponchafteau prés Lefneuen, Kerjan en Pleftin Evefché de Treguier & autres, d'azur au maffacre de Cerf d'Or furmonté d'vne Rofe de gueulle & accofté de deux Tourteaux de mefme en pointe, l'vn des trente Chevaliers choifis pour combattre à la bataille de Trente, eftoit de cette famille-là.

Richardiere, d'argent à vn Pin de fynople fur lequel eft perché vn Gay au naturel.

Richemont jadis à Poulguinan en Treguier, d'argent à vne Croix pattée de gueulle cantonnée de quatre Macles d'azur.

Rimaison prés Pontiuy C. d'argent à cinq fafces de gueulle, à prefent annexée à la Maifon du Cleuzdon.

De Rivoalen-Meflean en Saint Goüeznou Evefché de Leon, d'argent au Chevron de gueulle accompagné de trois Quintefeilles de mefme 2. en chef & 1. en pointe.

Rivavlt jadis à Kerifac prés Guingamp, apres le furnom de Merien, portoit d'argent à vne fafce d'azur furmontée d'vne Fleur de Lys de gueulle: Cette Maifon a produit vn Gilles Riuault Efchanfon & Maiftre d'Hoftel ordinaire du Roy Charles IX. qui fut par luy employé en plufieurs Commiffions & Ambaffades honorables.

LA RIVE prés Saint Paul, de gueulle à trois Treffles d'Or & vne Quintefeille de mesme en abîme, Keraouel Lesquiffyou *alias idem*.

LA RIVIERE C. dont il y a eu vn Evesque de Rennes & vn Chambellan du Duc François I. qui ensuite fut quelque temps Chancelier de Bretagne, portoit de gueulle au Chevron d'Hermines.

LA RIVIERE jadis à la Riuiere Kertoudy & maintenant au Plessix-Herupet, dont il y a eu vn Conseiller en la Cour de Parlement de ce pays, d'Or à vne Croix engreslée d'azur.

LA RIVIERE, de gueulle à vne Croix d'Or frettée d'Hermines.

LA RIVIERE en Treduder, portoit pour Armes antiques d'azur à vne main dextre appaumée d'Or en pal, moderne Plusquellec *idem*, auec vne bordure d'azur: C'est vn Gentil-homme des plus sçauans en cette Science des Blasons, auquel j'avouë deuoir vne partie de cet Ouvrage, m'ayant fourny plusieurs memoires & instructions pour l'accomplissement d'iceluy.

LA RIVIERE, d'Or à cinq fusées de gueulle posées en fasce accompagnées de cinq Croisettes d'azur 2. en chef & 3. en pointe 2. & 1. au franc canton d'Hermines.

ROBERT jadis au Goazuen en Breleuenez prés Lannion, Kermeno en Ploumoguer, & autres en Treguier, de gueulle à trois Coquilles d'argent 2. & 1. cette famille est à present dispersée en Cornoüaille & en plusieurs autres endroits de la Prouince.

ROBERT jadis à Keropars & à Mesauldren en Lanmeur Evesché de Dol és Enclaues de Treguier, d'argent à vne Croix pattée d'azur.

ROBIEN prés Quintin C. porte d'azur à dix Billettes d'argent 4. 3. 2. & 1. Il est Conseiller en la Cour de Parlement de ce pays.

Robin

ROBIN jadis a Keruerret en Quemperguezenec Evesché de Treguier, portoit . . .

ROBIN, d'azur a trois Pigeons d'argent 2. & 1. becquez & membrez de gueulle.

ROBINEAV, d'azur femé d'Eſtoilles d'Or a la cottice de meſme brochante ſur le tout.

ROBINAYE Sieur dudit lieu Conſeiller en Parlement, porte d'azur au Griffon d'Or.

ROCERF, de gueulle a ſix Annelets d'argent 3. 2. & 1. dont il a eu vn Chambellan de nos Ducs.

ROCERF en Cornoüaille, d'azur a vn Maſſacre de Cerf d'Or.

ROCHCAZRE, d'argent a trois Croiſſans de gueulle 2. & 1.

LA ROCHE ou Roche-Morice, autrement Rochanheron en Idiome du pays pres Landerneau C. ſejour ordinaire des anciens Vicomtes & Barons de Leon, portoit de ſable a vn Lion d'argent l'Ecu ſemé de Billettes de meſme a Kerurach Eveſché de Leon *idem*.

LA ROCHE *alias* C. depuis erigé en Marquiſat, pour Armes preſentes, voyez Kerneſne, antiques Coëtarmoal *idem*.

LA ROCHE Saint-André Conſeiller en Parlement, porte d'azur a trois Fers de Dard d'argent 2. & 1.

LA ROCHE a Traouſulien en Guineuez Eveſché de Leon, d'Or a deux faſces de ſable.

LA ROCHE Guerbileau en Sizun Eveſché de Leon, pour les Armes voyez Guerbileau.

LA ROCHE, d'Or au rocher de ſable.

ROCHEDEC jadis à Kerlen en Camlez Eveſché de Treguier, d'argent a vn Ours paſſant de ſable bridé d'Or contreſcartelé d'Or a deux pals de gueulle, maintenant Balauenne.

DES ROCHES Kerlaudy en Plouëzoch Eveſché de Treguier, pour les Armes voyez la Haye.

ROCHGONGAR en Treguier, d'Or à vn cœur de

H h

gueulle chargé d'vne Eſtoille d'argent.

ROCHE-HVON en Trezelan Eveſché de Treguier, ancien ſurnom de cette Maiſon, d'azur à trois Tours carnelées d'Or 2. & 1. à preſent le ſurnom du Dreſnay eſt en cette Maiſon-là.

ROCHE-IAGV en Plouzal E. de Treguier, B. ancien ſurnom de cette Maiſon, portoit de gueulle à 7. Annelets d'Or 3. 3. & 1. depuis reduits à cinq Annelets poſez en ſautoir.

ROCHE-ROVSSE en St. Brieuc, ancien de gueulle à trois Fleurs de Lys d'argent 2. & 1. moderne du Halgoët Cargrée *idem*.

LA ROCHE Trebrit autrement la Touſche-Trebrit en Saint Brieuc, porte de ſable à trois Croiſſans d'argent 2. & 1. ceux de cette Maiſon ont eſté pour la pluſpart Capitaines & Gouverneurs de Moncontour & ont pris alliances dans les Maiſons d'Auaugour, du Beſſo, Beaumanoir, de Carné, de Guergorlay, & autres illuſtres Maiſons: Meſſire Chriſtophle de la Roche Seigneur de la Touſche-Trebrit Cheualier de l'Ordre du Roy fut député par la Nobleſſe de Saint Brieuc à la Reformation de la Couſtume en 1580. cette Maiſon eſt à preſent tombée en celle de la Freſſoniere.

ROCHER-VAVTGVY C. pour les Armes voyez Quengo Vicomte de Tonquedec.

ROCHMORVAN en Plœbian E. de Treguier, portoit jadis . . . . à preſent le Sparler Coëtgaric *idem*.

ROCHVEL Sieur de Kertanguy Eveſché de Treguier, faſcé d'argent & de gueulle de ſix pieces.

ROCHVMELEN jadis aud. lieu en Pommerit-Iaudy E. de Treguier, d'azur à vn Cygne d'argēt becqué & membre de ſable, à preſent le ſurnō de Trogof poſſede cette Maiſon-là.

RODALVEZ prés Leſneuen ancien, d'azur à vne faſce d'Or chargée d'vne Roüe de gueulle, plus moderne Coëtanlem *idem*.

RODELLEC en Pordic prés le Conquet, & autres en

bas-Leon, le dernier Baillif de Lesneuen est de cette Maison & porte en Armes

LA ROË C. d'argent à dix Tourteaux de sable 4. 3. 2. & 1.

LA ROGAVE, de gueulle à cinq Bezans d'Or posez en sautoir.

ROGER ou Rogier Comte de Ville-nefve & autres, porte d'argent à vne Trompe de gueulle liée en sautoir de mesme en abîme accompagnée de cinq Hermines de mesme 2. en chef & 3. en pointe.

ROGIER Kerancharu prés Pontrieu Evesché de Treguier, d'azur à trois testes de Leopards d'Or 2. & 1.

ROGON à Carcaradec prés Lannion, d'azur à trois roquets d'Or 2. & 1. à la Tandourie Evesché de Saint Brieuc *alias idem*.

ROLLAND jadis à Kermarquer en Penguenan Evesché de Treguier, Keruheluar, Kertison, & autres, d'Or à trois Aigles éployés d'azur armez & membrez de gueulle.

ROLLAND *alias* à Kerbrezellec en Plestin Evesché de Treguier, & autres, d'argent à trois Huschets de sable enguischez de mesme en sautoir 2. & 1.

ROLLAND Kerinizan en Plouneuenter Evesché de Leon, écartelé au 1. & 4. d'Or à cinq Treffles de gueulle posez en sautoir, contrescartelé d'argent au Pin d'azur.

ROLLAND Kergonnien, d'argent à vn Cypres de synople, le tronc accosté de deux Estoilles de gueulle, chacune surmontée d'vne Merlette de sable.

ROLLAND Ville-basse, d'argent à trois Annelets de sable 2. & 1. & vn Greslier de mesme en abîme.

ROMAR ou Rosmar à Kerdaniel en Plouëgat-Chastelaudren, Rungof en Pedernec, Kergaznou, Keroüalan en Ploebian & autres, d'azur au Cheuron d'argent accompagné de trois Estoilles de mesme 2. en chef & 1. en pointe. Le Chantre de Treguier est de cette premiere Maison-là.

ROMELIN jadis à la Lande Coëtlogon prés Rennes, d'argent à vne bande d'azur chargée de quatre Bezans d'Or, à present à Millé & en la Maison des Loges Evesché de Rennes.

ROMILLE', de gueulle à deux Leopards d'argent l'vn sur l'autre.

LA ROQVE d'Eftuel C. d'azur à trois Roquets d'argent 2. & 1.

LA ROQVE, d'Or à vn Gazon de synople sommé de trois épics de bled de mesme.

ROQVEL *alias* au Bourblanc, il estoit President en ce Parlement C. Kergolleau, Goazfroment & autres *idem*, d'argent à trois fasces jumelles de gueulle, accompagnées de dix Merlettes de sable 4. 3. 2. & 1.

ROSAMBAOV en Lanmellec Evesché de Dol ez Enclaues de Treguier C. du Cosquer Rosambaou *idem*.

ROSAMPOVL en Plougouinuen Evesché de Treguier, C. dont il y en a eu vn de cette Maison Capitaine & Gouuerneur de Morlaix . . .

ROSARNOV en Plouzané Evesché de Leon, pour les Armes voyez Kersauson.

ROSCAM en Saint Martin prés Morlaix, Geffroy Treoudal *idem*.

ROSCOËT en Treduder Evesché de Treguier, pour les Armes voyez Goüezbriand.

ROSCOÜET Sieur du Mesné Conseiller en la Cour de Parlement, porte de gueulle à trois Roses d'argent 2. & 1.

DE ROSILY Sieur de Meros en Cornoüaille, & autres de mesme famille, d'argent au Chevron de sable & trois Estoilles de mesme 2. & 1.

ROSLAN en Plougaznou Evesché de Treguier, porte comme Goüezbriand & pour deuise *fidelle & sincere*.

ROSLOGOT en Ploumillieau Evesché de Treguier, d'argent à vne Tour carnelée de sable, accostée de deux

Pelicans de mesme pendus par le bec aux creneaux de ladite Tour.

ROSMADEC *alias* B. depuis érigée en titre de Marquisat au mois d'Aoust 1608. verifié en Parlement & en la Chambre des Comtes de cette Prouince en Iuillet 1609. en faueur de Sebastien Sire de Rosmadec Cheualier, Baron de Molac, Tyuarlen, Rostrenan &c. Gouuerneur de la ville de Dinan, qui portoit écartelé au premier, pallé d'argent & d'azur de six pieces, qui est Rosmadec au 2. de gueulle à vne fasce d'Hermines, qui est la Chappelle, au 3. de gueulle à neuf Macles d'argent 3. 3. & 3. qui est Molac, au 4. d'azur à vn Lion d'argent, qui est Pontecroix, sur le tout d'azur au Chasteau d'Or, qui est Tyuarlen, & pour deuise *en bon espoir*. Les Histoires font vne mention si honorable de cette Maison qu'on peut à bon droit la passer pour vne des plus remarquables de la Prouince, puisque ses aliances vont jusqu'à la Royalle Maison de Bourbon, de Luxembourg, celle de Leon, la Trimoüille, Montmorency, & autres, & se peut vanter aussi d'auoir produit des Chambellans de nos Ducs, plusieurs Capitaines & Gouuerneurs de Places fortes, mesme vn Seigneur qui pour ses signalez seruices fut designé pour auoir le bâton de Mareschal de France & nommé du Roy pour estre Cheualier de l'Ordre du Saint Esprit, si la mort n'eust pas triomphé de luy auant le temps. Le Seigneur à present de cette Maison est Gouuerneur pour le Roy des Ville, Chasteau & Evesché de Nantes.

ROSMADEC Goüarlot Vicomte, porte d'Or à trois jumelles de gueulle, & pour deuise *vno auulso non deficit alter*.

ROSMARREC, fasces ondées d'argent & de gueulle de six pieces à vne bande componée d'argent & d'azur sur le tout, au haut de laquelle il y a vn Ecu d'argent chargé d'vn baston de gueulle brochant aussi sur le tout.

Rosmevr en Plouuorn Evesché de Leon, pour les Armes Kergonoüarn *idem*.

Rosnevinen *aliàs* audit lieu en Leon & à Kerancoüat C. à present au Plessix-bon-enfent, le Sieur de Piré Conseiller en la Cour, & autres sont aussi de ce nom & portent d'Or à vne Hure de Sanglier de sable arrachée de gueulle posée en fasce ayant la lumiere & la defense d'argent. Cette famille a donné vn Chambellan du Roy XI. & Capitaine de Saint Aubin du Cormier sous nos Ducs.

Rospiec Kermabon en Cornoüaille, Keruzcar en Leon, & autres, d'azur à vne Croix d'Or cantonnée de quatre Merlettes de mesme.

Rosqvovrel en Guineuez Evesché de Leon, d'Or à vne Quintefeille d'azur trauersée d'vne fleche de gueulle en bande, la pointe en bas.

Rostellec en Leon, pour les Armes voyez Pentrez.

Rosvern, d'Or à trois Lezards de synople 2, & 1.

Rosvnan en Plouuorn Evesché de Leon ancien; losangé d'argent & de sable à la fasce en deuise de gueulle chargée d'vn Perroquet de synople : moderne le Rouge Penfenteunyou *idem*.

Rovavlt, de sable à deux Leopards d'Or l'vn sur l'autre.

Rovdavlt prés la Roche-bernard, d'argent à six Coquilles de gueulle 3. 2. & 1.

Rovazle en Cornoüaille C. au Comte de Grand-Bois, d'Or à trois Corbeaux de sable 2. & 1.

Rovazle en Lanilis Evesché de Leon, pour les Armes Gourio *idem*.

Rovdovmevr en Cornoüaille pour Armes antiques voyez Amsquer surnom ancien de cette Maison, modernes Kermabon *idem*.

Rovdovrov prés Guingamp pour les Armes voyez Fleuriot.

Rovël jadis à Kerrouël en Pleſtin Eveſché de Treguier portoit . . .

Rovgé B. de gueulle à vne Croix pattée d'argent.

Le Rovge jadis à Ancremel en Ploüigneau, Treſtrien en Pleſtin Eveſché de Treguier, Mejuſſeaume, & autres, d'argent au fretté de gueulle de ſix pieces, Begaignon *idem*. L'an 1500. vn Gilles le Rouge Seigneur de cette premiere Maiſon eſtoit Preſident vniuerſel de Bretagne ſous nos Ducs.

Le Rovge *alias* au Bourrouguel en ladite Paroiſſe de Ploüigneau Eveſché de Treguier, d'Or à trois bandes de ſable, au franc canton d'argent chargé d'vne Tour cernelée & couuerte de gueulle.

Le Rovge Guerdauid en Plougounuen Eveſché de Treguier, Penfenteunyou en Leon, la Haye en Ploëgat-Moyſan, Penajun, & autres en Treguier, d'argent à vne Fleur de Lys de ſable ſurmontée d'vne Merlette de meſme.

Dv Rovvré, d'argent au ſautoir de gueulle cantonné de quatre Merlettes de ſable.

Rovgeart Locqueran, d'argent à vn Pin de ſynople & vn Greſlier de gueulle enguiſché de meſme en ſautoir pendu aux branches d'iceluy.

Rovsseav à Diarnelez en Cornoüaille, & autres, de gueulle au Croiſſant d'argent ſurmonté d'vne Fleur de Lys de meſme.

Le Rovx jadis à Kerbrezellec en Pommerit-le-Vicomte, Trohubert, Keruenniou au Merzer, Kerloaſſezre, & autres en Treguier, à preſent à Keruegant en Pleſtin audit Eveſché, vairé d'argent & de gueulle.

Le Rovx Kerninon en Ploulech pres Lannion, Kerloaz, Launay en Seruel, Coëtandoch pres Chaſtelaudren & autres en Treguier, eſcartelé d'argent & de gueulle à Breſcanuel *idem*.

Le Rovx Plumental, d'argent à vn Arbre de Houx

de synople chargé de trois feilles seulement 2. & 1.

LE ROVX, d'argent à trois Coquilles de sable 2. & 1.

LE ROVX jadis à Kerdaniel en Cauan Evesché de Treguier, portoit . . .

ROVXEL au Cranno, & autres, d'argent au chef de sable chargé de trois Quintefeilles d'argent.

ROVXEL jadis à l'Hospital en Saint Brieuc . . .

ROVXELOT jadis à Limoëlan C. d'argent à trois Haches d'Armes ou Consulaires de sable en pal 2. & 1.

ROVZAVLT *alias* à la Trinité prés Guingap, à present possedée par les Peres Capucins de ladite Ville, d'argent au sautoir de gueulle brisé en chef d'vne Hermine de sable.

ROVZAVLT jadis à Coëtrouzault en Rospez Evesché de Treguier, pour les Armes voyez Coëtrouzault.

LE ROY Mauperthuys, d'Or à deux Fleurs de Lys d'azur en fasce.

LE ROY, de gueulle à la bande engreslée d'argent.

LE ROZ en Cleder Evesché de Leon, losangé d'argent & de sable à vne fasce en deuise de gueulle.

LE ROZ, de gueulle à vne Epée d'argent posée en contre-bande la pointe en haut.

ROZOV en Treguier, de gueulle à vn Lambeau à trois pendans d'argent.

RVDOVNOV en Camlez Evesché de Treguier, pour Armes antiques voyez Garjan : Cette Maison est à present possedée par le Sieur de Rumedon Carluer Seneschal Royal de Treguier à Lannion, qui prend pour Armes d'Or au Lion de gueulle.

RVFFAVLT jadis au Kerhuel, Boisriou, Kermadoret, & autres, d'argent à vn Sanglier passant de sable.

RVFFIER jadis au Vauruffier C. d'azur au Lion d'argent, l'Ecu semé de Billettes de mesme.

DV RVFFLAY *alias* audit lieu en Saint Brieuc, d'argent au chevron de gueulle accompagné de trois Quintefeilles refeilles percées de mefme 2. en chef & 1. en pointe, le fieur de la Corniliere & d'Ancremel habitué en l'Evefché de Treguier est aussi de cette famille.

Rufflet, burellé d'Or & de gueulle de dix pieces.

Rumeur en Pommerit le Vicomte Evefché de Treguier, pour les Armes le Borgne, Villeballin *idem*.

Le Run jadis à Keruzas en Plouzane Evefché de Leon, & autres, d'argent à vn chevron d'azur accompagné de trois Treffles de gueulle 2. & 1.

Le Run, d'Or à vn Corbeau de fable tenant en fes mains vn Rameau de Laurier de synople en abîme, accompagné de trois Estoilles de fable 2. en chef & 1. en pointe.

Runello prés Guingamp, porte . . .

Runfaou jadis portoit vairé d'argent & de gueulle, comme Defpeaux, maintenant poffedée par Monfieur le Comte de Boifeon.

Runiou Oriot de Morlaix, d'azur au chevron d'Or chargé de trois Estoilles de gueulle accompagné de trois Molettes d'Efperon d'Or 2. en chef & 1. en pointe.

Runvezit en Treguier, pour les Armes voyez Coëtgourheden.

Rusquec en Cornoüaille C. ancien, d'azur au chef d'Or chargé de trois Pommes de Pin de gueulle, moderne voyez Kerlech.

Rusquec en Plouuorn E. de Leon, voyez l'Estang.

Ruvezret pres Chaftelaudren pour les Armes voyez Symon Villemoyfan.

La Rye, efcartelé d'argent & d'azur en fautoir.

Ryo *alias* au Quiftillic en Quemperguezenec Evefché de Treguier, Kerlaft en ladite Paroiffe & autres, d'argent au fautoir d'azur chargé de cinq Annelets d'argent.

Ryou jadis à Kerangoüez pres Saint Paul, de fable à trois chevrons d'argent & pour deuife . . . maintenant Guergorlay Cleuzdon *idem*.

Ryov jadis à Kermabuſſon en Pleſtin Eveſché de Treguier l'an 1499. auant Menguy, portoit . . . en la Maiſon de Viſſeuille Eveſché de Rennes *aliàs idem.*

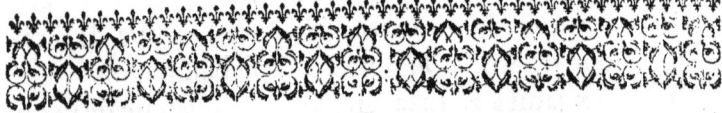

S.

ANZAY Comté iſſuë des anciens Comtes de Poictou & Ducs de Bourgogne, dont il y a eu vn Grãd Chambellan de France, Cheualier des Ordres du Roy, Gouuerneur & Capitaine de Nantes, en l'abſence d'Anne de Montmorency, Conneſtable de France portoit eſcartelé au premier de Poictou ſçauoir d'Or à trois bandes d'azur à la bordure de gueulle, au 2. de Bretagne, au 3. de Montmorency, au quatriéme d'azur ſemé de France à la bordure de gueulle, ſur le tout eſchiqué d'Or & de gueulle ſans nombre, qui eſt Sanzay : le Baron de Keriber habitué en l'Eveſché de Leon eſt iſſu de cette Maiſon là.

SAINT-Brieuc Ville Epiſcopalle, en laquelle il y a vne Barre Royalle de grande eſtenduë, qui jadis s'exerçoit à Lanuolon, porte . . .

SAINT-Malo Ville Maritime & Forterefſe des plus conſiderables de la Prouince & fort renommée pour le grand traffic qui s'y fait par les Marchands de toutes Nations, porte d'argent à vn Dogue de gueulle.

SAINT-Paul de Leon Ville Epiſcopalle & Capitalle de la Comté de Leon, dont l'Eveſque eſt Seigneur Spirituel & Temporel, porte d'Or au Lion de ſable tenant vne Croſſe de gueulle de ſes deux pattes de deuant. Cette ville eſt recommandable ſur tout par l'vne des plus hautes Tours

& Esquilles de la Prouince, elabourée d'vne rare & admirable structure seruant de Clocher à vne Eglise de Nostre-Dame y estant appellée Creizquer.

Saint-Renan Ville & Barre Royalle du bas-Leon, porte .

Scepeavx jadis Comte de Duretal, Baron de Mathefelon, & de la Vieille-Ville, dont il y a eu vn Mareschal de France, pour les Armes voyez des Scepeaux à la Lettrine D.

Sacé en Normandie C. pour Armes antiques Couvran *idem*, modernes voyez Budes, feu Monsieur le Mareschal de Guebriand (dont il est cy-deuant parlé) estoit originaire de cette Maison-là.

Saffré B. de sable à trois Croix recroisettées au pied fiché d'Or 2. & 1. accompagnées d'vn Orle de mesme.

Le Saint jadis à Logueuel C. maintenant à Coëtarsant Traoüoaz, Kergrist en Pommerit-Iaudy, & autres en Treguier, porte d'argent au Lion de sable accompagné de quatre Merlettes de mesme, 3. en chef & 1. en pointe & pour deuise *& sanctum nomen eius.*

Saint-Amadour jadis Vicomte de Guignen, grand Venneur & Chambellan de Bretagne, qui eut l'honneur d'estre fait Cheualier de la main du Roy Charles VIII. à la bataille de Fornoüe & d'auoir assisté en treze autres batailles sous les Regnes de quatre Roys de France sans intermission, portoit de gueulle à trois testes de Loup coupées d'argent 2. & 1.

Saint-Anthoine en Plouëzoch Evesché de Treguier, pour les Armes voyez Kerscaou, Kerenec.

Saint-Aubin, d'argent à vne bande fuzelée de gueulle, accompagnée de six Tourteaux de mesme en orle.

Saint-Bihy C. pour les Armes voyez de Quelen.

Saint-Bricé B. palé d'Or & de gueulle de six pieces.

Saint-Carré en Treguier, pour les Armes voyez Perrien.

SAINT-Denys en son temps Baron d'Hartray en Normandie, Gouverneur d'Alançon, portoit de sable fretté d'argent de six pieces, au chef de mesme chargé d'vn Leopard de gueulle, feuë Madame la Comtesse de Boiseon estoit heritiere de cette Maison-là.

SAINT-Denys, G. d'azur à vne Croix d'argent, en la Maison de Brignen prés Saint Paul *alias idem*.

SAINT-Denoüal C. de gueulle à dix Billettes d'Or 4. 2. & 4.

SAINT-Didier, d'argent fretté de gueulle de six pieces.

SAINT-Eesn, d'argent semé de Merlettes d'azur sans nombre.

SAINT-Eloy, de gueulle à sept Macles d'Or 3. 3. & 1.

SAINT-Eue, fascé d'argent & de gueulle de six pieces.

SAINT-Georges en Plouëscat Evesché de Leon, d'argent à vne Croix de gueulle, *alias* Kersauson en surnom

SAINT-Georges en Treguier, Rosmar *idem*.

SAINT-Georges, d'azur à trois chevrons d'Or.

SAINT-Gilles prés Rennes C. d'azur à six Fleurs de Lys d'argent 3. 2. & 1. la famille de Kersaint Gily en cet Evesché de Leon, tire sa premiere descente & origine de cette Maison-là.

SAINT-Gouëznou ou Langouëznou surnom ancien de la Maison du Breignou en Plouyen Evesché de Leon, C. de gueulle à la fasce d'Or accompagnée de six bezans de mesme 3. en chef & 3. en pointe 2. & 1. & pour deuise . . .

SAINT-Hiliuay pres Lannion, pour les Armes voyez le Borgne Villeballin, & le Rumeur, & pour deuise *tout ou rien*.

SAINT-Hugeon pres Lannion surnom ancien de cette Maison, dont estoit l'vn des trente Cheualiers Bretons, qui s'acquita des mieux en la bataille de Trente, portoit d'argent à vne Croix de sable au baston de gueulle brochant à dextre sur le tout. Le surnom de Keruerder est à present en cette Maison-là.

Saint-Iean, d'azur à cinq Billettes d'Or rangées en sautoir.

Saint-Illan en Saint Brieuc, Berthelot Brangolo *idem*.

Saint-Ioüan B. portoit d'azur à cinq fusées d'argent en fasce pour Armes antiques, plus recentes Rosmadec *idem*, & à present voyez le Ny-Coëtelez.

Saint-Lauvoa en Plouneuez Evesché de Treguier, porte . . .

Saint-Laurens, d'Or à six Annelets de gueule 3. 2. & 1.

Saint-Laurens en Leon, pour les Armes voyez Kermenguy en Cleder.

Saint-Leon jadis Evesché de Leon, portoit d'argent au chef de gueule chargé de trois Quintefeilles d'argent.

Saint-Marc, de gueule au Leopard d'argent couronné, armé & lampassé d'Or.

Saint-Martin Carpondarme . . . à vn Chasteau à trois Tours de . . .

Saint-Marzault, porte escartelé au 1. & 4. d'azur à la bande d'Or, au 2. & 3. de gueule à l'M. à l'antique d'Or couronné de mesme.

Saint-Memin, d'Or au Lion de synople armé, couronné & lampassé de gueule.

Saint-Offange C. d'azur au chevron d'argent accompagné de trois Molettes de mesme 2. en chef & 1. en pointe, il y a eu vn Commandeur du Palacret & de Pontmeluen en ce Diocese de Treguier de cette Maison-là.

Saint-Noüaye, d'argent à vn Sanglier de sable sans furie.

Saint-Paul, de gueule au chef endanché d'Or à cinq pointes.

Saint-Pern Ligouyer C. du Lattay, & autres, d'azur à dix Billettes forcées d'argent 4. 3. 2. & 1.

SAINT-Pezeran, de sable à la Croix pattée d'argent.

SAINT-Thomas, pour les Armes voyez de Louvetel.

SALARIN, de gueulle à vne bande d'argent chargée de quatre Hermines de sable.

SALAVN au Lezuen en Plougonuen Evesché de Leon, Kermoüal, de Roscof, & autres issus de cette famille, d'argent à vne Hure de Sanglier arrachée de sable posée en fasce, ayant la lumiere & la defense d'argent couronnée d'Or.

SALAVN Rochloüarn en Treguier & autres, d'argent à vne Epée d'azur en pal, la pointe en bas accostée de deux Croissans, l'vn couché & l'autre adossé de gueulle.

LA SALLE en Lanmelin Evesché de Treguier, pour les Armes voyez Lagadec Kernabat.

LA SALLE prés Lesneuen, d'argent à vn Lion & vn Ours de sable affrontez & rampans l'vn contre l'autre, à la bordure componée d'Or & de gueulle.

LA SALLE en Plounœur-Menez Evesché de Leon, Gourio Lesireur *idem*.

LE SALLE en Ploüigneau Evesché de Treguier, ancien Bodister *idem*, moderne voyez Tremenec Traoüanrun.

LA SALLE au Cheualier en Perros-Guirec Evesché de Dol ez Enclaues de Treguier, pour les Armes Hingant, Kerduel & Kerisac *idem*.

LA SALLE en Plougaznou Evesché de Treguier, pour Armes presentes Bizien du Lezart *idem*, antiques . . .

DES SALLES prés Guingamp, pour les Armes voyez le Carme.

DES SALLES en Ploudiry Evesché de Leon, ancien . . . moderne Brezal *idem*.

SALIC jadis en Treguier, de gueulle à vne fasce d'Or accõpagnée de 10. coquilles d'argẽt 4. en chef & 6. en pointe 4. & 2.

SALOU sieur du Toulgoët, dernier Seneschal du Siege Presidial de Quimpercorentin, portoit d'argent à trois Hures de Sanglier de sable.

SALUDOU jadis à Rosampont lez Lannion, d'azur à vn chevron d'Or accompagné de trois Molettes de mesme, 2. en chef & 1. en pointe.

SALYOU jadis à Lesmays en Plestin Evesché de Treguier, d'argent à vn Huchet de sable en abîme lié de méme en sautoir, accompagné de trois Merlettes de sable 2. en chef & 1. en pointe.

SALYOU *alias* à Treuazan des dépendances de la Maison de la Roche-Huon en Treguier, d'azur au chevron d'argent & trois Quintefeilles de mesme 2. & 1.

SALYOU sieur de Chef-du-Bois en Treguier, pour les Armes voyez Chef-du-Bois, il est Conseiller en ce Parlement.

SAMSON, d'azur au Levrier rampant d'argent à la bordure componée d'argent & de gueulle.

LE SANGLIER, d'Or au Sanglier de sable en furie.

SASSIER de Vennes, d'azur à trois Quintefeilles d'Or 2. & 1.

LA SAULDRAYE, d'azur à trois pots ou Marmittes d'Or 2. & 1.

SAUVAGE, de gueulle à vn Aigle éployé d'argent becqué & membré d'azur.

SAUVAGET Baron Descloz prés Moncontour, porte de gueulle à vne Croix pattée d'argent.

LE SAUX, anciennement à Coëtcanton auant du Perrien C. portoit . . . Pratanroz *idem*.

LE SCAF jadis au Kergoat en Guiclan, Kerriel, & autres en Leon, de gueulle à vne Croix d'Or frettée d'azur c'est à present au sieur du Runiou Oriot.

LE SCANF jadis à Kerhuuelguen en Goël, d'azur à trois Glands d'Or aux Cocques d'argent 2. & 1.

LE SCOZOV en Loguiuy Plougras Evesché de Treguier, ancien d'Or à neuf Tourteaux de gueulle 3. 3. & 3. moderne Kernotter Guicaznou *idem*.

LE SCVLTEVR, d'azur à trois Ecus d'argent 2. & 1.

LE SEC, escartelé en sautoir, sçauoir en chef & en pointe d'Or à vn Arbre de synople, contrescartelé ou flanqué de gueulle à deux testes d'Oyseaux arrachées d'argent.

LE SEGALER à la Ville-nefve & au Mesgoüez en Plougaznou Evesché de Treguier, d'azur à vn sautoir d'argent accompagné de quatre Quintefeilles de mesme, il y a eu vn Avocat General en la Chambre des Comtes de cette Prouince & deux Baillifs de Morlaix consecutifs de cette famille.

LE SEGALER jadis Archeuesque de Tours, inhumé à Saint Gracian prés le Tombeau de Messire Philippes de Coëtquis Archeuesque d'Auignon, portoit d'azur à vn chevron d'argent accompagné de trois testes de Leopards d'Or 2. en chef & 1. en pointe & vn Huchet de mesme sous l'Angle du chevron.

SEIOVRNE, d'argent à vn Lion de sable rampant contre vn Pillier aussi de mesme.

SEIXPLOE' à present Maillé erigé en Comté dépendante de la Maison de Carman Evesché de Leon, porte d'Or au Lion d'azur brisé en l'Epaulle d'vne Tour carnelée portée sur vne Rouë, le tout d'argent.

LE SENESCHAL jadis à Coëtelant en Plourin Evesché de Treguier, Lesarazyen, Lestremeral, & autres en Leon, de sable à cinq fusées d'argent posées en bande, accompagnées de six Bezans de mesme en orle : Cette premiere Maison est à Monsieur de Brezal.

LE SENESCHAL Carcado prés Pontiuy, portoit jadis d'azur à sept Macles d'Or à present neuf 3. 3. & 3. il estoit Conseiller en la Cour de Parlement de ce pays.

SENTNEZEN

BRETON.

SENTNEZEN jadis au Roudour en Seruel Euesché de Treguier, portoit . . .

SES-MAISONS pres Nantes, Treambert pres Guerrande, & autres, de gueulle à trois Chasteaux d'Or 2. & 1.

DE SERANT Sieur de Kerfilly Conseiller en la Cour de Parlement, porte d'Or à trois Quintefeilles percées de sable 2. & 1.

DE SERVON Sieur des Arsys aussi Conseiller en ce Parlement, porte d'azur à vn Cerf sautant d'Or.

SEVERAC C. de gueulle à trois Grües d'argent membrées de sable 2. & 1.

SEVIGNE' Montmoron C. escartelé de sable & d'argent, la Charge de Conseiller en la Cour de Parlement est succesiue de Pere en Fils en cette Maison-là.

SILGVY jadis à Coëthirbescond pres Saint Renan, à present à Poulhesquen pres Saint Paul & autres, porte d'argent au Lion de sable armé, lampassé de gueulle & couronné d'Or, accompagné de trois Molettes aussi de sable 2. & 1.

SIOCHAN Kerigoüal, Troguerot pres Saint Paul, & autres, ancien de gueulle à la Croix ancrée d'argent, moderne de gueulle à quatre pointes de Dards, ou d'Ancre, posées en sautoir & passez dans vn Anneau en abîme, le tout d'Or.

LA SORAYE, d'argent à vne Croix de synople chargée en cœur d'vne Quintefeille d'argent.

SOREL, de gueulle à deux Leopards d'argent.

SOVRDEAC Marquis Seigneur en son viuant tellement consideré du feu Roy Henry IV. de glorieuse memoire, qu'il l'honora de ses deux Ordres de Cheualerie, dont luy mesme estoit le Chef, le fist son Lieutenant General ez trois Eueschez de cette Basse-Bretagne, & en outre le pourueust du Gouuernement de ses Ville, Chasteau & Forteresse de Brest, pour les Armes voyez Rieux.

K k

LE SPARLER Coëtgaric en Pleſtin Eveſché de Treguier, de gueulle à vne Epée d'argent en bande aux gardes d'Or, la pointe fichée en haut.

SPINEFORT prés Auray C. dont il y a eu vn Capitaine de Rennes l'an 1341. grand homme de guerre & beaucoup renommé, portoit loſangé d'argent & de gueulle en pal ſans nombre.

LE SPLAN jadis au Leſlech en la Paroiſſe de Pleſtin Eveſché de Treguier, portoit d'azur à vn Pigeon d'argent armé & membré de gueulle, & pour deviſe *plaid me déplait* : Maintenant au Sieur de Goazmap Kermoyſan.

LE SQVIRIOV en Cornoüaille C. d'argent à deux bandes fuzellées de gueulle.

STEPHNOV jadis à Kerbridou en la Trefve de Treffglazus Paroiſſe de Pedernec Eveſché de Treguier, d'Or à vn Pin de ſynople chargé de Pommes d'Or, aux branches d'iceluy vn Cor ou Trompe de ſable attaché & lié en ſautoir de meſme, le Tronc dudit Arbre accoſté de deux Merlettes auſſi de ſable.

LE STER en Cornoüaille, ancien d'argent à trois faſces de gueulle, moderne le Veyer Kerandantec *idem*.

LE STIFFEL en Guiler Eveſ. de Leon, voyez Talec.

SVGARDE, d'argent à vne Fleur de Lys de ſable ſurmontée d'vne Merlette de meſme, le Moguerou *idem*.

SVRGERES C. de gueulle fretté de vair de ſix pieces.

LA SVZE Comté, porte loſangé d'Or & de gueulle en pal.

SVZLE' en Pleſidy prés Guingamp C. porte pour Armes antiques, de gueulle à trois Fleurs de Lys d'Or 2. & 1. à la faſce en deviſe d'azur chargée de trois Bezans d'Or, Modernes Rumen Begaignon *idem*.

SYBOVAVLT, d'argent au chevron de ſable rebordé de gueulle & accompagné d'vne Merlette auſſi de ſable au canton dextre du chef.

BRETON.

SYLVESTRE jadis à Kerdidreu, & autres, en Leon, d'argent à l'orle de six Croix recroisettées d'azur à l'Ecu en abîme de gueulle, chargé d'vn Croissant d'argent.

SYMON jadis à Tromenec en Landeda, Kergounoüarn en Plouuorn, Kerannot en Pleiber-Saint-Hegonec Evesché de Leon, Kergadiou, & à Keroparz pres Lanmeur, au Bigodou pres Morlaix, & autres, à present à Kerbringal, & autres, de sable au Lion d'argent.

SYMON Villemoysan, Ruuezret pres Chastelaudren, & autres, porte . . .

SYON B. . . . .

T.

TARANTE Prince, pour les Armes, le Comte de Vertuz & Auaugour *idem*.

LA TOVR Duc de Boüillon, & Prince de Sedan, l'vn des grands Capitaines de ce Siecle, qui a eu des Employs fort considerables en Holande, porte escartelé au 1. d'Or au Gonfanon de gueulle, bordé & frangé de synople à trois pendans, qui est Auuergne, au second de France au baston de gueulle, pery en abîme, qui est Bourbon Condé, au troisiéme d'azur au Lion d'Or l'Ecu semé de Billettes de mesme, qui est Nassau, au quatriéme d'Or a trois Tourteaux de gueulle 2. & 1. qui est Boulongne, & sur le tout d'azur a la Tour carnelée d'argent maçonnée de sable l'Ecu semé de Fleurs de Lys d'Or par concession du Roy Philippes VI. qui est la Tour d'Auvergne, party d'argent a la fasce de gueulle, qui est Sedan

Boüillon, fouftenu d'Or, au Cornet d'azur enguifché de gueulle en fautoir, qui eft Orenge. Monfieur le Marefchal de Turenne, dont les hauts faits & actions heroïques font affez conneuës par toute l'Europe, Madame la Duchefle de la Trimoüille & Madame la Marquife de la Mouffaye, font auffi de cette illuftre Tige.

TOVRS Ville Metropolitaine, & l'vne des plus anciennes de la Gaule, Archeuefché & Souverain Siege de toute cette Prouince pour la Spiritualité, porte de gueulle à trois Tours crenelées d'argent, au chef femé de France.

LA TRIMOÜILLE, Maifon Ducalle auffi illuftre qu'il y en ayt dans le Royaume qui a produit vn Grand-Chambellan de France & Fauory du Roy Charles VII. dont il poffeda parfaitement les affections, porte au premier efcartelé de France Pur, au fecond de Laual, comme eftant Chef de cette Maifon, au troifiéme d'Arragon & de Sicille, au quatriéme de Bourbon, & fur le tout d'Or au chevron de gueulle, accompagné de trois Aiglettes d'azur 2. en chef & 1. en pointe, qui eft la Trimoüille.

TAILLART jadis à Lizandré en la Comté de Goëlo C. Pandeonec, au Reftolles, Kerdaniel, Kerguilly, Villegouty, & autres en Treguier, d'Hermines à cinq fufées de gueulle pofées en bande.

TAILLEFER, de gueulle à deux Leopards d'argent l'vn fur l'autre.

TALBOT, de gueulle au Lion d'Or à la bordure engreflée de mefme.

TALEC jadis à Kerpleuft & à Kergadegan en Quemper-Guezenec Evefché de Treguier, d'azur à trois Treffles d'argent 2. & 1.

TALEC au Stifel en la Paroiffe de Guizler Evefché de Leon, & autres, fafces ondées d'Or & d'azur de fix pieces.

TALHOET Cheualier Seigneur de Boiforcant &c.

Gouverneur pour le Roy en la Ville de Rhedon, & l'vn des quatre Enseignes des Gardes du Corps de sa Majesté, porte d'argent à trois Pommes de Pin de gueulle 2. & 1. Monsieur de Bonamour President en la Cour de Parlement de ce pays est Iuueigneur de cette Maison-là.

TALHOET Kerseruant en Vennes C. d'Or au chef de sable.

TALHOÜET Keraueon Conseiller en la Cour de Parlement, porte losangé d'argent & de sable en pal.

TANGVY Kerarmet en Treguier, d'Or à trois Pommes de Pin de gueulle au chef de mesme, à Guernaleguen *alias idem*, auant Loz.

TANOËT jadis audit lieu en Yuias au Comté de Gouëlo & autres, portoit . . .

TANOÜARN au Bourblanc en Saint Brieuc, & autres de mesme famille, d'Or à l'Ecu en abîme d'azur, chargé de trois Molettes d'Or 2. & 1. à l'orle de huit Macles d'azur, le dernier Seigneur de cette Maison estoit President au Parlement.

TAVEIGNON à Kertanguy près Guingamp, de sable à la Croix d'argent le quartier dextre chargé d'vne Treffle de mesme à Kergozigues jadis *idem*.

DE TAYS C. d'argent à trois fasces d'azur.

TEINCVF, ou Deincuf jadis à Pratguich les Saint Paul, de sable à vn Aigle esployé d'Or.

TERNANT audit lieu en Plouuorn Evesché de Leon, de sable à vne fasce viurée d'argent accompagnée de six Bezans de mesme 3. en chef & 3. en pointe 2. & 1. au Traoumeur en ladite Paroisse *alias idem*.

DV TERTRE jadis à Keruegan en Seluel, au Rochou en Lannehec, le Henguer en Breleuenez Crechgouriffen en Seruel, Pontguennec en Perroz-Guirec, & autres en Treguier, de gueulle au Lambeau à trois pendans d'argent vers le chef. Cette premiere Maison a donné vn

Eschançon de la Duchesse Anne, & cette famille a produit en outre en diuers temps sous nos Ducs des Capitaines de Hennebond & de Lesneuen qui commandoient les Harquebuziers de l'Arriere-ban de l'Evesché de Treguier, & les Francs Archers de l'Evesché de Leon.

Du Tertre *alias* à Penuern en Plouguiel, à present à Kermen prés Lantreguier, & autres, d'argent au Massacre de Cerf de gueulle sommé d'vne Fleur de Lys de mesme.

Du Tertre jadis Kernilien prés Guingamp, de gueulle à vne rencontre de Bœuf d'argent.

Du Tertre jadis à Kergurunet en Plouëzoch Evesché de Treguier, de gueulle à trois Croix recroisettées aux pieds fichez d'argent 2. & 1.

Tertreiouan en Saint Brieuc C. pour les Armes voyez Budes; Le dernier Seigneur de cette Maison estoit Conseiller & Garde-Seau en ce Parlement, dont nous auons aussi veu sortir plusieurs Cheualiers de Malthe consecutifs, mesme de nos iours deux Freres Commandeurs qui ont eu plusieurs beaux Employs & Ambassades honorables, tant vers sa Saincteté qu'autres Princes & Potentats, dans lesquelles ils se sont dignement acquitez au contentement de leur Ordre & de toute la Chrestienté.

Tevinyere en Vennes C. pour les Armes voyez Pappin.

Texier, de gueulle au Levrier courant d'argent accolé de gueulle cloüé & bouclé d'Or.

Texvë, d'argent au chef de synople.

Thehillac au Boisdulies C. de gueulle à trois Croissans d'argent 2. & 1.

Thepavlt *alias* à Kerinizan en Guipauaz Evesché de Leon, & autres, d'azur au Cerf passant d'argent.

Thepavlt Sieur de Leinqueluez en Garlan, & autres de mesme famille en Treguier, de gueulle à vne Croix alaizée d'Or & vne Macle de mesme au cartier dextre, auec cette deuise *Dieu sur le tout*.

THIERRY à la Preualays pres Rennes C. d'azur à trois testes de Levrier d'argent au Colier de gueule, cloüé & bouclé d'Or 2. & 1. il est Conseiller en la Cour de Parlement de ce pays: Au Boisorcant jadis *idem*, dont il y a eu vn Capitaine & Gouverneur de Rennes.

THOMAS à la Cosnelaye Evesché de Saint Malo C. d'azur à la bande engreslée d'Or.

THOMAS *alias* à Kertudio, depuis à Keranroux en Ploubezre pres Lannion, vairé de gueulle & d'argent au franc canton d'Or chargé d'vne Croix de gueulle.

THOMAS ou Treusuern en Plougounuer, & autres en Treguier, d'azur à la bande ondée d'Or, accostée de deux Bezans de mesme.

THOMAS Kergadoret en Taulé, & autres en Leon, de sable à vne Tour carnelée d'argent.

THOMELIN ou Thuomelin jadis Seigneur du Boys & de Bransquer en Vennes, C. au Bourrouguel en Plouigneau la Caillibottiere en Saint Brieuc, & autres *alias idem*. Maintenant au Parc Thuomelin en Ploudaniel, Kerbourdon en Plestin, & autres en Treguier auec differentes Armes. Cette premiere Maison portoit escartelé au 1. & 4. d'azur à cinq Billettes d'argent posées en sautoir, contrescartelé de gueulle plain. L'on tient ceux de cette famille tirer leur origine & naissance d'vne Maison bien marquée d'Angleterre.

THOMINEC jadis au Chef-du-Boys pres Conquerneau, d'azur à vne Croix d'argent chargée de cinq Pigeons d'azur becquez & membrez de gueulle.

THOREL jadis à Rosgustou en Garlan, Launay en Plouïan, & autres en Treguier, d'azur au Levrier rampant d'argent au Colier de gueulle cloûté d'Or.

LE TIAC jadis à Penchoët en Treffglanus Evesché de

Treguier, portoit . . .

TIERCENT C. d'Or à quatre fusées de sable posées en fasce.

LE TILLON, d'azur à vne fasce d'argent accompagnée de trois Bezans de mesme 2. & 1.

LE TIMEN en TAULÉ Evesché de Leon, pour les Armes Kerlean *idem*.

TINTENIAC C. ancien, d'argent à trois fasces d'azur & vn baston de gueulle brochant à dextre sur le tout, moderne . . . vn Seigneur de cette Maison Iean de Tinteniac acquist vne glorieuse reputation en la bataille de Trente entreprise par le Seigneur de Beaumanoir Mareschal de Bretagne & Richard Beimbro Capitaine Anglois, d'où il retourna tout chargé de Lauriers & de Palmes, ne s'estant trouvé aucun autre qui l'eust surpassé ny deffait si grand nombre d'Ennemys que luy.

TIZE' C. d'argent à vne bande de sable chargé de quatre Estoilles d'Or.

TIVARLEN, en Cornoüaille C. d'azur à vn Chasteau d'Or.

LA TOAZE dernier Grand Preuost de Messieurs les Mareschaux de France en cette Prouince, pour les Armes du Boisgelin *idem*.

TONQVEDEC Vicomté en l'Evesché de Treguier, pour Armes antiques Coëtmen *idem* : Modernes voyez le Rocher Vautguy.

LA TOVCHE-Limousiniere C. d'argent à vne fasce de gueulle, à Coëtfrec prés Lannion *alias idem*.

LA TOVCHE à la Vâche, d'argent à quatre Vâches de gueulle.

TOVLBOD ov Sieur de Guyfos en Vennes, Coëtporec, & autres, d'Or à six feilles de Houx de synople 3. 2. & 1.

LA TOVCHE-Carmené, pour les Armes voyez Carmené, il y a eu vn premier Eschanson de la Reyne Anne

Duchesse

BRETON.

Duchesse de Bretagne de cette Maison-là.

LA TOVCHE-Rolland, d'argent à trois Gresliers de sable 2. & 1.

TOVLCOËT jadis à Kerueguen en Plouïgneau, Kerochyou en Plouïan Evesché de Treguier, & à present à Traouanuelin, Treuezec, & autres, d'Or à vne Quintefeille d'azur.

TOVLGOËT, pour les Armes voyez Salou.

TOVPIN jadis à Keruennyou en Plouïgneau Evesché de Treguier C. c'est à Monsieur le Comte de Grand-Boys, & porte vairé d'argent & de sable: Cette Maison a donné vn Capitaine du chasteau de Hedé sous nos Ducs.

TOVRBRVNOT en Cornoüaille, pour Armes antiques voyez Iegou. Modernes Calloët *idem*, il a esté Seneschal de Morlaix.

LA TOVR Cazet, d'azur à trois Aiglettes d'Or 2. & 1. il estoit President en ce Parlement.

LES TOVRELLES ancien, de gueulle au chef d'argent, comme le Bodriec, moderne Lesormel *idem*.

LA TOVR jadis à Penastang en Plougonuen E. de Treguier, dont il y a eu vn Evesque de Cornoüaille & puis de ce Diocese, portoit d'azur à vne tour carnelée & donjeonnée d'Or.

LA TOVR Lesquiffyou en Leon, pour les Armes voyez le Borgne Lesquiffyou.

LA TOVR en bas-Leon, d'argent à trois Tours couuertes d'azur d'vne hauteur separées l'vne de l'autre.

LA TOVR Pertheuaux de Morlaix, voyez Pertheuaux.

TOVRNEFVE, d'argent à deux fasces d'azur surmontées de trois Tourteaux de mesme.

TOVRNEMINE Baron de la Hunaudaye, issu en ligne masculine & directe des Roys d'Angleterre, & du costé maternel des Ducs de cette Prouince de l'estoc des anciens Comtes de Penthievre: porte escartelé d'Or & d'azur, le Baron de Cansillon est à present Chef de Nom

L l

& d'Armes de cette famille, à Barach Rofambaou Coët-meur lez Landiuizieau & à Trouzilit *alias idem*.

TOVRNEMOVCHE Bodoon de Morlaix, & autres, porte d'argent femé d'Abeilles de fable à vne Rûche de mefme en abîme façonnée d'Or & pour deuife *plus mellis quam mellis*. Il y a eu vn Senefchal de Lanmeur, puis Baillif de Morlaix de cette famille.

TOVRONCE jadis audit lieu Kerueatous, Mefperenez, & autres en Leon, porte efcartelé au premier & dernier de gueulle au chef endanché d'Or à cinq pointes chargé de trois Eftoilles de fable, contrefcartelé de gueulle au mefme Lion d'Or.

TOVTENOVTRE, pour les Armes voyez Hellez, pour deuife *tout paffe*.

TRANTS C. d'argent à deux fafces de fable chargées de cinq Bezans d'Or. Boifbauldry *idem*, furnom ancien de cette Maifon.

TRANCHIER Bodeno, d'Or à vn Croiffant de gueulle en abîme & quatre Eftoilles de mefme 3. en chef & 1. en pointe.

TRAOVDON prés Lannion, d'azur à vne fafce d'argent accompagnée de trois Bezans de mefme 2. en chef & 1. en pointe : Elle eft dependante de la Maifon de Kergomar Kerguezay.

TRAOVFEZ, d'argent à deux fafces de gueulle.

TRAOVLEN en Plouuorn Evefché de Leon, moderne le Rouge Penfenteunyou *idem*, ancien . . .

TRAVMANOIR en Plouënan Evefché de Leon, ancien furnom de cette Maifon, auant celuy de Kergroazes, de Pourpre au Lion d'argent comme Kerouzeré.

TRAOVNEVEZ furnom ancien de cette Maifon en Plouëzoch Evefché de Treguier, de gueulle femé de Fleurs de Lys d'argent.

TRAOVRIVILY en Plouënan Evefché de Leon, fafcé

d'argent & d'azur de six pieces, la premiere fasce chargée de cinq losanges de sable.

TRAOVROVLT en Langoat, & autres, Kermarec en Buhulien *idem*, & autres en Treguier *idem*.

TRAOVSVLYEN en Guineuez Evesché de Leon, d'Or à deux fasces de sable au canton dextre de gueulle chargé d'vne Quintefeille d'argent.

DE TREAL jadis à Beauboys C. portoit de gueulle à vn Croissant d'argent chargé de trois fasces d'azur, pour Armes presentes voyez Neuet.

TREAMBERT au Comté Nantois, de gueulle à trois Chasteaux d'Or 2. & 1. Sesmaisons *idem*.

TREANNA en Cornoüaille C. d'argent à vne grande Macle d'azur, Lanuilyo *idem*.

TREBIGVET, d'argent à deux fasces de sable.

TREBODENNIC en Plouëdaniel Evesché de Leon, pour les Armes voyez du Poulpry.

TREBRIT en Ploudiry Evesché de Leon, le Ny Coëtelez *idem*.

TRECASTEL, d'Or à vne clef de gueulle en pal ancien surnom en l'Evesché de Treguier.

TRECESSON C. de gueulle à trois chevrons d'Hermines.

TRECEVILY Vicomté, d'Or à vne Roüe de gueulle.

TREEDERN en Ploëcoulm Evesché de Treguier, eschiqueté d'Or & de gueulle à six traicts, au franccanton fascé d'argent & de gueulle de six pieces, & pour deuise *ha soez vé*, seroit-il estrange.

TREDILLAC en Botsorcher Evesché de Treguier, portoit d'argent à vne Tour carnelée de gueulle, maintenant Keranguen *idem*.

TREDVDAY en Vennes C. le Seneschal Carcado.

TREFFALEGAN, en Lanhouarneau Evesché de Leon, ancien voyez le Veyer : Moderne Thepault Tressalegan dernier Baillif de Morlaix *idem*.

L l₂

TREFFGARN en Leon, ancien d'Or au Lion de fable moderne voyez Kergadiou de bas-Leon.

TREFFILIS en Guiclan Evefché de Leon, porte d'argent à vn fautoir de gueulle accompagné de quatre Merlettes de fable.

TREFFILIS en Lannilis Evefché de Leon, efchiqueté d'argent & de gueulle de fix pieces au bafton d'argent brochant à dextre fur le tout.

TREFFLECH en Bourbriac Evefché de Treguier, lofangé d'Or & de fable en bande.

TREFFVIEN en Plouëdern Evefché de Leon, d'Or à vne fafce d'azur chargée de trois Macles d'argent accompagnée de trois Hures de Sanglier de fable 2. en chef & 1. en pointe.

TREFFVOV en Leon à Madame du Bertry, portoit . . .

TREGARANTEC, d'azur à trois pals d'argent.

TREGOËT, d'argent à l'Aigle efployé de fable becqué & membré de gueulle.

TREGOËZEL en Plœbian Evefché de Treguier, ancien d'argent à trois Treffles de fable 2. & 1. moderne voyez Launoy.

TREGOMAR en Saint Brieuc C. d'argent à trois Haches d'Armes de fable pofez en pal 2. & 1.

TREGVIEL, d'azur à vne fafce d'Or, accompagnée de trois Coquilles de mefme 2. & 1.

LE TRELLE en la Paroiffe d'Afferac pres Nantes, portoit . . .

TRELEVER en Guymeac Evefché de Treguier C. ancien bandé d'Hermines & de gueulle de fix pieces, moderne Defnos Ville-Thebault *idem* : Cette Terre eft vn Ramage de la Roche-Iagu.

TREMABIAN en Milizac Evefché de Leon, pour les Armes voyez Kergadiou en Plourin audit Evefché.

BRETON.

TREMARIA en Cornoüaille . . .

TREMASAN en bas-Leon, toute contiguë à la Terre du Chaſtel C. portoit anciennement differentes Armes de celles du Chaſtel qui eſtoient . . .

TREMAVDAN le Tertre, & autres, d'azur au Levrier paſſant d'argent au Colier de gueulle bouclé & cloûté d'Or.

TREMBLAY, de gueulle à la bande d'Or, accompagnée de ſix Molettes de meſme poſées en orle.

TREMEDERN en Guymeac Eveſché de Treguier, bandé d'Or & de ſable de ſix pieces : Cette Terre eſt iſſuë en ſa premiere origine de la Maiſon de Keraër en Vennes & puis de Kerſeruant.

TREMEL jadis à Launay en Pleſtin Eveſché de Treguier, eſcartelé au premier & dernier d'azur à vn Croiſſant d'Or, contreſcartelé d'Or à vn Arbre d'azur

TREMBLEVC, de gueulle à trois Croiſſans d'argent 2. & 1.

TREMEN audit lieu en Plouzané, Meſmen, & autres en Leon, de gueulle à trois Primeueres eſpanoüyes d'argent tigées de ſynople 2. & 1.

TREMENEC Traouanrun en Plougaznou, & autres en Treguier, d'argent fretté de gueulle de ſix pieces, au franc canton d'azur chargé de trois cottices d'argent, il eſt Seneſchal Royal de Lanmeur.

TREMERREVC C. eſchiqueté d'Or & de ſable à ſix traits, au Lehein *idem*, eſcartelé de Tournemine.

TREMERGAT pres Lanuolon, pour les Armes voyez Geſlin.

TREMEVR en Vennes, pour les Armes le Gouello *idem*.

TREMIGON C. d'argent à trois Ecus de gueulle 2. & 1. chargez chacun de trois fuſées d'Or en faſce.

TREMILLEC en Cornoüaille, de gueulle à trois

Croiſſans d'argent 2. & 1.

Treoret en Cornoüaille ancien, d'argent à vn Sanglier de ſable en furie ayant la lumiere & la defenſe d'argent, moderne le Bihan Pennelé *idem*.

Trescoët en bas-Leon, Huon Kerliezec à preſent *idem*.

Tresseol C. ancien d'azur à trois Soleils d'Or 2. & 1. plus moderne d'Or au Leopard d'azur.

Tresigvidy en Cornoüaille C. d'Or à trois Pommes de Pin de gueulle 2. & 1. vn Seigneur de cette Maiſon fut l'vn de ceux qui ſe comporta des mieux en la bataille de Trente, & enſuite ſuiuit genereuſement les victorieux Eſtendarts du Conneſtable du Gleſquin en la pluſpart de ſes Conqueſtes, le ſurnom de Kerlech eſt à preſent en cette Maiſon dont l'aiſné poſſede la Charge d'vn des Gentils-hommes Ordinaires de la Chambre du Roy Louys XIV. heureuſement Regnant & Eſcuyer de ſa petite Ecurye.

Trevalot en Cornoüaille Vicomté, pour Armes antiques c'eſtoit Coëtmenech, depuis de Carné, maintenant le Borgne Leſquiffyou ;*dem*.

Trevecar C. d'azur au Lion d'argent l'Ecu ſemé de Coquilles de meſme.

Trevegant jadis à Beaurepaire en Plouëgat-Chaſtelaudren Eveſché de Treguier, de gueulle à vne faſce d'argent chargée de deux teſtes de Mores, au tortil d'argent, maintenant du Bourblanc en ſurnom.

Trevegat Sieur de Lomaria Conſeiller en la Cour de Parlement, porte . . . .

Trevehy en Plouënan Eveſché de Leon, ancien le Barbu *idem* : Moderne voyez Villenefve Coëtjenual.

Treveznov en Langoat Eveſché de Treguier, pour Armes antiques portoit d'Or au Lion de ſable l'Ecu ſemé de Tourteaux de gueulle, plus modernes voyez de

BRETON.

Larmor, maintenant Rofmar Kerdaniel *idem*.

DV TREVOV ancien furnom dudit lieu Paroiffe du Treuou, Kerfaufon Baloré en Penguenan, le Grinec, Keranroux prés Lannion, & autres en Treguier d'argét à vn Leopard de fable, quelques-vns ont encore chargé l'Ecu d'vn orle de fix Merlettes de mefme, au Goazuen en Breleuenez prés Lannion *alias idem*, dont vn Louys du Treuou eftoit de fon temps homme d'Armes de la Compagnie d'Ordonnance du Seigneur Comte de Laual fous le Regne de nos Ducs.

TREVZCOET Kerampuil en Pleiber-Crift Evefché de Leon, pour les Armes voyez Kergrift.

LE TREVT jadis à Kerjaneguan, & autres en Treguier, d'argent à trois Merlettes de fable 2. & 1.

TREZEL en Plœbian Evefché de Treguier, porte

TREZEL en Lanilis Evefché de Leon

DE TRIAC Sieur de Preby en Saint Brieuc

TRIBARA au Mefquernic, & autres en Léon, de fable à vn chevron d'Or, accompagné de trois Bezans de mefme 2. & 1.

LA TRINITE' prés Guingamp, pour les Armes voyez Rouzault de la Trinité.

TROBODEC en Gurunuhel Evefché de Treguier, portoit efcartelé au 1. & 4. du Drefnay, au 2. & 3. d'azur à trois Gerbes d'Or 2. & 1. liées de mefme.

TROGOF en Plouëgat-Moyfan Evefché de Treguier, B. d'argent à trois fafces de gueulle au Boifguezenec, Rochumelen, Kerleffy en Plougaznou, Penlan en la Paroiffe de Prat, & autres en Treguier *idem*, le furnom de Penfornou eft à prefent en cette premiere Maifon-là.

TRONGOF en Leon C. de gueulle à vn Lambel à trois pendans d'Or : C'eft à Monfieur le Comte de Boifeon.

TROGORRE en Loguiuy Plougroix Evefché de Tré-

-guier C. pour Armes antiques voyez Plougroix, modernes du Parc Locmaria *idem* : Cette Maison est des dependances de Keradenec.

Trogriffon en Taulé Evesché de Treguier, pour anciennes Armes voyez le Moyne Treuigny, modernes Quintin Kerscaou *idem*.

Troguindy prés Lantreguier Vicomté, porte de gueulle à neuf bezans d'Or 3. 3. & 3. Launay en Camlez issu en juueignerie de cette Maison, Kernegues en Goudelin, & autres *idem*.

Trohadiou en Treguier, voyez Harscoüet.

Troheon en Sibiril Evesché de Leon, pour les Armes Kercœnt *idem*.

Troherin en Plouuorn Evesché de Leon, d'azur à vne fasce viurée d'argent accompagnée de six bezans de mesme 3. en chef & 3. en pointe 2. & 1.

Trohubert au Merzer Evesché de Treguier, pour Armes antiques voyez le Roux, Kerbrezelec, modernes Trezel Kerroignant *idem*.

Trolan jadis à Keriber en Milizac en Cornoüaille, portoit . . .

Trolong ou Tuolong, jadis audit lieu en Hengoat, Kerhir en Tredarzec, Munehorre prés Guingamp & autres en Treguier, à present à Launay en Langoat, au Rumen, Hengoat, Kerfrotter, Goazruz en Lanmellee, & autres, escartelé d'argent à dix Tourteaux de sable 4. 3. 2. & 1. depuis reduits à cinq posez en sautoir contrescartelé d'azur au Chasteau d'argent.

Tromabian prés Lesneuen, pour les Armes voyez Kergadiou de bas-Leon.

Tromartin prés Lantreguier, pour les Armes le Cheuoir *idem*.

Tromelin prés Lesneuen C. d'argent à deux fasces de sable, comme le Barbier à Kerliuiry & autres *idem*.

Tromelin

TROMELIN en Plougaznou Evefché de Treguier, ancien d'argent à vne Croix pattée d'azur & vn Croiffant de gueulle en pointe, moderne voyez Guiffos Toulbodou.

TROMENEC en Landeda Evefché de Leon, encien furnom de cette Maifon, d'Or à vn Trefcheur ou Effonier d'azur, depuis Symon & maintenant Guergorlay.

TROMEVR en Leon, pour les Armes Lefuen *idem.*

TRONCZON jadis à Kerfenteunyou pres Lantreguier, Kermerien, & autres en Leon, d'argent à vn chevron de gueulle accompagné de trois Fleurs arrachées & tigées d'azur 2. & 1. Fleuriot *idem.*

TRONIOLYS en Cleder Evefché de Leon, pour les Armes voyez Kergoët Troniolys.

TROPONT en Pedernec Evefché de Treguier C. pour Armes antiques voyez Belifle Tropont, modernes Perrien *idem.*

TROVOAS en Plœmeur-Gaultier Evefché de Treguier C. pour les Armes voyez le Saint.

TROVSSIER Gabettiere C. Pontmenart, & autres, d'Hermines au Lion de gueulle brochant fur le tout.

TROVZILIT en Leon, portoit jadis comme Tourminene, maintenant de Carné.

TVDVAL jadis à Kerpeuluen Evefché de Treguier, Tregoët, & autres, d'argent à l'Aigle efployé de fable becqué & membré de gueulle.

TVDVAL ancien furnom de Keraoüel Lefquiffyou en Guyneuez Evefché de Leon, de gueulle à trois Treffles d'Or 2. & 1. & vne Quintefeille de mefme en abîme la Riue *idem.*

TVFFIN Sieur de la Rouerye, porte . . .

TVGDOAL jadis à la Ville-nefve Corbin en Loguiuy pres Lannion, d'argent à vn Chafteau de gueulle fommé de trois Tourillons de mefme.

TVRCAN, de gueulle à 5. Billettes d'Or pofées en fautoir.

M m

L'ARMORIAL

TVRPIN Comte de Criſſé bonne & ancienne Maiſon en Poictou, dont eſtoit iſſu l'Archeueſque Turpin, porte loſangé d'Or & de gueulle en pal ſans nombre.

TVSSE', de ſable à trois jumelles d'argent.

LE TYMEVR pres Carhaix Marquiſat, pour Armes & deuiſe voyez de Plœuc.

V.

ALOYS anciennement Comté depuis erigé en Duché & Païrie l'an 1402. par le Roy Charles VI. portoit d'azur ſemé de France, comme ayant donné origine à la premiere lignée de nos Roys, appellee les Merouingiens, Monſieur le Duc d'Angouleſme eſt de ce nom.

VANDOSME jadis Comté & maintenant Duc de Vandoſmois, Mercœur & de Penthievre, Pair & Admiral de France, porte de France au baſton pery de gueulle chargé de trois Lyonceaux d'argent, jadis les anciens Comtes de Vandoſme ſurnommez Boucharts, portoient d'Or au chef de gueulle à vn Lion d'azur brochant ſur le tout, c'eſtoit lors vn Patrimoine ancien des Roys de Nauarre.

VENNES Ville Epiſcopalle & ſejour ordinaire des derniers Ducs de Bretagne, portoit de gueulle à vne Hermine paſſante au naturel d'argent mouchettée de ſable & accollée de la Iartiere flotante de Bretagne.

BRETON.

Vertvz Comté, porte efcartelé au premier & 4. de Bretagne, contrefcartele d'argent au chef de gueulle qui eft Anaugour.

Vitré A. B. de gueulle au Lion d'argent.

La Vache, de gueulle à vne Vâche d'argent.

Le Vaillant Sieur du Paty, d'argent à vn Aigle de fable.

Dv Val jadis à Keraueon, d'argent à deux fafces de fable à la bordure de gueulle bezantée d'Or.

Dv Val, de fable à trois Cannes d'argent 2. & 1. becquez & membrez d'Or.

Dv Val jadis à Kergadiou Kerfaint-Gily, pres Saint Paul, de gueulle à cinq fufées d'argent pofées en fafce.

Le Val Pinart en Saint Mathieu lez Morlaix, pour les Armes voyez Pinart.

Le Val Kerret en Saint Martin Evefché de Leon pres Morlaix, efcartelé au 1. & 4. de Kerret, contrefcartelé d'argent à deux Pigeons d'azur affrontez becquetans vn cœur de gueulle.

Le Val Val furnommé le petit Val auffi lez Morlaix Evefché de Treguier, d'azur à vn Cerf paffant d'Or.

La Vallée Sieur de la Conninais pres Dinan, de gueulle à vn Bezan d'argent accompagné de trois fermailles de mefme.

La Valée jadis à Saint Ioüan C. de fable à trois Poiffons d'argent pofez en fafce l'vn fur l'autre.

Le Valoys Sieur de Syriac pres Muzillac porte . . .

La Varenne Marquis de Sainte Suzanne &c. de gueulle au Levrier paffant d'argent au Colier d'azur femé de Fleurs de Lys d'Or.

Vars, d'argent au fautoir de fable, accompagné de quatre Molettes de mefme.

DE VARS, party d'Or & d'azur au Lion couppé de gueulle & d'argent, sçauoir de gueulle sur l'Or & d'argent sur l'azur.

VAVCLER pres Montcontour C. bandes engreslées d'argent & de gueulle de six pieces.

VAVCLERE C. d'argent à trois Choüettes de sable becquez & membrez de gueulle 2. & 1.

VAVCOVLEVR C. ancien, d'azur à vne Croix d'argent, moderne Espinay : Il est Gouverneur pour le Roy des Ville, Chasteau & Forteresse de Conquerneau.

VAVDVRANT, d'argent au Lion de gueulle.

VAVFLEVRY, d'azur à la Croix d'argent cantonnée de quatre testes de Lion arrachées d'Or, lampassées de gueulle.

DE VAVGOVR, d'Or à trois testes arrachées de Renard de sable 2. & 1.

VAVMELOYSEL ancien Gouyon Matignon *idem*. Moderne voyez Desnos Villethebault.

VAVROÜAVLT, d'argent au Lion de sable armé, lampassé & couronné d'Or.

LE VAVVERT, d'argent au Cerf de gueulle sommé & onglé d'Or chargé au Poictral d'vne Croix d'argent.

VAVX C. d'Or à trois Merlettes de sable 2. & 1.

DE VAVX, d'azur au chef d'Or, chargé d'vn Lion couppé de gueulle & d'argent sur le tout.

LE VAYER C. jadis à Clays, losangé d'Or & de gueulle en pal, à present à la Morandaye en Saint Malo.

LE VEER Montloüarn Kerleau en la Paroisse du Merzer, Kergroas en Quemperguezenec, & autres en Treguier, d'azur à trois testes de Regnard arrachées d'Or 2. & 1.

VELLVRE, d'Or à cinq fusées de gueulle posées en fasce.

DE VENDEL C. de gueulle à trois mains dextres

armées d'argent en pal 2. & 1. il y a eu vn Abbé du Tronchet de cette Maison.

LE VENNEVR, de sable au chef d'Or chargé de trois Huchets ou Cornets d'azur enguischez d'argent en sautoir.

LE VERGER au Cocq en Saint Germain sus Isle Evesché de Rennes de gueulle à deux Bars d'Or adossez, accompagnez de trois Treffles de mesme en fasce.

DV VERGER, de gueulle à vne Estoille comettée d'argent à huict Raix.

DV VERGER Saint Denac pres Guerrande, d'Or à deux Quintefeilles de gueulle, au canton dextre de mesme chargé d'vn Lion d'argent.

LE VERGER en Tredarzec pres Lantreguier, Kergreach *idem*.

LE VERRIER Sieur du Layeul & de la Danuoliere, portoit escartelé au premier & dernier de gueulle à vn grand Croissant d'Or, contrescartelé d'vn Eschiquier d'argent & de gueulle de six traicts au chef de sable chargé d'vn Lion issant d'Or.

LE VEYER jadis à Kerysnel pres Saint Paul Feunteun, p'r C. Carpont Kerbijc, Poulconq en bas-Leon, en Taulé, Beuzidou pres Daoulas, & autres, d'argent à deux Haches d'Armes ou Consulaires de gueulle addossez en pal.

LE VEYER *alias* à Treffalegan en Lanhoüarneau Evesché de Leon & autres, d'Hermines à vne Quintefeille de gueulle en abîme, au Brehonic en Guineuez Evesché de Leon, Boteguiry pres Landerneau, & autres à present *idem*.

LE VEYER Kerandantec en bas-Leon, & autres, d'Or à trois Merlettes de sable 2. & 1.

LE VEYER, de gueulle à la fasce d'argent chargée de trois Macles de sable.

LE VOYER Defaulnays-Gomené en Saint Malo, d'argent à vne Fleur de Lys de fable.

DE VIC, d'argent à deux chevrons de gueulle accompagné de trois Treffles de fynople.

LE VICOMTE Sieur du Rumen, la Villeuolette, la Longraye, & autres, d'azur à vn Croiffant d'Or. Ce dernier eft Confeiller au Siege Prefidial de Rennes.

VIETTE, d'argent à vne bande d'azur accompagnée de trois Tourteaux de gueulle 2. & 1.

DE VIEGVES au Quiftillic en Plougounuen Evefché de Treguier, d'azur à trois Fleurs de Lys d'argent 2. & 1.

LE VIEIL, d'azur au chevron d'Or & vne Eftoile de mefme fous l'angle du chevron.

VIEILLE-Motte en Tonquedec Evefché de Treguier, pour Armes anciennes voyez de Quelen: Modernes Eftienne Keruiziou *idem*.

VIEVCHASTEL Lannion B. ancien d'azur à vn Chafteau d'Or fommé de trois Tourillons de mefme, moderne voyez le furnom de Lannion.

VIEVCHASTEL en Taulé Evefché de Leon, pour les Armes du Faou *idem*.

VIEVCHASTEL en Ploudaniel Evefché de Leon, le Moyne Treuigny *idem*.

VIEVCHASTEL en Ploubezre Evefché de Treguier, pour les Armes voyez Kergrift.

VIEVMARCHE' en Ploüaret Evefché de Treguier, C. pour Armes antiques Laual *idem*. Modernes voyez Connen Precrean.

VIEVPONT en Normandie C. pour les Armes voyez Nuef-bourg Marquis, c'eft le furnom de cette Maifon-là.

VIEVTREVOV en Treguier, ancien, Quintin *idem*. moderne voyez Crefolles.

LA VIEVVILLE Marquis, burellé d'Or & d'azur de huict pieces, les deux premieres burelles d'Or chargées de trois Annelets de gueulle 1. & 2.

Vievville ou Cozquer, Kerboury en Loüanec Evesché de Treguier, pour les Armes voyez Kerboury.

La Vigne le Houlle en Vennes, pour les Armes voyez de Bauld.

Vijac en Guipauas Evesché de Leon, pour les Armes voyez Kerscao Vijac.

Villarmois, d'argent au Lion de gueulle accompagné de cinq Tourteaux de sable posez en Orle.

Ville-Blanche jadis au Plessix Balisson C. de gueulle à vne fasce d'argent, accompagnée de trois Hures de Saulmon de mesme en fasce 2. en chef & 1. en pointe.

La Ville Boury, de gueulle à trois Estoilles d'Or.

La Ville Canio, d'argent au Leopard de sable armé & lampassé de gueulle.

La Ville Dauy en Mauron, d'Or au Sanglier de sable.

Ville Denache, d'azur au Lion d'Hermines armé & lampassé de gueulle.

La Ville-Durand en Vennes, d'argent au chevron de gueulle accompagné de trois Tourteaux de mesme.

Villegal, de gueulle à neuf fers de Cheual d'argent 3. 3. & 3.

Villegeffroy en Plouëgat-Chastelaudren Evesché de Treguier C. pour les Armes voyez Botherel Ville-Geffroy.

Villegillouart, de sable au sautoir d'argent.

La Ville-Iuhel, d'argent à trois cœurs de gueulle & vn Tourteau en abîme de mesme.

De la Villeon au Boisfeillet C. d'argent à vn Houx de synople au cartier d'azur fretté d'Or. Il y a eu vn Chancelier de Bretagne de cette Maison, & plusieurs

Seigneurs de cette famille se sont signalez de temps en autre sous nos Ducs par leurs bons & loyaux seruices, au Mareix Evesché de Saint Brieuc, & autres *idem*.

VILLESAVARY pres Guerrande à present possedé par le Sieur de Kernotter Guicaznou de l'Evesché de Treguier, pour les Armes voyez Guicaznou.

VINCETTRE, escartelé au premier & dernier d'Or à vne Croix de sable, contrescartelé de gueulle à la Croix d'argent.

VILLEMARRE, de gueulle à cinq Billettes d'argent 3. & 2.

VILLENEVVE C. de gueulle au chevron d'Hermines.

VILLENEVVE lez Morlaix C. issuë de la Principauté de Leon, pour Armes anciennes voyez Pensez, modernes . . .

VILLENEVVE Cresolles pres Lannion, pour les Armes voyez Cresolles.

VILLENEVVE en Plouëzoch Evesché de Treguier, pour les Armes presentes voyez du Louët Coëtjenual.

VILLENEVVE Olliuier en Guerlisquin Evesché de Treguier, d'argent à vne fasce de gueulle frettée d'Or, accompagnée de trois Roses de gueulle 2. & 1.

VILLENEVVE Rosunan en Plouyen Evesché de Leon, d'azur à vne fasce d'Or, accompagnée de trois Quintefeilles de mesme.

VILLENEVVE en Plougaznou Evesché de Treguier, pour Armes voyez le Segaller.

VILLENEVVE en Lanmodez pres Lantreguier, Cillart *idem*.

VILLENEVVE pres Saint Paul, pour Armes presentes voyez Poulpiguet, antiques la Forest Keruoaziou, & Keranroux *idem*.

DE VILLENEVVE au Pellinec, & au Caloüer en Loüanec

Loüanec Evefché de Treguier & autres, d'argent à vn Lion de fable.

VILLENEVVE Corbin lez Lannion, d'argent à vn Ours paffant de fable bridé d'Or.

VILLENEVVE Trogof en Treguier, pour les Armes voyez Penfornou.

VILLENEVVE en Plouïan Evefché de Treguier, pour les Armes voyez le Blonzart.

VILLENEVVE Montigny en bas-Leon, portoit . . .

LA VILLE Orion, de gueulle à dix fers de dards d'argent.

LA VILLE Salon, d'azur à cinq Billettes d'argent en fautoir.

VILLE Voifin, d'argent à la fafce d'azur accompagnée de trois Coquilles de gueulle.

LA VILLE Volette en Saint Brieuc, d'azur au Croiffant d'Or.

VILLE Salmon, d'argent au Houx de finople au canton de gueulle à la Croix greflée d'argent.

LA VILLE au Preuoft en Saint Briac, de gueulle au fautoir greflé d'argent.

VIRE' B. pour les Armes voyez de Seillons.

DV VIREL, d'argent à trois fafces jumellées de gueulle comme du Parc.

VISDELOV la Goublaye C. Defliens, & autres, d'argent à trois Teftes de Loup de fable arrachées & lampaffées de gueulle 2. & 1. le dernier Seigneur de cette Maifon eftoit Prefident en la Cour de Parlement & Monfieur l'Evefque de Leon cy-deuant Coadjuteur de Cornoüaille eft auffi originaire de cette premiere Maifon-là.

LE VIVIER, d'azur à l'Aigle d'Or.

VOLLVIRE, Marquis de Ruffec iffu des anciens Comtes d'Angoulefme, le Comte du Bois de la Roche, & autres, portent burellé d'Or & de gueulle de dix pieces

L'ARMORIAL

Cette première Maison a produit vn Conseiller & Chambellan ordinaire de l'vn de nos Roys & vn Lieutenant General du Roy Charles IX. en ses pays Angoulmois, d'Onis, de Saint Onge, de la Ville & Citadelle de la Rochelle, mesme pour ses grands & signalez seruices designé pour auoir le baston de Mareschal de France sous le Regne de Henry III. si la mort n'eust deuancé ses iours.

DE LA Voüe Baron de la Pierre au pays du Mayne de sable à six bezans d'argent 3. 2. & 1. Cette Maison a pris alliance auec celles de Carman & du Cleuzdon.

LE VOYER, pres Malestroit, d'argent à vne Quintefeille de synople.

LE VOYER, de gueulle au chef endanché d'Or à quatre pointes.

VOYEVR jadis en la Maison du Gage prés Dol C. portoit . . . à present de Cleuz, pour les Armes voyez Cleuz.

VVST ou d'Vust Paroisse de Saint André prés Guerrande, ancien d'argent au fretté de sable de dix pieces, moderne voyez Kerpoisson Treuenegat.

VZEL en Vennes Vicomté, portoit jadis d'azur à trois bezans d'Or 2. & 1. depuis Budes, & maintenant . . .

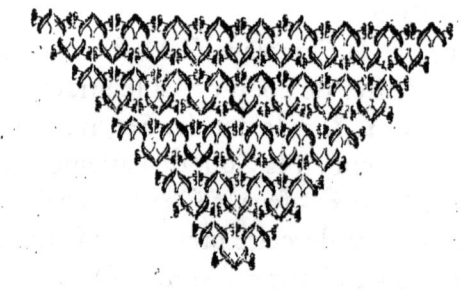

Y.

YACENOV, d'argent à deux fasces noüées de gueulle, accompagnées de huict Merlettes de mesme 3. 2. 2. & 1.

YANES originaire d'Espagne jadis à Keruersault & habitué en l'Evesché de Treguier, portoit . . .

YNISAN *aliàs* à Kerbinou prés Pontrieu, portoit . . .

YNISAN jadis à Rucreguen prés Lanmeur, d'Or à vne fasce de gueulle accompagnée de trois Annelets de mesme 2. en chef & 1. en pointe.

YVELIN, de gueulle à trois Roses d'argent 2. & 1. au chef d'Or chargé d'vn Lion leopardé de sable.

YVER, d'azur à trois Estoilles d'Or 2. & 1. à la fasce en deuise de mesme.

FIN.

Donec Majora repouant.

INSTRVCTION
DES TERMES VSITEZ
AV BLASON DES ARMOIRIES
SELON L'ORDRE ALPHABETIQVE.

AVEC LE NOMBRE DES EMAVX,
LEVRS SIGNIFICATIONS, ET REPRESENTATIONS
des Ecus & pieces plus difficiles que l'on admet ordinairement en cette Science Heraldique, & ne
pourroient eftre comprifes d'vn châcun
fans les Figures cy-apres.

A RENNES,
Chez IVLIEN FERRE', Marchand Libraire, ruë Saint
François, à l'Efperance.

M. DC. LXVII.

INSTRUCTION
DES TEMPS VERBAUX
ET DES MODES DES VERBES

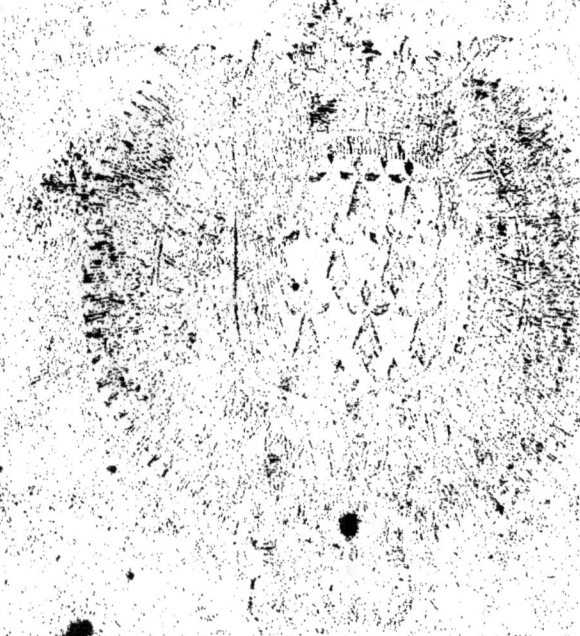

INSTRVCTION DES TERMES VSITEZ AV BLASON DES ARMOIRIES,
SELON L'ORDRE ALPHABETIQVE,

AVEC LE NOMBRE DES EMAVX, leurs significations & representations des Ecus & Pieces plus difficiles que l'on admet ordinairement en cette Science Heraldique, & ne pourroient estre comprises d'vn châcun, sans les Figures cy-apres.

BLASON, ou BLASONNER, est proprement déchiffrer & dépeindre les Couleurs & Metaux en vn mot, appellez Emaux, qui selon l'oppinion commune des Armoristes, tire son origine du mot Aleman, BLASEN, qui vaut autant que loüer, ou exalter auec pompe la memoire de quelque Illustre.

Dans le Blason des Armoiries l'on admet deux Metaux, cinq Couleurs & deux sortes de Foureures, autrement appellées Pannes, ou Pennes.

Les deux Metaux sont, OR, & ARGENT.

L'OR s'exprime par les Graueurs qui grauent correctement par petits points, ainsi que vous pourez remarquer, par la Figure cy-apres.

L'ARGENT dans son naturel est sans aucune hacheure.

Les COVLEVRS, sont, *l'Azur,* qui est Bleuf, *Gueulle,* qui est Rouge, *Sinople,* Vert, *Sable,* Noir, *Pourpre,* Violet, qui est vne Couleur Mixte, composée *d'Azur* & de *Gueulle,*

& se prend tantost pour Metail, tantost pour Couleur, laquelle est peu vsitée dans cette Prouince, & dans le Royaume, mais bien chez les Estrangers.

Les Fovrevres, sont deux en nombre, sçauoir.

L'Hermine, qui s'exprime par Blanc ou Argent auec de petites moucheteures de Sable, est faite en forme de Croix semées confusément, ou auec nombre reglé dans l'Ecu.

Le Vair ou vairé, est fait en forme de Pots, Chapeaux, ou Cloches, mises les vnes sur les autres, & n'est autre chose qu'vne foureure de Beste, qui ressemble à vn Chat d'Espagne, dont la couleur s'exprime tousiours par argent & azur, & s'il est d'autre couleur & metail il le faut specifier.

L'Azur est exprimé des Graveurs par le haché en fasce, ainsi que vous pourez remarquer par les figures suivantes.

Le Gveulle par hacheures en pal.

Le Sinople par haché en bandes.

Le Sable par double hacheures en fasce, & en pal.

Le Povrpre par hacheures en barre ou contrebande : laquelle façon & maniere de connoistre les metaux, & couleurs par l'inspection du traict de la graueure, ou hacheure que l'on tient auoir esté premierement inuentée par le P. Sylvestre, Pierre Saincte, Iesuiste, en son livre intitulé *tesseræ Gentilitiæ*.

Il y à quelques Armoristes qui admettent vne sixiéme Couleur qu'ils appellent *Caruation* : c'est à dire couleur de chair, ou au naturel de quelque Beste, ou Sauvage : Mais elle ne peut seruir de Champ, ains est tousiours posée sur l'vn des Metaux, & est seulement vsitée en ce Royaume, & rarement chez les Estrangers.

Et est à remarquer que ces preceptes du Blason n'ont esté guere suivies qu'après les croisades & les voyages que l'on a fait en la Terre Sainte.

A

ABAISSE, se dit de quelque grande piece posée plus bas que son assiette ordinaire.

57. ABISME, c'est le cœur, le milieu, ou le centre de l'Ecu, comme quand l'on dit posé en abisme, c'est lors qu'au milieu de l'Ecu, on met vne autre piece differente, comme Ecusson, Croissant, Estoille, ou autre chose semblable, qui estant de meme email que les pieces principales, voire de different, ne se peut passer, qu'improprement pour brisûre & interligne de siueignerie, estant loisible de commencer, si on veut à blasonner & charger l'Ecu par la piece meme posée en abisme.

94. ACCOLLE, ou collette, se dit lorsque au col de quelque animal, on y met vn colier qui est d'autre couleur ou metail que le corps.

ACCOLLE, se dit aussi d'vn chesne accollé de lierre, ou qui accolle deux Ecus, ou autre chose ensemble.

ACCOMPAGNE, ou enuironné se dit, lors qu'autour d'vne piece principale de l'Ecu, il se trouue d'autres petites pieces, d'vn meme, ou different email.

ACCORNE, lors que les cornes de quelque animal, sont d'autre email que son corps.

14. ADEXTRE, c'est à dire posé au costé dextre.

ADOSSE, lors que deux pieces sont tournées dos contre dos.

AFFRONTE, au contraire, lors que deux animaux ont front contre front, & se regardent l'vn l'autre.

A

INSTRVCTION DES TERMES

84. Aigle, se represente tantost à vne teste, tantost à deux, mais toûjours éployée, ou aisles couuertes, quelques-fois il s'en voit sans couronne, ou ouronnée d'vn n...e, ou different email que le corps, & quelque autre fois il s'en trouue que les iambes & griffes sont aussi d'autre couleur, que l'on appelle membré, & si le bec l'est aussi, l'on dit becqué, ce qu'il est necessaire de specifier; on dit aussi aiglons ou aiglettes, quand il s'en trouue plusieurs en l'Ecu & different des Allelions ou Allerions, en ce que les Aigles ont bec & pieds, & les Allerions n'en ont point.

Aisle, se dit de toutes sortes d'oyseaux, quand elle est seule; quand il y en a deux, l'on blasonne vn vol, quelquefois l'on dit vn demy vol quand il n'y en a qu'vne.

Aisle, se dit aussi bien d'vn dragon, que d'vn oyseau, lors qu'elles sont d'vn autre email, que le corps de l'animal.

Alize ou Alaize, arresté, coupé, ou racourcy, c'est la méme chose, & se dit des croix, fasses, sautoirs, cheurons & autres choses semblables, lors qu'elles ne touchent de leurs extremitez les bords de l'Ecu.

85. Allelions ou Allerions, sont petits Aigles, qui n'ont ny bec ny iambes, mais les aisles étenduës & different des Merlettes, en ce qu'ils sont toûjours debout & en pal, & les Merlettes les aisles toûjours serrées & posées en fasse.

Alvmé, se dit des yeux, & principalement du poisson, lors que les yeux sont d'autre email que le corps.

Amphistre, ou Amphistere, c'est vn serpent Aislé qui a la teste d'vn autre serpent à la queuë.

83. Ancolies, sont certaines fleurs de couleur azurée assez vsitées au Blason, des Armoiries, & sont, le Sym-

bole d'amour enuers Dieu, & charité enuers le prochain.

ANCRE, se represente tantost en pal, tantost en fasse, ou autrement, quelquefois la *Stangue* d'vn autre Email, c'est à dire le fer ou baston dont il est emmanché & quelque autrefois la *Trabe* aussi de different Email, qui est le bois dont ledit baston est trauersé au milieu, de laquelle est vn Anneau, où est passé la gumene, autrement la corde ou cable en terme de Mariniers.

65. ANNEAVX, ou ANNELETZ, de figure ronde beaucoup videz au milieu sont le Hyerogliphe de l'Eternité, & representent en outre, le Ciel, le Monde, la Fortune, & les Richesses, la Franchise, la Foy, & la Fidelité : les Anneletz se nomment aussi quelquefois Vires au Blason quand ils sont entrelassez les vns dans les autres.

ANILLE, est en forme de deux doubles crochets adossez, liez ensemble par le milieu, representant vn fer de moulin, & les pieces qui ont les extremitez en forme d'anilles, se blasonnent Anillez.

ANIMAVX, se doiuent representer en leur Assiette, & posture la plus naturelle, comme le Lion rempant, Leopard passant, Cheual cabré, guay, ou effrayé; l'Ours debout, le Chat effarouché le dos leué, le Dauphin en forme de Croissant, le Loup rauissant, le Taureau furieux, le Belier sautant, la Brebis & l'Agneau paissant & ainsi des autres.

ANIME', se dit de l'œil d'vn Animal, quand il est d'vn email different.

23. ANTE', se dit plus ordinairement de la pointe de l'Ecu & quelquesfois des *Fasses* qui different de celles que l'on dit ondées, en ce que l'enté est plus contigu & plus pointu que les ondes, & est en forme de Cloches, ou de Chapeau, finissant en rond d'vne

& d'autre part, telles sont les Armes de Maillé.

APPAVME', se dit de la main qui montre le dedans.

ARBRE, quelquefois se represente auec ses feilles, ou sec, auec fruit, ou fleur, le chesne se dit Anglanté, & quand le tronc est d'autre couleur que les branches, il faut dire fusté.

ARGENT, est le second des metaux, admis au Blason, qui signifie, esperance, verité, innocence, continence, pureté de vie, benignité, temperence, qui sont vertus Chrestiennes, & pour qualitez mondaines, la beauté, gentillesse, splendeur, & franchise.

ARMES, ou ARMOIRIES, sont synonimes, dont ie trouue qu'il y en a six sortes selon l'opinion commune des Armoristes.

PREMIERE, sont appelleés Miraculeuses, ou Celestes de cette nature sont les Armes de France, de Portugal, & celles de Ducs de cette Prouince, pour les raisons qui sont cy-deuant deduites, & encore celles de l'Empereur de Constantinople qui est vne Croix, qui apparut au Ciel à Constantin en combatant.

DEVXIESME, sont celles qui ont esté prises ou données par des Princes souuerains, à certaines maisons & familles pour quelque grand exploit de guerre, & s'appellent Armes vertueuses, telles sont les Armes d'*Autriche* pour les raisons aussi cy-deuant inserées sur la lettre A. des illustres.

TROISIESME, sont naturelles comme celles de Rohan, qui se rencontrent dans les feilles des Arbres, les pierres & poissons de cette maison.

QVATRIESME, *Postulatitiæ dicuntur*, c'est à dire Armes d'enquerre, ou d'enqueste, d'autant qu'estant faites directement contre les regles, & preceptes, du Blason, on s'enquiert d'abord de la raison de ces Armes ainsi extraordinaires

dinaires & telles eſtoient jadis les Armes de Godeffroy de Boüillon qui ayant conquis la terre Sainte, & s'eſtant fait couronner Roy de Ieruſalem, par vn acte de vaillance prodigieux & extraordinaire, trouua à propos de prendre les Armes que vous voyrez ſur *Hieruſalem*, ainſi fauces & contrefaites, pour donner lieu de demander le pourquoy & rendre par ce moyen cette action Memorable à la poſterité : il n'apartient toutefois qu'aux Princes ſeuls de déroger entierement, à cette loy ſi generale, qui defend de porter en Armes, metail ſur metail, & couleur ſur couleur.

CINQVIESME. ſont celles qu'on appelle fortuites d'autant qu'il n'y à preſque point de raiſon, pourquoy elles ont eſté forgées, ou au moins on l'ignore.

SIXIESME, ſont celles qui ont quelque rapport & affinité, auec leurs noms, & ſont appellées Armes parlantes, ou Armes qui chantent, comme par exemple la ville de Tours porte des Tours, la Roche poſé, vn Lyon poſé ou Leopardé, Crequy vn Crequier, Mornay vn Lyon Morné, la Corbinaye vn Corbeau, du Cheſne, vn Cheſne & en cette Prouince, Fougeres, vn Rameau de Fougeres, & autres leſquelles Armes ne ſont pas reputées bien bonnes pour l'ordinaire, ſelon le ſentiment de quelques Armoriſtes, neantmoins qu'il y à pluſieurs bonnes & illuſtres Maiſons, outre les precedentes qui ne laiſſent d'en porter de pareilles.

ARMÉ, ſe dit ordinairement des Animaux à quatre pieds, & des Dragons, lors que les ongles, & les dents, ſont d'autre email que le corps, & ſe peut auſſi dire quelquefois des Oyſeaux, mais non pas ſi proprement, comme membré des pattes, & becqué ayant le bec d'autre email que le corps.

ARRACHÉ ſe dit des Animaux, tant terreſtres que

vollatifs, lors que le poil, ou la plume couurent la chair, & lors que cela n'est pas coupé net.

AZVR, est vne des couleurs du Blason, la premiere & plus honorable, qui est bleuf celeste, Lazur represente le tribunal de Dieu le sejour des bien-heureux, il signifie aussi, Iustice, Temperence, Loyauté, Chasteté, Fidelité Eternelle, & des qualitez mondaines, Loüange, Douceur, Beauté, Noblesse, Victoire, Richesses, Perseuerence, Vigilence, Fidelité de cœur, & dilection.

B.

27. BANDE, est vne des pieces qu'on appelle ordinairement honorable, & lors qu'elle est seule, doit tenir la tierce partie de l'Escu, elle descend de la partie dextre du chef, à la senestre vers la pointe, quand le nombre en est impair on dit Bandé de ·.· & de ·,· & lors qu'elle est seule dans l'Escu, & vn peu arondye par les bouts fort estroite on la Blasonne, Baston, ou filet brochant sur le tout, l'on dit aussi pery en bande quand elle est fort courte, & quelque peu arondy par les bouts, il y a autant de sortes de bandes que de faces.

BANDEROLLE, est vne petite Banniere que l'on met au bout des Lances, quelquefois aux pauillons des Nauires, sur le haut des Maisons, & ailleurs, elle se prend aussi quelqu'autrefois, pour la Banniere que portent les soldats en escharpe, bandolieres ou baudriers.

BANNIERE, en sa vraye signification, est vne enseigne, qui guide les gens de guerre, qu'on appelle Drapeau, & parce que la forme des bannieres est quárée, les Armes qui sont de mesme s'appellent en Banniere, d'où vient le mot de Banneret, qui est plus que simple Gentilhomme, ou Cheualier, d'où les anciens Barons ont pris leur premiere denomination & origine.

BARBÉ BARBELÉ ou qui à barbe, se Blasonne principalement du Cocq, & du Dauphin, lors que leur barbe, ou creste inferieure est d'autre email que le corps.

BARRE, trauerse ou *Contrebande*, est selon la plus commune opinion signe de bastardise, principalement quand elle est plus petite, & estroite que l'ordinaire, elle à ces mesmes dimentions, & proportions que la bande, quand elle est seule & differe en ce qu'elle est tirée de l'angle senestre du chef de l'Escu à l'angle dextre de la pointe, maintenant on se sert du Baston racourcy, pery en Barre, & posé en Abysme.

29. BASTON est vne piece assez commune, & se pose comme les bandes, & les Barres, quelquefois il est brochant sur le tout, quand il tire de l'vne des extremitez de l'Escu à l'autre.

30. BASTON, pery ou racourcy est lors qu'il ne touche les bords de l'Escu, est fort court & arondy par les bouts, comme j'ay dit cy-deuant.

BASSINET, c'est vn casque à l'antique.

BASTAILLÉ ou BASTELÉ, se dit lors que le battant d'vne cloche est d'autre email que la cloche.

BASTILLÉ, c'est à dire garny de Tours lors que sur vne Tour il y en à plusieurs autres.

BECQVÉ, lors qu'vn oyseau à le bec d'autre email que le corps.

BEFFROY, Voyez vair contre vair.

67. BEZANS, sont figures rondes pleines & massiues & sont tousiours de metail, & iamais de couleur, on n'admet au Blason que iusques au nombre de huit ou dix; & s'il y en à dauantage, on dit semé de bezans, ou bezanté, qui est à dire garny de bezans : Pour sçauoir ce qu'ils representent en Blason, voyez le mot d'Anneaux, ou Annelets;

B 2

d'autant qu'ils ont mesme signification.

69. BILLETTE c'est vne figure quarrée oblongue.

70. BILLETTE, est quelquefois percée, & lors on l'appelle forcée, ou percée.

BISSE, Giuure, ou Guiuure, est vn Serpent, ou grosse Couleuure à la queuë ondée, ou tortillée.

54. BORDVRE, est vne espece de briseure, & est comme vn passement tout au tour de l'Escu, & estant seule doit occuper la sixiesme partie de la largeur de l'Escu il s'en voit comme des bandes, de componées, endentées, engreslées, chargées, &c.

BOVRDONNE' se dit ordinairement de toutes pieces dont les extremitez sont ornées de bourdons, ou de deux pommes l'vne plus grosse que l'autre, & se voit des croix bourdonnées & autres pieces, mais rarement.

BOVTONNE', se dit en deux façons, la premiere lors que le cœur d'vne Roze, ou autre fleur est d'autre email que les feilles de la fleur, la deuxiesme se dit des boutons des fleurs non Epanouys qui sont aussi d'autre email, que le pied qui les soûtient.

BOVTEROLLE, c'est le fer qui se met au bout du foureau de l'espée.

26. BRETESSE, ou BRETECHE, sont comme forme de Creneaux qui se trouuent rengez sur vne piece platte, comme sur vne face, bande, ou autre chose, quand il y a des Creneaux, des deux costez on les blasonne, doublement Bretessée, que si au droit de la Bretesse d'enhaut, il y a vn vide en bas, on dit Contrebretessé.

BRISEVRES, sont les pieces par lesquelles, on distingue les Armes plaines d'vne Maison, ou Famille, entre les freres, & autres dessendans, comme Lambel de trois ou plusieurs pendans la bordure simple, componée, engreslée, dentelée, le baston, le croissant, la bande en deuise, ou barre, &c. qui denotte plus ordinairement bastardise.

L'AISNE' de la Maison porte les Armes paternelles pleines sans aucune briseures.

LE PREMIER Cadet prend le Lambel, ou Lambeau de trois pieces en chef pour briseure.

LE DEVXIESME, simple bordure ou filiere qui est proprement vn diminutif de la bordure.

LE TROIZIESME, bordure dentelée, engreslée ou autrement.

LE QVATRIESME, baston brochant à dextre sur le tout.

LE CINQVIESME, bande en deuise brochante aussi sur le tout.

S'IL y en à dauantage il prend le Canton, le Croissant, Fleur de Lis, Estoille, Molette, Annelet, ou autre chose semblable toûjours en Chef, & non en Abysme, comme quelques vns les mettent improprement contre la diffinition formelle des preceptes du Blason, *Quoy* que ces intersignes de Iuueignerie ne soint pas beaucoup en vsage dans nostre siecle, neantmoins j'ay jugé à propos de les incerer icy, tant pour la curiosité du Lecteur que pour la commodité de ceux qui les voudroient encore mettre en pratique.

BROCHANT, c'est passer sur l'Escu ou sur les pieces principales estans en iceluy vne autre piece moindre, soit baston ou autre chose.

BVFFLE, au Blason se represente comme le Bœuf, & quelquefois se confond auec le Taureau, mais la distinction est, qu'on represente le Buffle, le muffle gros, la teste courte, auec vn gros flocquon ou boûchon de poil entre les cornes.

22. BVRELLE' est vn diminutif de la face, on dit

burellé quand il y a vn certain nombre de faces dans l'Escu, depuis huit en montant jusques à douze, au deſſous duquel nombre, depuis vn juſques à huit on ſe contente de dire facé.

Buz, c'eſt la teſte & vne partie de la poictrine de l'homme.

C.

Canettes, ſont petites Canes qui ſe repreſentent au blaſon les aiſles ſerrées, hormis qu'elles ont bec & jambes d'vn meſme email, en diſtinction des Choüettes.

58. Canton, eſt vne partie de l'Eſcu pour l'ordinaire ſuperieure, & en la partie du chef, ſans proportion ny meſure aſſeurée, & difere du cartier.

58. Le Cartier, doit touſiours occuper le quart de l'Eſcu, d'où vient ſa denomination particuliere, le franc canton ou canton d'honneur, ſe met ordinairement dans l'angle dextre du chef de l'Eſcu, où en abyſme ſur le tout, & ſi aucontraire il eſtoit dans l'angle ſeneſtre, ce qui n'eſt pas bien commun, on diroit ſimplement au canton ſeneſtre.

Cantonné, ſe dit lors qu'au quatre vides d'vne croix, ou ſautoir, il y a quelques petites pieces, de meſme, ou different email.

Cartouches, & cantitez ſont ſynonimes.

66. Cercle, eſt ſemblable à l'Annelet fors que le cercle eſt toûjours lié.

92. Cerf, encore que cét Animal ſoit fort beau & bien noble neantmoins à cauſe de ſa timidité, il ſemble qu'on n'en ait point fait tant d'eſtat, dans le Blaſon, ny eſtant ſi ſouuent employé que beaucoup d'autres Animaux, lors que ſon bois eſt d'autre email que ſon corps, on le blaſonne ſommé, c'eſt à dire ramé, lors que la teſte

du Cerf se met seule au Blason, elle doit estre posée de front monstrer les deux yeux, les deux oreilles & les deux bois, & lors on la qualifie & Blosonne, *Massacre* ou *Rencontre*, le Cerf est le symbole de vitesse, de legereté & de crainte.

CHAISNE, sont filets entrelassez, ainsi qu'aux Armes de Nauarre, elles se peuuent aussi disposer, soit en forme de faces, bande, ou autrement.

CHAMP, est le fond de l'Escu sur lequel on charge les pieces.

CHAPEAV, entre les ornemens des Escus on y admet les Tyares, les Couronnes, les Mytres, Crosses, Tymbres, ou Casques, mais particulierement le chapeau qui sert d'ornement & de Tymbre aux armes des Cardinaux, Archeuesques, & Euesques, toutefois auec ces distinctions, que ces chapeaux doiuent auoir les bords fort larges, la testiere platte & basse auec deux cordons entrelassez des deux costez de l'Escu en las d'amour, pendant auec rengées de houppes, entrelassées en forme de Lozanges, tels chapeaux & cordons sont portez de gueulle par les Cardinaux, de Synople par les Archeuesques, & Euesques ceux des Cardinaux ont quinze houppes, ou nœuds posez en pyramide des deux costez, les Archeuesques ont cinq de chasque costé, & les Euesques trois, ces sortes de chapeaux, & cordons, leurs ont esté concedez par le Pape Innocent IV. au Concile de Lyon enuiron l'an 1245.

CHAPPE' se dit lors que l'Escu est diuisé en forme de Cheuron.

CHAPPERON ou CHAPPERONNE', se dit en deux façons, sçauoir pour les Chapperons antiques des femmes, & Chapperonné se dit lors qu'vn oyseau de proye à le Chapperon d'autre email que le corps.

CHARGE', est quand sur vne piece il y en à vne autre, & se dit surchargé lors que sur diuers Escus escartelez on met encore quelque autre piece comme Lambel, croissant, ou autre chose.

CHASTEAV, se figure au Blason, ou simple, ou fermé, sans porte, ou ayant plusieurs tours, & portes non closes, & lors que les filets, & lineamens, qui distinguent la separation des pieces, sont d'autre email que le corps du Chasteau, on blasonne massonné.

CHAT, se represente plus ordinairement comme passant mais effarouché ayant le derriere plus haut que la teste, & le dos courbé en haut.

CHAVSSE', aucontraire du Chappé lors que la forme du Cheuron est renuersée.

1. CHEF, est vne des pieces honorables, & doit ordinairement occuper la tierce partie de l'Escu, & quand il se trouue de mesme email que l'Escu, & qu'il ny à qu'vn petit filet qui les separe on le doit appeller.

2. CHEF cousu, ou collé, autrement les armes seroient fauces, & quand au dessus du chef, il y à encore vne autre espece de chef, d'autre email que le chef mesme, on dit pour lors.

3. CHEF, surmonté quand aucontraire au dessous d'iceluy, il y à comme vn petit filet, qui soit aussi d'autre email, on blasonne chef soustenu.

4. CHEF simples, ou racourcys, il se voit aussi des chefs de toutes façons comme Echicquetez & autres.

5. CHEF, denché ou endenché, lors que les dents sont menuës & qu'elles se terminent en pointe.

6. CHEF, engreslé, l'on appelle engreslé lors qu'elles sont denteles en rond.

CHEVAL, se represente cabré, forcené, ou rempant, ayant la teste & les deux pieds de deuant leuez.

CHESNE, se blasonne plus ordinairement de Synople, englanté d'or, & represente la vertu, la force, fermeté, & longue vie.

CHEVRON,

VSITEZ AV BLASON.

35. CHEVRON, est aussi vne piece honorable, ordinaire assez conneu d'vn chacun, & doit estant seul occuper la tierce partie de l'Escu, on le represente quelquefois couché quand la pointe d'iceluy est vers le costé dextre de l'Escu, cela ariue rarement.

36. CHEVRON, brisé ou esclatté, est le plus naturel mais qui n'est jamais vsité en cette Prouince, on le dit tel lors que les deux pieces du Cheuron ne se joignent point en la pointe, on le represente aussi quelquefois coupé, lors que la pointe est coupée tout net.

37. CHEVRON renuersé quand il est contre sa disposition ordinaire & la pointe en bas.

CHOÜETTES sont semblables aux Merlettes, fors qu'elles ont toûjours bec & pieds de different email que le corps.

CIMIER, est vne piece, ou animal qui se met au dessus du casque, & se tire ordinairement des pieces principales du dedans de l'Escu, comme ceux qui portent des Lyons en Armes, prennent vne teste de Lyon pour Cimier & s'il est couronné dans l'Escu, ils le couronnent au Cimier & ainsi des Aigles, Leopards, Leuriers & autres choses.

CLARINE' c'est vne Clochette que l'on met au col des Mulets, Vaches, ou autres animaux.

CLECHE', c'est à dire ouuert, ou percé à jour comme la croix de Tholose.

CLOCHE n'a point d'autre particularité, que lors que le Bastail est d'autre email que le corps, que l'on appelle Bastaillé.

COLOMBE, ou Pigeon se represente en Blason d'argent ou d'azur, & est le Symbole de la simplicité, apres le deluge elle apporta le rameau de paix retournant dans l'Arche, & le Saint Esprit apparut aux Apostres en forme

C

de Colombe, que l'on tient pure, nette, & fidele à son masle, quoy que neantmoins d'amoureuse complexion.

Comette se dit quelquefois d'vne Estoille à 16. rays, & lors la doit on appeller Estoille Cometée, & lors qu'on veut representer vne vraye Comette, il faut qu'elle ayt vn de ses rayons d'embas plus long que les autres en tortillant comme pour luy seruir de cheueleure.

55. Compon ou Componé, c'est à dire composé de deux esmaux diuers, separés & diuisez par filets.

Contovrné, se dit de tout animal ou piece, qui est tournée vers le costé senestre de l'Escu, contre l'assiette ordinaire des animaux qui doiuent regarder la dextre de l'Escu.

Contre hermines sont toûjours d'argét en champ de sable, quelques vns les appellent poudré d'argent ou plumetté.

Coqvilles, à les prendre exactement se diuisent en deux sortes, sçauoir oreillées, & non oreillées : les oreillées s'appellent Vanets ou Coquilles de saint Iacques quand il n'y a qu'vne seule dans l'Escu, & les autres de S. Michel quand il y en à nombre.

Cordeliere, est vn Cordon d'argent façonné comme celuy que portent ordinairement les P. Cordeliers à leur ceinture, d'où il tire sa desnomination, mais l'vsage en est venu de nostre Duchesse Anne, laquelle apres la mort du Roy Charles VIII. son premier mary, fist faire des Cordelieres de tresse d'argent pour porter à sa ceinture, & en donna aux Dames, Vefues de la cour, d'où est venu l'vsage frequent chez toutes les vefues de condition, qui en doiuent decorer leurs Escus faits en lozanges, & doit ladite Cordeliere estre entretassée en forme de las d'amour de d'istance en d'istance, & non pas comme les femmes de condition mariées, lesquelles doiuent porter pour ornement de leurs Escus deux palmes, lauriers, myrrhers, ou autres branchages aux deux coftez de leur Efcu.

Cor, ou Cornet de chaffe, il y en à de fimples, fans virolles, attaches, ny garnitures, les autres liés, ou enguychés, en fautoir, ou autrement.

Corniere eft vn ance de pot ou marmite.

Cottice, eft vn diminutif de la bande, ayant la mefme forme, & fituation, mais qui à moins de largeur, d'autant qu'elle ne doit auoir que les deux tiers de la bande.

Covchant, ou Couché, fe dit de l'agneau, comme marque ordinaire de la douceur de fon naturel.

Covlevrs, on en admet quatre naturelles au Blafon, comme j'ay des-ja dit de precedant, & vne Mixte ou Amphibie, qui eft le pourpre, ou violet, lequel fe prend tantoft pour couleur, tantoft pour metail : couleur ne fe met fur couleur, ny metail fur metail, autrement les Armes feroient fauces, & cela s'entend des principales pieces de l'Efcu.

8. Covpe, eft vne partition ou diuifion de l'Efcu, & fe dit de la forte, lors qu'il eft diuifé en face tout au trauers par vn filet.

Covronne, on en admet au Blafon quantité de fortes tant en France qu'és autres Royaumes circonuoifins.

Covronne Imperialle eft faite en forme de Mytre d'Euefque non toutefois fi longue, ny fi pointuë par le milieu de fon ouuerture qui eft en forme de croiffant par le haut, & au milieu vne petite pointe qui fouftient vn Globe d'or furmonté d'vne croix de mefme.

La Covronne Royalle de France eft toute d'or couuerte & clofe par le haut de huit rayons ou bandes aboutiffants à vn bouton rehauffé de pierreries, reueftuë, & parée de douze Lis tout au tour, & au haut de ladite Couronne pour cimier vne grande Fleur de Lys quadrangulaire.

Les Covronnes des autres Roys sont composées presque de la mesme façon, & ne different en autre chose sinon qu'au lieu de Lys ils y mettent des fleurons auec les fueilles arrondis vn peu par la pointe, & pour cimier pareil Globe qu'à la Couronne des Empereurs.

Celle des Dauphins de France est semble à la Couronne Royale, fors qu'il n'y à que quatre bandes, ou cercles seulement.

Celles des puisnez de France ne sont couuertes, n'ayant aucun cercle, mais seulement rehaussées de huit Fleurs de Lys d'or.

Celle des Princes du sang, est rehaussée de quatre Fleurs de Lys, & quatre fleurons entremeslez.

Celle des Ducs, & Païrs, est releuée de huit grands fleurons d'or simplement.

Celle des Marquis est rehaussée de quatre fleurons, & entre chacun d'iceux trois perles de Comte, le tout supporté de petites Pyramides d'or.

Celle des Comtes est vn cercle d'or garny aussi de pierreries, rehaussée de dix-huit Perles de Comte, ainsi appellées d'autant qu'elles se vendent au Comte, & non au poids.

Celle des Vicomtes est vn cercle emaillé surmonté de quatre grosses perles de Comte seulement, & est à remarquer, qu'au dessus desdites Perles de Comte l'on y met vne autre plus petite Perle.

Celle des Barons, est vn cercle enuironné d'vn petit chapelet de Perles de Comte tourné tout au tour en serpentant sans aucun ornement sur le haut dudit cercle.

Les Ecclesiastiques quoy que exempts de porter leurs Armes, ils portent des Armoiries, & au lieu de Couronnes, & Tymbres, ils ornent le haut de leurs Escus des marques de leurs dignitez, quoy que neantmoins les Ecclesiastiques qui auoient auant leur profession la dignité de Marquis, Comte, ou autres en peuuent porter les Couronnes entre le haut de leur Escu, & leur chapeau, ou autre ornement, aussi bien que les Ecclesiastiques, dont les benefices ont esté erigez en dignité de Ducs ou autres dignitez.

Nostre Saint Pere le Pape porte ordinairement vne Tyare en forme d'Armet enuironnée de trois Couronnes ornées de fleurons, le tout d'or, estoffé de Pierreries, autrement d'vne triple Tyare d'or, soustenuë de deux clefs d'argent passées en sautoir.

Les Cardinaux tymbrent leurs Armes d'vn chapeau rouge garny de deux cordons pendans des deux costez, chaque cordon lié en lacs d'amour auec quinze houpes à quinze nœuds posées en Pyramide auec des interualles en lozange ainsi que je l'ay dit de precedant.

Les Patriarches ont bien vn chapeau de mesme façon que les Cardinaux, mais d'vn autre couleur & n'ont que dix nœuds à leurs cordons.

Les Archeuesques tymbrent leurs Armes d'vne croix Patriarchalle d'or, auec la Mytre au naturel posée de frond, le chapeau & les cordons de Synople, & la Mytre de pourpre ornée d'or, & enrichie de Pierreries.

Les Euesques portent pareil tymbre, fors que au lieu de croix, ils mettent vne crosse enrichie de Pierreries, & que le nombre de leurs houpes ne deffinit que par trois.

Les Abbez se diuisent en deux sortes, les Abbez Mytrez, qui sont fondez à porter la Mytre en porfit, c'est à dire de costé, & les non Mytrez portent la simple crosse.

41. Croix, est vne des pièces honorables ordinaires

beaucoup vsitée au fait des Armes & Blasons, dont il ne faut s'estonner puisque c'est la marque certaine & la figure Sacrée de nostre redemption, la plus commune de toutes est celle qu'on appelle pleine, c'est à dire qui touche de ses extremitez le bord de l'Escu, de cette sorte il suffit en Blasonnant l'appeller Croix simplement, sans autrement la qualifier elle se diuise en plusieurs sortes, comme vous le voirez par les suiuantes.

42. Croix, de vair ou vairée.

43. Croix freteé, lors qu'elle est composée de frettes ou bastons entrelassez.

44. Croix Pattée. 45. Croix Pattée à laize.

46. Croix fichée, lors que le bout d'embas de la Croix est pointu & propre pour ficher en terre, il s'en trouue aussi de doublement fichées, c'est à dire à deux pointes.

47. Croix denchée ou dentelée.

48. Croix greslée ou engreslée.

49. Croix ancrée, lors que les branches sont faites en forme d'ancre de Nauire, & se disent neslée ou anislée, lors que les extremitez sont faites en forme d'anille de Moulin.

50. Croix Pommetée ou bourdonnée, lors que les branches sont terminées par le bout en forme ronde.

51. Croix recroisettée, dont les extremitez de la Croix se terminent en croix entieres.

52. Croix de Malthe, parce que les Cheualiers de S. Iean, dit de Malthe en portent de semblables, elle à les extremitez fort larges & se termine en huit pointes, à raison des huit Beatitudes.

Croix Florencée, ou Fleurdelisé, lors qu'aux extremitez de la croix il y a des Fleurs de Lys, & quand il y a des Florons on dit floronné.

Croix à degrez, lors que le bout d'abas est soustenu de

trois ou quatre degrez, & est dite enferrée, lors que les quatre branches égalles ont des degrez à chaque bout.

Croix Patriarchalle est faite comme les croix simples, à la reserue qu'à chaque bras il y à encore vne autre croix, & les extremitez sont arondies en forme de trefle.

Croix clechée, c'est à dire percée ou remplie d'vn autre email que le corps de ladite croix.

Croix de Loraine est faite comme la potencée, fors qu'elle est doublée.

Croix Bordée est vne croix alaizée, comme la resarcelée, fors que la resarcelée est diuisée en sa largeur par vne espece de bordure qui regne tout autour de ladite croix par dehors.

Il y à plusieurs autres sortes de Croix qui ne meritent icy d'explication, leurs figures estans representées à l'endroit des Ecussons, il se voit encore des Croix de Caluaire de Componnée, Lozangée, Gringolée, Echicquettée, Ondée, Estoillée, Escottée & autres.

95. Croissant se dit montant, lors qu'il est en sa disposition plus ordinaire, & qu'il à les deux cornes vers le chef, mais neantmoins il n'est besoin de le dire tel, estant en sa posture ordinaire & naturelle, ains seulement, Croissant quand il à les cornes vers la pointe de l'Escu, il se dit renuersé, & lors qu'il les à du costé dextre, *tourné*, s'il les à vers le senestre, *contourné*.

96. Croissans adossez se disent lors qu'il y en à deux en mesme Escu, dont l'vn à les cornes tournées à dextre & l'autre à senestre.

Cry d'armes n'est autre chose, que les clameurs qui se faisoient autrefois par les Guerriers pour se distinguer les vns des autres, d'où vient maintenant que le cry se met en forme de deuise, & s'écrit ordinairement au dessus du Cimier.

Cyprez se met quelquefois au Blason, & est le symbole du dueïl, & de la mort, & est comparé à la beauté sans bonté.

D.

Davphin se Blasonne pasmé, c'est à dire la gueulle beyante, parce qu'il meurt en sortant de l'eau, sa posture ordinaire doit estre en forme de croissant tourné, quand il à la gueulle close on le dit vif : c'est le hyerogliphe de salut, pour auoir tiré plusieurs personnes remarquables des perils & dangers de la Mer.

Defences, sont les dents du Sanglier qui sortent.

Demy vol, se dit d'vne aisle seule d'oyseau, s'il est dextre ou senestre on le doit dire, & comment le bout fiché, en bas, ou en haut.

Denche' ou Endenche, se dit de toutes sortes de pieces dót les extremitez sont pointuës en forme de dents, si elles sont extraordinairement menuës, on dit dentelé.

Dextrocher, n'est autre chose qu'vne main dextre, representée dans l'Escu tenant quelque chose & quelquefois auec vn Manipulle pendant.

Devise, est vne diuision & partition de la fasce ou bande qui n'occupe que la troisiéme partie de sa largeur ordinaire, & lors s'appelle fasce, ou bande en deuise, elle se prend aussi pour le Cry d'armes, *dictum*, ou *sentence* que l'on met ordinairement au dessus du Cimier de l'Escu, comme Symbole expressif de la pensée ou passion dominante de celuy qui les porte.

Donieonne' se dit des Tours & Chasteaux, sur le sommet desquels il paroist d'autres petites Tours d'vn autre email.

Dragon se presente au Blason, tantost à deux ou quatre pieds, la queuë pointuë & tortillée, & lors qu'il à des aisles & point

VSITEZ AV BLASON.

& point de pieds, on dit Dragon marin.

DRAGONNE', se dit de quelque animal qu'on represente en l'Escu dont l'extremité & partie inferieure est en forme de Dragon.

E.

ECOTTE' se dit d'vn tronc d'arbre où il reste des bouts de branche que l'on a coupées.

7. EMMANCHE' se dit de l'Escu estant diuisé en fasce, en pal, ou autre maniere, & que les parties qui le joignent sont entées l'vne dans l'autre par grandes & longues pointes comme dents.

ENCOCHE' se dit du traict qui est sur l'arc, lors qu'il est de different email, & non autrement.

ENGRESLE', lors que les extremitez d'vne figure est detaillée en forme de dents, & le vide d'entre chaque dent en forme ronde.

ENGLANTE se dit du chesne, ayant ses glands d'autre email que les feilles.

ENGVISCHE' ou lié, se dit proprement du Cor de chasse, lors que les liens d'iceluy sont d'autre email que le Cor.

EQVIPE' se dit d'vn Vaisseau qui a tout son attirail.

71. EQVIPOLE', se dit lors que l'Escu est diuisé en petits carreaux, à la maniere de l'eschicquetté, auec cette diference, que le nombre en est impair, suiuant la figure cy-deuant, conforme aux Armes de Geneue.

ESCAILLE & ombré se dit du poisson dont les filets qui distinguent les ecailles sont d'autre email que le corps du poisson.

72. ESCHIQVIER ou eschiquetté, lors que l'Escu est diuisé par petits carreaux de deux emaux, & lors que tout l'Escu, ou vne piece en iceluy, est eschiquettée, il faut specifier de combien de traicts, ou rangs de carreaux ; L'es-

D

chiquier ordinaire est de six traicts, & quelquefois en voit on aussi iusques à huit, dix & douze. Mais rarement, il est estimé vne des plus nobles pieces qui entrent dans les Armes, representant vn champ de bataille.

Escv, ou Escusson d'armoiries tire sa denomination du mot Latin, *Scutum* ou *Sartos* en Grec, qui signifie cuir, parce qu'autrefois on se seruoit de cette arme defensiue, sur laquelle chaque Caualier mettoit soit en peinture, soit Cyzelé, chacun sa marque pour le reconnoistre ou distinguer d'auec les autres. Ce que les vns & les autres mettoient à leur discretion & fantaisie, de là est venu la diuersité des Armoiries, quelquefois on les depeint couchez, ou en forme d'Ouale, parce que le Bouclier estoit en cette forme, d'autres en Banniere quarrée, parce qu'on a aussi tost porté les Bannieres & Drapeaux que les Boucliers: d'autres en forme de Cœur, pour marque de l'afection inuincible qu'ils auoient aux Armes, & encore quelques vns en Cartouche : La Figure plus moderne des Escussons que l'on porte ordinairement est la quarrée, auec vne petite pointe au milieu, par le bas en arondissant, & dans cette Science Heraldique les moins chargez sont censez les plus honorables, quand à la diuision de l'Escu, vn chacun les diuise & écartele selon son inclination, & la multiplicité de ses Alliances.

Escvrievl, se represente quelquefois debout, ou passant, quelquefois rampant, mais tousiours la queue sur les epaulles, *Vnde sicurus ab vmbra & cauda.*

Email ou Emaux, est vn terme general dont on se sert confusément pour expliquer les Metaux, les couleurs & Foureures, on se sert de ce mot au Blason afin d'éuiter vne repetition de mots de Metail, Couleur & Foureure, comme j'ay cy-deuant dit.

Espanovy, se dit ordinairement des Fleurs dont la feille

VSITEZ AV BLASON. 23

est ouuerte, & principalement du Lys, & de la Roze.

ESPLOYE', se dit pour l'ordinaire des Oyseaux ayants les aisles ouuertes, & l'Aigle les ayant tousiours de mesme, il n'est besoin de le dire en toute rencontre.

ESSORE', se dit de la couuerture d'vne maison, estant d'autre email que le corps du logix.

ESSORANT, se dit de tout Oyseau de proye volant, qui prend l'essort auec ses grillets ou sonnettes.

ESSONNIER OV TRESCHEVR, n'est autre chose qu'vn filet qui n'a que la moytié de la largeur de l'orle & se pose en forme de bordure, il s'en void de simple ●e double & florensé.

77. ESTOILLE ne difere en rien au Blason, de la Molette d'Esperon, hormis que l'Estoille est tousiours pleine, & la Molette percée, quand au nombre de rayons qu'on donne à l'Estoille, on en void depuis 5. iusques à 16., & pour lors le faut specifier, & quelquefois on l'appelle aussi commettée, comme j'ay dit cy-deuant.

F.

16. FASSE OV FASSE', c'est vne des pieces ordinairement appellée honorable, & estant seule dans l'Escu, elle doit occuper la troisiesme partie d'iceluy.

17. FASSE à l'aise lors qu'elle ne touche les bords de l'Escu.

18. FASSE en deuise, qui selon l'opinion commune des Armoristes, passe pour brisure, on dit aussi quelquefois, contrefascé, quand l'Escu est party en deux, & les fasses opposées les vnes aux autres.

20. FASSE', d'ordinaire est de six pieces, c'est à dire lors que le haut de l'Escu commence par le metail, & que le bas se termine par la couleur, il faut dire fassé de ∴ & de. Mais lors que le metail, ou la couleur dominent, c'est à dire

qui tiennent les deux extremitez de l'Escu, & que les faſ-ces demeurent libres ou franches, il faut denommer en premier lieu celuy qui domine dans l'Escu, comme faiſant le Champ, & les autres n'eſtans que la charge, & dire par exemple de ∴ à trois fasces de ∴ il en eſt de meſme des Cheurons, Bandes & Pals.

Fanon, eſt vn Manipulle que les Preſtres ont au bras, celebrant la Sainte Meſſe.

Fauces armes, ſe peuuent prendre en deux ſortes, ſçauoir, quand elles ſont de Metail ſur Metail, couleur ſur couleur, fo[u]rrure ſur fourrure, où qu'elles derogent en autre choſe aux regles de cette Science Horaldique fors pour le regard des Princes & grands Seigneurs, comme j'ay dit.

Fermeaux, ſont Boucles auec hardillons qui ſeruent à attacher les Bandolieres & Baudriers.

Fermaillé, ſe dit lors que l'Escu, ou vne piece, eſt ſemé de Fermeaux ou Boucles.

Feille, ou Feillé, ſe dit des Arbres lors que leurs feilles ſont d'autre email, & ſe void des tierces feilles, quartes feilles doubles, quintes feilles, & agennes ou agennins.

Fiché, ſe peut dire de toutes ſortes de pieces qui ont la partie inferieure pointuë, en ſorte qu'elles ſe puiſſent planter ou ficher en terre, & lors qu'il y a deux pointes en bas, on dit doublement fichées.

Fierté, ſe dit proprement de la Baleine ayant les dents, aiſlerons & la queuë d'autre email que le corps.

Filet, ſe prend confuſément de la Bande, Barre, Orle, Bordeure, Faſce, & quelquefois ſe met brochant ſur les pieces de l'Escu.

Filiere, eſt vn diminutif de la Bordeure, eſtant vn filet de metail ou de couleur qui enuironne l'Escu, moins large que la bordeure.

Flanchis, ce ſont petits Sautoirs alaiſez.

FLEVRS, s'admettent dans l'Escu aussi bien que d'autres pieces, comme Estoilles, Molettes, Macles & autres pieces iusques au nombre de seize, & s'il surpasse ce nombre, on doit dire semé.

FLEVRE', FLEVRONNE', ou FLORENCE', se dit de toutes pieces dont les extremitez sont faites en forme de fleurs, soit de Lys, ou d'autres.

FORT, c'est vne espece de Tour basse, & large.

FOVRCHE', ou fourchu se diuise en deux, sçauoir du Lion ayant la queuë double, & se dit passé en sautoir, d'autre quand il se trouue quelque piece dont la partie superieure est fourchuë.

FRANC-QVARTIER, ou Canton d'honneur, c'est ordinairement le premier quartier de l'Escu du costé dextre, chargé de quelque chose, & quelquefois l'Escu posé sur le tout, quand il est chargé des Armes principales d'vne maison ou famille.

FRESNE, est vne sorte d'arbre que l'on employe quelquefois au Blason, il est ennemy des Serpens & autres animaux veneneux, car ils ne peuuent demeurer long-temps sous son ombre qu'ils ne meurent, & est le simbole d'vne amityé sincere & parfaite.

73. FRETTE', sont proprement filets ou cottices entrelassez les vns dans les autres en Bande & en Barre, à quelque distance les vns des autres, en forme de Losange, & est fait comme vn Treillix, & lors qu'en leurs jointures elles sont cloüées, il le faut dire.

60. FVSE'E, quoy que ce sont vrays fuseaux à filler, neantmoins au Blason le plus souuent on les represente en forme de Losange oblongue, & sont vn peu pointuës par le haut & le bas & grosses par le milieu.

FVSTE', se dit lors que l'arbre, & son tronc sont d'autre email que les branches & feilles.

G

19. Gemelle, ou Ivmelle, est vne espece de filet double, ayant à peu près le quart de la largeur de la fasce, & pour l'ordinaire sa posture est d'estre en fasce, & quelquefois en bande & en barre.

Gentil-homme de nom & d'armes, est celuy qui porte le nom & armes d'vne terre, qu'il possede, ayant des armes particulieres non affectées ny trop surchargées, & dont l'origine de ses ancestres est si ancienne qu'elle ne se puisse trouuer qu'a peine.

Givre, Guiure, Viure, ou Bisse, est vne grosse Couleuure, ayant la queuë ondée & tortillée, le plus souuent en pal, quelquefois couronnée ayant vn enfant nud en la gueulle, qu'on appelle issant, ainsi que les armes de Milan.

Gomene, ou Gumene, est la Corde attachée à vne ancre de Nauire.

76. Gonfanon, ou Gonfalon, est vne espece de Banniere fenduë par embas, telles qu'on void porter aux Eglises, & l'vsage en est venu d'Italie, si la frange qui l'orne au bout est d'autre email, il le faut dire.

Gresle', se dit proprement des Couronnes de Comtes & autres, sur lesquelles on met des Perles.

87. Griffon, est vn demy Aigle & demy Lion, ayant la teste & la partie superieure du corps en forme d'Aigle, les aisles esployées, ne mostrant qu'vn œil, & la partie basse ayant la figure d'vn Lion, auec la queuë; c'est vn animal immaginaire, qui ne s'est iamais veu qu'en peinture, il denote neantmoins la vitesse & vigilance.

Grille, ou Grillé, se prend le plus souuent au Blason, comme vne forme de Fretté-Cloüé, estant composé de pieces plus menuës que le Fretté : se prend aussi quelquefois pour les grilles & visieres d'vn Casque ou Heaume.

GRILLET, ou Grillot, sont petites sonnettes, ou cloches rondes, telles que l'on met à la teste des Mulets, Cheuaux, & aux mains des Esperuiers.

GRINGOLÉ, ou Guiuré, se dit proprement des Croix, Bandes, Sautoirs, ou quelques autres pieces dont les extremitez se terminent en testes de Dragons, Lions, Serpens, ou autres animaux, qui semblent les vouloir engloutir.

GUAY, se dit d'vn Cheual nud, sans bride n'y selle, & sans caparaçon.

GUEULLE, anciennement appellée Belique ou Belif, est proprement le Rouge, l'vne des quatre couleurs admise au Blason; il signifie constance & patience: & pour ce sujet l'Eglise s'empare de cette couleur quand elle solemnise les Festes de quelques Saints Martyrs.

GULPE, est vn tourteau de Pourpre.

40. GYRON, ou GUIRON, est vne figure triangulaire, ayant vne pointe longue & se met rarement seul en l'Escu, & y en a le plus souuent huit ou dix, qui tous aboutissent & se joignent par leurs pointes au centre de l'Escu; si le nombre est impair, on le dit à tant de Gyrons, s'il est pair, on dit Gyronné de ∴ & de ∴.

H.

HABILLÉ, & vestu en langage vulgaire, sont Synonimes, mais en cette Science Heraldique ils n'ont aucune conuenance, ains Habillé se dit des voiles d'vn Nauire, lors qu'elles sont d'autre email que le corps dudit Nauire.

HACHES-D'ARMES, appellées par les anciens, Consulaires ne sont proprement que certaines halebardes dont on se sert à la Guerre.

HAMADES, ou Haymades, c'est vne fasce de trois pieces

alaisées, qui ne touchent les bords de l'Escu.

HEAVME, Casque, ou Armet, sont aussi synonimes, à la distinction toutefois que les Roys & Empereurs le portent au dessus de l'Escu de leur Armet tout ouuert, les Ducs & Pairs, Comtes & Marquis le portent de front fermé, les Barons, Cheualiers, Vicomtes & Gentils-hommes de marque le portent de trois quarts, c'est à dire monstrant vne jouë, le nez & la moityé de l'autre jouë : les autres Gentils-hommes de condition moins releuée le doiuent porter en porfil ou de costé, ne monstrant qu'vne jouë & la moityé du nez, laquelle partie doit regarder la partie dextre de l'Escu. Les autres personnes vertueuses & de merite annoblies du Prince, soit pour leur rare Doctrine, ou quelque haut fait d'Armes, le peuuent aussi porter de porfil, auec cette difference neantmoins, qu'ils ne doiuent pas auoir de Grillets, pour le nombre desquels les Armoristes different en sentiment. Quand aux Armoiries des Blebeyens & Ignobles ne doiuent aucunement estre tymbrez, quoy que le desordre de ce Siecle plus que nul autre, nous fasse assez voir le contraire, non seulement, quant au Tymbre, mais aussi quand à la forme & à la matiere de l'Escu. Anciennement les Gentils-hommes de quelque condition qu'ils fussent, il ne leur estoit pas permis de tarer leur Casque, ny tymbre de front, ains seulement de costé: Mais aujourd'huy on passe licentieusement au dessus de toutes ces regles.

HERAVT-D'ARMES, estoit proprement celuy qui auoit Commission du Roy d'attribuer & donner des Armes aux Nobles, non d'extraction, mais aux annoblis par leur merite, quelquefois ils se prennent aussi pour ceux qui vont denoncer la guerre ou la paix aux ennemis.

HERMINE à proprement parler, c'est la peau d'vn Rat du Pont en Asie, dont le poil est extraordinairement blanc,

mais

mais parce que les Peletiers, pour faire dauantage paroistre la blancheur de cette peau y cousent, & attachent adroitement certaines petites mouchetures noires, de la vient que iamais l'Hermine n'est reputée sans tache, & s'admet au Blason pour la premiere fourure dont le fond est toûjours d'argent, & les mouchetures de sable faites en forme de Croix par le haut, il se void des Escus tous entiers chargés d'Hermines, & quelquefois des pieces, & animaux, l'Hermine est le simbole de pureté.

Honnevr, quartier d'honneur est pour l'ordinaire le premier quartier de l'Ecu, estant escartelé, quelquefois on le met sur le tout.

Honorable ordinaire, sont certaines pieces lesquelles de tout temps ont esté admises au Blason, & prises pour honorables selon Hyerome de Bara : & autres Armoristes, de cette nature sont les pieces principalles cy-apres, la Croix, la fasce, le Sautoir, le Chef, la Bande, le Pal, le Chevron &c. & entre les Animaux terrestres le Lyon, le Leopard, l'Aigle & la Merlette, & entre les Aquatiques, le Dauphin, & le Barbeau.

Hvchet, est vn diminutif du Cor de chasse, il y en à de simples, sans virolles, attaches, ny garnitures, d'autre qui sont liés & enguichés &c.

Incarnation, ou Carnation tient lieu de la sixiéme couleur comme i'ay cy deuant expliqué à l'endroit des metaux & couleurs.

I

Issant se dit en deux sortes, la premiere est de l'Enfant sortant de la gueulle d'vn Serpent, la deux se dit du Lyon ou de quelque autre Animal dont la partie de la teste, & la partie inferieure de la queuë se monstrent.

Ivmelle voyez Gemelle.

E

L.

75. LAMBEAV, ou Lambel, eſt vne piece platte ayant trois pieces en forme de pendans, qui eſt pour l'ordinaire au chef de l'Ecu, & lors qu'il y à plus ou moins de trois pendans, il faut le ſpecifier, & ſert pour l'ordinaire de briſeure, ou diſtinction d'aïneſſe, s'il eſt auſſi en autre ſituation, qu'en chef, il le faut dire, on n'en voit iamais, qui ayent les pendans en haut, mais bien quelque piece ſur chaque pendant pour ſeruir de contrebriſeure.

LAMBREQVINS, ſont ces fueilles qui ſont en forme de pennaches ſur & autour du Caſque & doiuent deſcendre des deux coſtez de l'Ecu iuſques au milieu, quelquefois au lieu de Lambrequins, & fueillages on met des Pennaches, & le tout doit eſtre diuerſifié d'Emaux ſuiuant la diuerſité des pieces & champ de l'Ecu.

LAMPASSE', ou Langué, ſe dit des animaux terreſtres, qui tirent la langue d'vn autre émail que le corps rarement dit-on Langué, & quand on le dit, c'eſt de l'Aigle ſeul monſtrant la langue d'autre émail, ce qui eſt rare d'autant qu'on ne fait guere monſtrer la langue aux Oyſeaux ny aux Poiſſons, mais bien quelquefois aux Reptils qu'on appelle quelquefois Langué.

LAVRIER, s'employe auſſi quelquefois au Blaſon, & eſt le Symbole de triomphe & de victoire.

88. LEOPARD, cét animal ſuiuant les Naturaliſtes eſt engendré du Lion & de la Panthere, les Armoriſtes ne font difference du Lion & du Leopard, que de la poſture ſeule, le Leopard eſtant touſiours tourné de front en telle ſorte qu'il monſtre les deux yeux & les deux oreilles, & eſt ordinairement repreſenté paſſant ou marchant,

le Lion au contraire est tousiours posé en porfil, ne monstrât qu'vn œil & vne oreille, comme il sera dit cy-apres & si quelquefois le Leopard estoit representé rampant on dit.

98. LEOPARD LIONNE', & sert aussi-bien que le Lion tant à l'ornement du dedans de l'Escu que supports & Cimier, il nous represente en Blason les vaillans & genereux Guerriers.

LICORNE, est vn animal tres-beau & rare, qui se represente en armes comme le Leurier, fors qu'on ne luy fait iamais tirer la langue, il est ennemy du venin & des choses impures, & sert de symbole à ceux qui fuyent le vice, il denotte aussi vne pureté de vie, & les genereux Guerriers qui ayment mieux mourir que de tomber és mains de leurs ennemis.

LIE', ou Enguiché, denote en Blason le Cordon auec lequel est lié vn Cor ou Cornet de Chasse qui sert pour le pendre au col du Chasseur.

LISTRE, Lisiere, ou Ceinture Funebre, sont ces Bandes noires que l'on met tant au dehors qu'au dedans des Eglises, sur lesquelles, de distance en distance on à de coustume d'appliquer les Armes d'vn defunt en grand volume, auec les supports, Casque & Cimier, Bourlets & Lambrequins, auec les distinctions des dignitéz du personnage: comme si c'est vn Euesque, vne Mytre & Crosse, si vn Maréchal de France, vn Baston de Maréchal, vn President vn Mortier, & ainsi des autres, & se doiuent mettre sur les grandes portes de l'Eglise & autres lieux plus remarquables, & entre chacun de ses grands Ecussons dans leur interuale, on y met d'autres petits Ecussons, & s'appellent, proprement, Listres, ou Lisieres, par ce qu'on doit mettre dans ces Escus, les Armes des ancestres, & Alliances, qui est proprement vne marque de Seigneurie, & de Droict Honorifique,

& quelquefois quand il se rencontre deux Seigneurs pretendans mesme droit, le plus Illustre doit mettre sa listre dessus & l'autre dessous, qu'elqu'autrefois l'vn met au dedans & l'autre au dehors de l'Eglise, ainsi qu'il a esté jugé par quelques Arrests des Cours Souueraines. Et est à remarquer qu'en cet Euesché de Leon seul, tous Gentilshommes d'extraction & Chefs de maison, apres leur mort, sont en possession immemoriale de faire poser Lisiere & Ceinture funebre au dedans des Eglises principales sous celles du Seigneur dominant, pendant l'an de leur dueil seulement, & ne sçais autre raison ny fondement à ce droit qu'vn Vsement local & tradition ancienne de le mettre en pratique par les vefues ou heritiers desdits decedez.

LORRE', se dit d'vn Dauphin qui a les Nageoires d'vn autre email.

61 LOSANGE, est vne figure quadrangulaire, vn peu plus longue en sa hauteur, que non pas en sa largeur, elle differe de la Fusée, qui est plus serrée par le milieu & les pointes vn peu en arondissant, n'ayant les bouts si aigus que la Losange. Quand l'Escu est remply de Losanges aussi-bien que les pieces d'iceluy, on dit.

62. LOSANGE' de ∴ & de ∴ & est à remarquer que lesdites Losanges sont ordinairement posées en pal & quelquefois en Bande ainsi que le Fuselé, mais rarement.

LOVP, est souuent employé tout ou partie dans le Blason : il est comparé à vn vaillant Capitaine, qui ayant esté vn long-temps reserré en quelque Fort ou Citadelle, se jette enfin dans le Camp des ennemis. Et on se sert aussi en Armes du Loup Ceruier, qui pour l'ordinaire est de Gueulle, Mouchetté & Tauelé de Sable.

90. LION, doit tousiours estre representé en sa posture ordinaire, sçauoir, rampant, ce qui n'est toutefois besoin d'expliquer en Blasonnant, il ne doit monstrer qu'vn œil

& vne oreille, fa Iube frifée & le bout de fa queuë doit toufiours recourber vers fon dos; cela denottant vne plus grande force au deffus du Leopard, qui n'a le bout de la queuë recourbée qu'en dehors; quand il eft paffant dans vn Efcu, on le dit.

91. LION LEOPARDE', & pour l'ordinaire on n'en met que trois, & y en ayant dauantage, on les dit Lionceaux ou Lionnets, on en void de mornez, c'eft à dire qui n'ont ny langue, ny griffes; De dragonnez, qui ont la partie de derriere en forme de Dragon, couppez qui font de deux emaux, on en met de naiffans & jffans, ainfi que vo⁹ les trouuerez expliquez fur les lettrines N. & I. Il s'en voit de brochans, d'affrontez, d'adoffez, chargez d'Hermines ou autre chofe, de mafquez, contournez, affis, couchans, palez, fafcez, efchiquetez, &c. Et finalement d'euirez, c'eft à dire fans vilenie, qui n'a ny verge ny genitoires, quelquefois on en voit de diffamez, c'eft à dire qui n'ont ny oreilles ny queuë, & quelques autres d'eftetez, qui ont la tefte arrachée, aufquelles diftinctions on ne s'arrefte toutefois guere en cette Prouince, mais bien ailleurs. Les anciens ont toufiours eftimé le Lion eftre le Roy de tous les animaux quadrupedes, & eft le hyeroglifique des heros & Illuftres perfonnages, le fymbole de la vaillance, de commandement, de domination, magnanimité & terreur, & denote auffi vn Prince clemént lequel pardonne à ceux qui s'humilient, qui deftruit & renuerfe ceux qui luy font refiftance.

LYS, ne fe reprefente pas toufiours comme les armes de France, ains par fois fans pointe, ny bout de deffous, & lors on les dit fans queuë, autrement au pied couppé, ou pied noury: quelques autres fois on les qualifie Lys fimplement, c'eft à dire, Lys de Iardin, & lors il le faut dire.

M.

MACLE est vne figure quadrangulaire, comme la Losange, à la reserue que la Losange est pleine, & la Macle est percée au centre, en forme de Losange, de telle sorte que par le trou on void le Champ de l'Escu, & differe du Rustre, en ce que le Rustre est percé en rond.

MASSONNÉ, se dit des traits & filets qui diuisent & font paroistre que les pierres de taille d'vne Tour sont d'autre email que le corps du Bastiment.

MANTEAV, ou Cotte d'Armes, doit pour l'ordinaire estre orné des armes de celuy qui le porte, & doublé d'hermines, auec cette difference, qu'on le represente à reuers, estant seulement replié des deux costez, pour faire paroistre partie des armes, & pour l'ordinaire sert pour ornement aux Ducs & Païrs, d'où vient qu'on l'appelle manteau Ducal.

MAINS, on doit pour l'ordinaire en faire paroistre le dedans, & lors qu'elle est dextre, ou senestre il le faut dire, où en qu'elle posture elle est, le plus souuent elles se mettent en Pal.

93. MASSACRE, ou Rencontre, se dit d'vne teste de Cerf garnye de son bois, se presentant de front.

MEMBRÉ, se dit proprement de l'Aigle & autres Oyseaux notables, qui ont les pattes & les jambes d'autre email que le corps, & quelquefois on les dit aussi parez.

86. MERLETTES, sont diminutifs de Merle qu'on represente tousiours les aisles serrées, n'ayant ny jambes, ny bec, & representent en Blason l'ennemy vaincu.

METAIL au Blason, on n'en admet que deux, comme j'ay cy-deuant dit, sçauoir, Or & Argent.

MESAIL, est proprement le deuant ou milieu du Casque,

qui est cette partie mobile qui sert à découurir, & cacher la visiere.

MIRAILLE', se dit seulement du Papillon, & quelquefois du Cocq d'Inde, parce que sur les aisles de ces animaux, & sur la queuë desdits Cocqs, la nature a figuré comme certains petits miroirs en forme de croissant.

MIRTRE, se voit rarement dans l'Escu, mais souuent aux deux costés d'iceluy par dessous, & sert pour orner les escus des femmes : il represente en Blason la parfaite amitié.

MOLETTE d'espron, est toûjours percée, & pour l'ordinaire à six pointes.

78. MONTANT se dit ordinairement du Croissant ayant les deux cornes vers le chef de l'Escu, mais par ce que c'est sa posture plus naturelle, on ne le doit specifier en Blasonnant.

MORAILLES se representent ordinairement en face, & sont especes de tenailles longues, & dentelées d'vn costé, dont on serre le nez des cheuaux pour en iouyr auec plus de facilité au trauail du Mareschal.

MOVCHE se met toûjours les aisles ouuertes, & en Pal, lors que ce sont des Abeilles le faut specifier.

MOVCHETE', plumé, ou plumetté, c'est lors que l'Escu est semé de petites trefles, la queuë en haut & toute droite.

MOVVANT, ne signifie rien autre chose que naissant, ou sortant, comme lors qu'il se rencontre vn bras sortant d'vne Nuë, ou des Pots, comme suspendus au chef de l'Escu, pour lors on les dit mouuants, c'est à dire tirans de certain costé de l'Ecu vers vn autre, & il le faut specifier dextre, ou senestre, le plus souuent c'est dextre.

N.

NAISSANT, est le contraire d'Issant, & c'est lors qu'il paroist sur vne diuision, ou piece, vne partie anterieure de quelque animal, & se pose ordinairement au milieu de l'Escu.

NAVIRE, n'a pas beaucoup de Particularitez, quoy qu'il ayt beaucoup de partyes, sinon lors que les voilles sont d'autre émail, que le corps on dit habillé.

NELLE, nyelle, au anille, se dit d'vne Croix qui est comme ancrée horsmis qu'elle est beaucoup plus petite, & estroite que l'ordinaire.

NOVE' se prend en sa vraye signification de la queuë du Lion estant fourcheuë, laquelle pour lors on blasonne Noüée & quelquefois passée en sautoir, Noüé se dit aussi quelquefois des fasces.

NOYER est vn arbre que l'on employe aussi quelquefois au Blason, il represente l'innocence persecutée, & qui souffre tout auec patience, sans se plaindre ny murmurer.

O.

OEILLET, se met tantost auec la fleur simple, & quelquefois auec sa tige, & prend au Blason les mémes qualitez que la rose.

OGOESES, sont tourteaux de Sable.

OMBRE, n'est guere moins que le corps & quelquefois on represente l'ombre d'vn Lion à trauers de quelques fasces ou autre piece de l'Ecu.

24. ONDE' se prend plus ordinairement pour les vagues de la Mer qui flottent, mais se dit aussi des fasces, bandes & autres pieces, & differe de l'anté, comme nous l'auons dit cy-deuant.

ONGLE'

ONGLE', c'est à dire armé d'ongles, ou de cornes par les pieds, lors qu'vn Oyseau ou Griffon a les ongles d'autre émail, il se peut aussi dire des animaux à quatre pieds ayant la corne du pied d'autre émail que le corps.

OPPOSE' à deux pointes, se dit lors que dans l'Ecu il y a vne forme de Losange, laquelle touche de ses angles les extremitez de l'Ecu, & qu'elle est coupée de deux émaux, & que l'Ecu & la Losange sont l'vn en l'autre.

L'OR est le premier des Metaux qu'on admet au Blason il signifie la foy, la justice, temperance, la charité, la clemence, la douceur & l'humilité, qui sont vertus chrestiennes ; & encore pour qualitez mondaines la noblesse, richesses, generosité, splendeur, amour, pureté, constance, joye, &c.

ORIFLAMME est vne forme de banniere, ou de Gonfanon ayant deux pointes découpées en onde, & attachées à vne picque, elle est de taffetas, ou autre broderie de soye rouge parsemée de flammes d'or.

56. ORLE est faite comme vne bordure, à la reserue qu'elle est premierement plus étroite, & qu'elle ne touche pas les bords de l'Ecu, toutes les pieces ou animaux qui sont rangez en l'Ecu de cette maniere se disent posez en orle.

81. OTTELE n'est autre chose que des amandes pelées, & se void le plus souuent comme aux armes de Comminge ayant 4. Otteles ou Amandes, dont les pointes sont rangées és 4. angles de l'Ecu & posées comme en sautoir.

L'OVRS se represente tantost passant, tantost rampant, & quelquefois debout, quelque autrefois bouclé, c'est à dire vne boucle passée par les narines ; de tous les animaux quadrupedes il n'y en a point qui ait plus de soin & de tendresse pour ses petits que luy.

P.

31. PAL est vne des pieces ordinaires qualifiées honorables & doit contenir le tiers de l'Ecu quand il est seul.

32. Lors que le nombre est impair, on dit Pale de … & de …

34. Contrepalé se dit quand l'Ecu est coupé en deux, & que les pals sont opposez l'vn à l'autre.

Palmé, dont les branches sont souuent employées à l'ornement des Ecus, & quelquefois au dedans, plus la palme est chargée, elle resiste dauantage & rompt plustost que de flechir, n'y ayant rien en elle depuis la moüelle interieure jusques à son écorce, fueilles & moindres rinceaux qui ne seruent aux necessitez de la nature humaine; Elle signifie la victoire & la justice.

Pannes ou Pennes, n'est autre chose que les fourreures, dont on se sert au Blason, sçauoir l'hermine & le vair.

Papillon, se represente comme la moûche, les aisles ouuertes & en pal, à la reserue qu'on le dit miroüetté, c'est le Hyeroglyphe des amants qui se bruslent souuent au feu qu'ils adorent.

Papelonné, ou Diappré de papillons, est lors que le fond de l'Ecu, ou pieces d'iceluy sont designez par gros traits en forme d'écaille de poisson, dont les vns sont de metal, les autres de couleur.

9. Party, est separer l'Ecu en deux parties égales par vne ligne perpendiculaire tirée du milieu du Chef à la pointe.

Pasmé, c'est à dire mort ou mourant, & se dit particulierement du Dauphin, parce qu'il n'est pas si tost hors de l'eau qu'il n'est éuanoüy & expirant.

PASSANT, c'est à dire allant, ou marchant, & se dit des animaux à quatre pieds, qui a vn pied de deuant à bas, vn derriere leué, passé en sautoir, c'est à dire en forme de Croix de Saint André.

PATTES se dit du Lion, Griffon, Ours & autres animaux quadrupedes.

PATTE, se dit ordinairement de la Croix, dont les branches s'elargissent à mesure qu'elles sortent du centre de l'Ecu.

PAVILLON, s'entend en cette science heraldique d'vne tente auec vn days, & sert en France pour mettre les armes du Roy, lequel Pauillon est parsemé de Fleur de Lys d'Or.

PENDANTS, se disent de certaines parties du Lambel qui descendent au dessous, & lors qu'il y a trois pendants n'est besoin de les specifier, mais bien quand il y en a plus ou moins.

PERY, c'est à dire posé en abime, & la piece qu'on qualifie de ce mot pery, est tousiours perie, diminuée & racourcie, & se dit ordinairement du Baston qui sert de Briseure.

PIED-COVPPÉ, ou pied noury, sont Synonimes, & se dit pour l'ordinaire de la Fleur de Lys, ou autre piece quand elle est alaisée par embas, & qu'il ne paroist rien que les trois fleurons d'enhaut.

LE PIN s'admet au Blason, & est le Symbole de la mort, car estant vne fois couppé, il ne rejette plus.

POINCT, à proprement parler, est vne piece quarrée, comme vne partie d'Eschiquier.

POINTE, est la partie basse de l'Ecu qui monte de bas en haut, & s'arreste droit au cœur de l'Ecu, & dit-on ordinairement anté en pointe.

POISSON, se represente la gueulle fermée fors le Dauphin, leur posture plus ordinaire est d'estre en fasce ou en pal, le Dauphin en croissant, & n'ont rien de particulier, que lors qu'ils ont les yeux d'autre email que le corps, & lors on les dit allumez, le Dauphin pâmé, ou la gueulle beante, la Baleine fiertée.

POMMIER, se met quelquefois au Blason auec fruit & sans fruit, & est le Symbole de fœcondité.

PORCS, n'ont point de defenses comme les Sangliers.

POTENCE, se dit ordinairement de la Croix, quoy qu'vne chose ignominieuse, neantmoins fort vsitée au Blason, estant vne marque de haute Iustice, elle se represente en forme platte, comme les Potences ordinaires à la reserue qu'il n'y a d'arboutans pour supporter les branches, & toutes pieces qui ont figure de Potence dans leurs extremitez se disent potencées.

POTENCE, contre-potencé, c'est lors que deux pieces se rencontrent potencées l'vne contre l'autre, & les Potences sont entrelassées les vnes dans les autres.

POVRBRE en ce Royaume est pris pour vne couleur mixte, n'ayant de qualité asseurée au Blason, estant pris tantost pour couleur, tantost pour metail, comme composé de deux couleurs d'azur & de gueulle ensemblement il signifie generosité, temperance, foy, chasteté, deuotion, des qualitez mondaines, noblesse, grandeur, tranquillité, grauité & abondance de richesses.

R

RETRECY est au contraire de Racourcy, c'est lors qu'vne piece n'a pas sa largeur ordinairere.

RAMES ou Rameures, ce sont les cornes de Cerf, quelquefois sans nombre, d'autrefois on les specifie, car quelquefois le nombre fait la difference des maisons.

RANCHER, se represente en forme d'vn Bouc ou d'vn Mouton, & quelquefois comme vn Cheureul ayant long bois droit, auec andoüilles le tout plat & asses large le poil du ventre vn peu long.

RANGIER, est a proprement parler vne faux, auec quoy on couppe le foing.

RAVISSANT, est le terme propre du Loup, parce que on le represente la gueulle ouuerte, comme estant toûjours prest de rauir sa proye.

RAMPANT, se dit du Lion & du Chien, lors qu'ils ont le deuant du corps leué, & n'est besoin de le dire quant au Lion, parce que c'est sa posture ordinaire.

RENVERSE, voyez versé.

RESARCELÉ, se dit des pieces plattes & particulierement de la Croix, lors que l'extremité estant comme ancrée & que les pointes de l'ancre sont en tournant comme la coquille d'vn Lymaçon & d'ordinaire ces pieces resarceléés sont retrecies, & toûjours allaisées.

80. ROSE se represente és Ecus tantost auec sa tige, fueillage & fleur, quelquefois la fleur toute seule, souuent en nombre, quand elle a sa tige, on la dit soustenuë, & quand le cœur est d'vn autre émail que le corps, on la dit boutonnée de ... boutons de Rose au naturel, sont le Hyeroglyphe de la beauté, de l'amour & de la jeunesse; la Rose auec sa tige est le symbole de la beauté & bône grace.

ROVANT, est le terme qu'on attribuë ordinairement aux Paons ou Cocqs d'Inde, lors qu'ils font la rouë & mettent leur queuë en forme d'éuentail, sur laquelle y ayant de petites marques en forme de Croissant d'autre émail, on peut dire Miraillé.

64. RVSTRE, est fait au Blason comme vne Macle, auec cette difference neantmoins que le Rustre est percé en rond, & la Macle en losange.

S.

SABLE, est la quatrieme des Couleurs admises au Blason, & quoy que lugubre neantmoins fort vsitée: Il signifie, prudence, dueil, tristesse, renoncement de soy-méme, simplicité, douleur, mespris du monde, &c.

SANGLIER, se represente toujours passant ne monstrant qu'vn œil & vne oreille, la teste baissée selon son naturel, il se represente quelquefois en furie, & quelque autrefois sans furie, & signifie la fureur guerriere & la brutalité impitoyable.

LE SAPIN est vsité au Blason par quelques vns, com' il surpasse en hauteur tous les arbres, il represente la Souueraineté.

SAVTANT se dit proprement du Belier, & quelquefois du Cerf pour distinguer les Maisons.

38. SAVLTOIR, Saulteur ou Saultour, est fait comme la Croix de Saint André, & passe pour piece honorable ordinaire auec les mémes particularitez que la Croix.

39. SAVTOIR, à l'aise.

SEME se dit proprement lors que dans vn Ecu on met quelques pieces sans nombre.

15. SENESTRE ou sinistré, se dit lors qu'au costé gauche de quelque piece ou animal principal on y met vne autre piece.

SOLEIL, se represente au Blason comme vne Cometessinon qu'il est vn peu plus grand, & qu'on luy represente deux yeux, vn nez & vne bouche.

SOMMÉ, se dit aussi en deux sortes, lors qu'vn Cerf à quelque piece entre les Rames on le dit Sommé, ce qui se peut aussi dire de ses Rames à l'égal de sa teste, l'autre maniere se prend lors que sur vne tour ou autre piece, soit animal, ou plante on y admet vne autre piece.

SOVSTENV, est quand il y a quelque piece au dessous qui la souftient.

STANGVE, est le bois ou baston qui entre dans le fer de l'ancre.

SVPPORTS, sont ces animaux qu'on met au dehors aux deux costez de l'Ecu qui le supportent chacun de son costé auec leur pattes de deuant, quelquefois par des Anges, hommes sauuages, Lions, Leopards, Licornes, Harpies, Aigles ou autres especes d'animaux de grande stature, qui sont le plus souuent d'Or & quelquefois au naturel, il n'y a guere en France que nos Roys, Princes, la Maison de Montmorency & quelque peu d'autres tres-illustres, qui se seruent d'Anges pour tenants & supports, lesquels se representent au naturel auec cette particularité qu'on leur baille pour l'ordinaire des mantelets faits comme des Roquets qu'on double d'Hermines, & que l'on orne par le dessus des mémes Armes, qui sont au dedans de l'Ecu.

SVR LE TOVT, lors qu'vn Ecu estant diuisé, écartelé ou couppé, ou de plusieurs autres Ecus on met sur le cœur de l'Ecu vn autre Ecusson, qui pour l'ordinaire doit estre des Armes principales de la maison & du nom, comme estant le lieu le plus honorable, lequel sur le tout se trouuant écartelé, ou diuisé, & qu'il y eust encore vn sur le tout, on dit sur le tout du tout; On dit aussi sur le tout, du baston ordinaire ou filet de bastardise, quand il est brochant sur le tout.

SVRMONTÉ, se dit lors que sur vne piece ou animal, on applique autre piece plus haute contre sa situation ordinaire.

SYNOPLE, est la troisiéme des couleurs admise au Blason, qui plaist merucilleusement à la veuë, & la réjouïst beaucoup, les Turcs ont en singuliere recommandation cette couleur, la portans ordinairement à leurs Turbans, Sultanes ou Soutannes : le Synople signifie charité & esperance dont il est le Symbole, & encore diligence & allegresse d'esprit, des qualitez mondaines, honneur, amour, joye, force & abondance.

T.

53. TAPH ou Tau, est vne espece de Croix telle qu'on la represente sur le manteau de Saint Anthoine.

TABLE D'ATTENTE n'est autre chose qu'vn Ecu d'vn seul émail soit couleur, ou metail sans estre remply, ny chargé d'aucune chose.

TACHETÉ, c'est à dire diuersifié de couleurs & ce terme s'adopte ordinairement au Tigre ou à la Salemandre que l'on tient d'vne nature si froide que sans se blesser elle passe à trauers des flames de feu, dont elle prend sa nourriture.

10. TAILLÉ se dit quand l'Ecu est diuisé en bande.

TARRER ou Tarré, c'est à dire tourné & se dit proprement quand on veut expliquer la posture des Casques, Mitres ou autres Tymbres.

TAVRREAV, se represente comme le Bœuf fors qu'on le depeint auec deux flocons de poil frisé entre les cornes, il est le symbole du trauail & de la continence d'autant qu'il ne touche jamais à la femelle, quand elle a conceu.

TESTE, comme l'on void des animaux dans l'Ecu, aussi en represente-on les parties, & membres plus notables auec cette difference que lors que l'endroit où elles ont esté separées d'auec le col, est tout vny, on les dit coupées,

VSITEZ AV BLASON. 45

pées, & si elles parroissent de distance en distance plus releuées que les autres, on les dit arrachées.

TIERCE est vne piece composée de trois filets tout ainsi que la jumelle qui ne l'est que de deux filets, il faut specifier la posture en laquelle elle est soit en fasce ou en bande.

TIRES, sont les traits de d'Eschiqueté, du vairé ou fasces endantées.

TOISON, à proprement parler est vne peau d'animal & le plus souuent d'vn mouton.

TORTILLE, bandé ou lié, se dit d'vne teste de Morre, lors que ladite bande est d'vn autre émail que la teste.

TOVRNE', se dit d'vne piece ou animal, qui est tourné vers le costé dextre de l'Ecu.

TOVRNE-SOLEIL, est vne fleur assés considerable, dont quelques-vns se seruent au Blason, il est le symbole de l'homme de bien, qui a toûjours son cœur & ses actions tournées vers Dieu.

68. TOVRTEAVX sont figures rondes, plaines & massiues & sont toûjours de couleur.

TRABE, c'est la partie de l'ancre qui trauerse la stangue, s'entend aussi quelquefois du baston qui supporte la Banniere.

TRAICTS, ce sont certaines lignes qui diuisent vn Echiqueté ou componé, parce que quand l'Ecu n'est entierement échiqueté, il faut dire de combien de traits la piece est composée.

TRAISNE'E, c'est vne espece de filet, soit droit ou ondoyant, auquel est attaché des deux costez quelque petite piece, fleur ou fruit, comme vne espece de branche qui les auroit produit, & faut dire sa posture.

11. TRENCHE', c'est lors que l'Ecu est diuisé par vn trait en barre ou contrebande.

G

82. Treffle ou tierce feüille, est vne herbe à trois feüilles & pour l'ordinaire on la represente auec vne petite queuë ondoyante, & lors qu'elle n'a point de queuë non plus que la Fleur de Lys, on la dit au pied noury ou coupé.

Trescheur, voyez Essonier.

Tymbre, Casque ou Heaume, sont synonimes, & se prend pour la piece exterieure de l'Ecu, qui luy sert comme de teste & d'ornement, par exemple Chapeau, Casque & Mitre.

Le Casque ou Tymbre Royal est d'or ou doré, taré entierement de front, & tout ouuert.

74. Treillissé est semblable au fretté, fors qu'ils sont en plus grand nombre & sont d'ordinaire cloüez.

Celuy des Princes & autres grands Seigneurs est seulement d'argent, d'Amasquiné d'Or ou d'Acier poly.

Les Casques des Ducs doiuent auoir neuf grilles ou barreaux & sont tarez de front.

Les Casques des Marquis, Comtes ou Enfans des Souuerains ont onze grilles tarez de méme.

Ceux des Marquis & des Comtes qui ne sont Souuerains, n'ont que sept grilles aussi tarées de front.

Ceux des Barons cinq grilles ou barreaux tarez de méme.

Ceux des Cheualiers & Gentils-hommes doiuent estre tournez de porfil ne monstrans que trois grilles.

Ceux des Escuyers aussi tournez de porfil & presque fermez.

Ceux des Bastards doiuent estre contournez, clos & fermez; Aujourd'huy on passe par dessus toutes circonstances qui sont en la pluspart abolies & autant confonduës, que les brisures, dont il est cy-deuant parlé.

V.

VAIR ou vairé seul, est la deuxiéme des foureures dont on se sert au Blason, & est fait en forme de cloche ou de Chapeau, à la reserue qu'il est plus pointu par le haut, & quand on veut exprimer la vraye foureure de vair, on remplit l'Ecu, ou les pieces dérangées de ces pots qui doiuent estre toûjours d'azur & le champ d'argent, autrement il les faut specifier.

VAIR-CONTRE-VAIR, ou vairé contre-vairé, autrement appellé en terme heraldique Beffroy, qui est vne chose assés rare en cette Prouince, c'est lors que les pots, ou cloches ont leurs bases l'vne contre l'autre & sont renuersez en fasce ayant pointe contre pointe, il se voit des animaux & autres pieces chargées de la sorte ou vairez simplement.

VANET est vne coquille sans oreilles, & se prend méme confusement, estant faite comme vn petit van à vaner le bled & s'appelle vanet, lors qu'il est d'vne figure plus grande que ne doit estre vne coquille ordinaire de Saint Iacques.

VERSE ou renuersé se dit proprement du Croissant ou du Cheuron qui à la pointe en bas.

VIGNE est quelquefois vsitée au Blason des Armoiries, soit en branches ou en feüilles, c'est le symbole de l'intemperance, elle l'est aussi de réjoüissance & de liesse.

VILENE' se dit du Lion, qui a la marque du sexe d'vn émail different.

VILENNIE, Lion sans vilennie, ou éuiré, c'est lors qu'il ne parroist point au Lion de vilennie sous le ventre.

VILLE se represente enuironnée de tours, à portes closes ou ouuertes, & à murs crenelez par le haut quelquefois massonnée d'autre émail.

INSTRVCTION DES TERMES

VIRES, sont des cercles, ou anneaux passez les vns dans les autres.

VIROLLE, ou virolle, c'est le cercle ou anneau qu'on met aux extremitez d'vn cors ou trompe de chasse, dont on ne doit point parler, si ce n'est que la virolle soit d'autre email que la trompe.

25. VIVRE ou Guiure, est vne Couleuure ou Serpent tortueux, on void des fasces ou bandes viurées, qui sont endantées & les dents éloignées les vnes des autres, telles que la figure cy-deuant.

97. VOL, demy-vol, quand au Blason on represente le vol entier, ce doit estre deux aisles d'oyseaux posées en fasce ou autrement, quelquefois liées d'autre email, & vn demy-vol doit estre, l'aisle dextre seulement ayant l'aisleron en haut.

VVIDE, se peut dire de toutes sortes de pieces plattes estans ouuertes à iour, en sorte que l'on void le champ par leur ouuerture, il se void des Croix vuidées, clechées & pommetées, telles que la Croix de Thoulouse : Vuidé se peut aussi dire eschancré ou enfoncé.

Fin de l'Instruction de la Science du Blason.

1.er juillet 1698. 1/an.   100
                            50
                            25
   p.ay 9. mois —————————— 175

                              33. 6.8
                              16.13.4
                               8.15.4
                              58.15.4

1 ay — 400.
6/m — 200
3/m — 100
2/m — 066.13:4
1/m — 33. 6:8
15 Jours — 16.13. 4
8 Jours — 8.15.4   11 s p.ar Jour qui font 400.tt p. an

    21. 11 s   33. 6. 7
       30   12
    6 30: 6   66
      27. 6   33 4
      6 57. 6   2 — 7
      32.17. 6   392 — 7

                                      23. Jours   33.tt 6.7
   84 s 7.   21. 11 s 25. 4.1
   17   58.10.8
                                       23
                            18   46
                            84 6   21. 1 s
                            17   504.1
                                        25.4.1 s p.o 23. Jours

   14tt 33. 6. 7 s p.o Un mois a 400.tt p. an
   40   16.13. 4 p.o 15 Jours
         8.15. 4 p.r 8 Jours
        58. 6. 6

www.ingramcontent.com/pod-product-compliance
Lightning Source LLC
Chambersburg PA
CBHW050255170426
43202CB00011B/1700